弗布克工厂精细化管理手册系列

工厂设备
精细化管理手册
（第 2 版）

李长宏　编著

人民邮电出版社

北　京

图书在版编目（CIP）数据

工厂设备精细化管理手册／李长宏编著. -- 2版
. -- 北京：人民邮电出版社，2014.1
（弗布克工厂精细化管理手册系列）
ISBN 978-7-115-33964-5

Ⅰ. ①工… Ⅱ. ①李… Ⅲ. ①工业企业管理－设备管
理－手册 Ⅳ. ①F406.4-62

中国版本图书馆CIP数据核字(2013)第288482号

内 容 提 要

这是一本细化工厂设备管理的指导性图书，作者从职责、要点、制度、流程、方案、工具六大维度出发，详细介绍了工厂设备采购、设备验收与安装调试、设备维护保养、设备点检校验、设备检修维修、设备润滑、设备备件控制、设备技术改造、闲置设备处理、设备安全监控、TPM 全面设备维护等多个方面的内容，形成了一整套切实可行的工厂设备精细化管理体系。本书所提供的内容可以帮助读者有效提升工厂设备管理的水平。

本书适合在工厂中从事设备管理工作的管理人员、生产现场的相关工作人员以及企业培训师、咨询师和高校相关专业的师生阅读、使用。

◆ 编　著　李长宏
　　责任编辑　王莹舟
　　执行编辑　刘　珺
　　责任印制　杨林杰

◆ 人民邮电出版社出版发行　　　北京市丰台区成寿寺路 11 号
　　邮编 100164　　电子邮件 315@ptpress.com.cn
　　网址 http://www.ptpress.com.cn
　　北京天宇星印刷厂印刷

◆ 开本：787×1092　1/16
　　印张：21.5　　　　　　　　2014 年 1 月第 2 版
　　字数：163 千字　　　　　　2025 年 8 月北京第 47 次印刷

定　价：55.00 元

读者服务热线：(010) 81055656　印装质量热线：(010) 81055316
反盗版热线：(010) 81055315

"弗布克工厂精细化管理手册系列"再版序

工厂是制造型企业的中心，工厂管理水平的高低直接影响企业的经济效益。随着微利时代的到来，精细化管理在企业中将扮演更加重要的角色，这就要求工厂管理者必须对加工制造的各个环节进行更为**细致、规范**的管理和控制。

为方便读者"拿来即用"、"改了能用"，我们对工厂管理10大模块的职能事项都进行了"模板化"设计，以便读者根据本企业的实际需求进行修改或套用。

"弗布克工厂精细化管理手册系列"于三年前应此需求而面世。本系列图书自上市以来，赢得了广大读者的关注，特别是在工厂工作的读者朋友们对本系列图书内容的全面性、精细性、实操性给予了高度评价，同时针对书中存在的问题也提出了有益的改进建议。在本次改版的过程中，我们对这些问题进行了修正，对第1版图书的部分内容做了相应的修改、删除和增补。希望通过本次改版，这套图书能够为广大读者带来更多工作上的便利。

改版后的"弗布克工厂精细化管理手册系列"图书旨在通过对岗位职责、事项要点、管理制度、管理流程、执行方案、操作工具的重新整合，以及书中所提供的大量具体的操作方案和执行流程，帮助企业将执行工作落实到具体岗位和具体人员，进一步提高执行效率。

同时，改版后的"弗布克工厂精细化管理手册系列"图书的特色更加鲜明，大量实用性、指导性的内容将进一步帮助企业把**"工作事项精细化、管理工作规范化、执行作业流程化、操作方法工具化"**。

1. 精细化

本系列图书涵盖了工厂生产计划、采购、物料、技术、现场、安全、设备、质量、成本、人力资源共10项内容；针对每个事项内容，作者都给出了细化、可执行的制度、流程、方案，并提供了标准化的模板。

2. 工具化

本系列图书提供的各种参照范本都可以作为企业设计精细化管理体系的参照范例和工具，内容均从工厂的角度出发，针对性强，制造企业可以拿来即用，也可因需而变。

3. 图表化

图表化主要体现在制度、流程、方案、文案的模板设计上。本系列图书给出了具体的业务管理流程图以及表格形式的制度、方案和文案，为工厂推行精细化管理提供了参照范本。

本系列图书可以作为工厂各个部门实施精细化管理的操作手册，也可作为企业各个部门和各岗位人员进行自我管理及自我改善的工具书。

再版前言

《工厂设备精细化管理手册（第2版）》是"弗布克工厂精细化管理手册系列"图书中的一本。本书将"**精细化、工具化、图表化**"的思路贯穿于每章内容的写作过程中，既能帮助读者系统把握内容，又能针对读者某一方面的阅读需求提供解决方案。

本书以工厂设备精细化管理为中心，立足于工厂设备部门的管理实践，针对某一岗位、某一类事件的管理问题，提供了规范化运作的系统工具，提出了"**职责＋要点＋制度＋流程＋文案＋工具**"的六位一体的解决方案，将执行工作落实到具体的岗位和人员，并给出了可操作性的方案。

这是一本能够指导具体工作的精细化管理手册，是一本能够提高工厂各级人员工作效率的实务性工具书。在《工厂设备精细化管理手册》第1版的基础上，本书做了如下修订和补充。

1. 进一步完善了工作事项体系

本书详细叙述了工厂设备采购、设备验收与安装调试、设备维护保养、设备点检校验、设备检修维修、设备润滑、设备备件控制、设备技术改造、闲置设备处理、设备安全监控、TPM全面设备维护等多方面的工作内容，几乎涵盖了工厂设备管理的全部工作。

2. 丰富了岗位说明的相关内容

本书对第1版中设备管理工作相关人员的职责、任职要求等内容进行了补充，新增了设备点检员、设备巡检员、润滑技术员等相关人员的岗位说明，进一步完善了设备管理工作的岗位责任体系。

3. 涵盖了所有设备的精细化管理说明

本书不仅对一些特种设备、关键设备的维护与管理进行了强调说明，同时还从固定资产应为工厂创造最大化经济效益的角度，为闲置设备的封存、租赁、报废等一系列工作提供了全套的精细化管理说明。

4. 更新了相关的国家标准与行业标准

本书对第1版中涉及的相关法律法规与行业标准进行了更新，保证了其时效性。

5. 构建了工厂设备精细化管理工具体系

本书共介绍了 13 项工厂设备管理内容，共编制了 36 个工作流程、43 个生产设备管理制度以及若干日常工作所需的文书、方案和相关工具表单，不但构建了工厂设备管理的内容框架，而且为工厂设备管理人员的日常管理工作提供了可参考的模板。

在本书编写的过程中，孙宗坤、董连香、刘井学、程富建负责资料的收集和整理，王锋锐、郑超荣、王玉凤、廖应涵负责数字图表的编排，孙玖凡、韩建国参与编写了本书的第一、二章，李金山、姚俭胜参与编写了本书的第三章，高玉卓参与编写了本书的第四章，黄成日、金成哲参与编写了本书的第五章，姚小风、李育蔚参与编写了本书的第六、七章，毕春月、杨雪参与编写了本书的第八、九章，叶亚宁、赵红梅参与编写了本书的第十、十一章，赵全梅参与编写了本书的第十二、十三章，全书由李长宏统撰定稿。

目　录

设备管理组织设计与岗位说明

第一章

第一节　设备管理组织设计

一、大型工厂设备管理组织设计

大型工厂设备管理组织设计如图 1-1 所示。

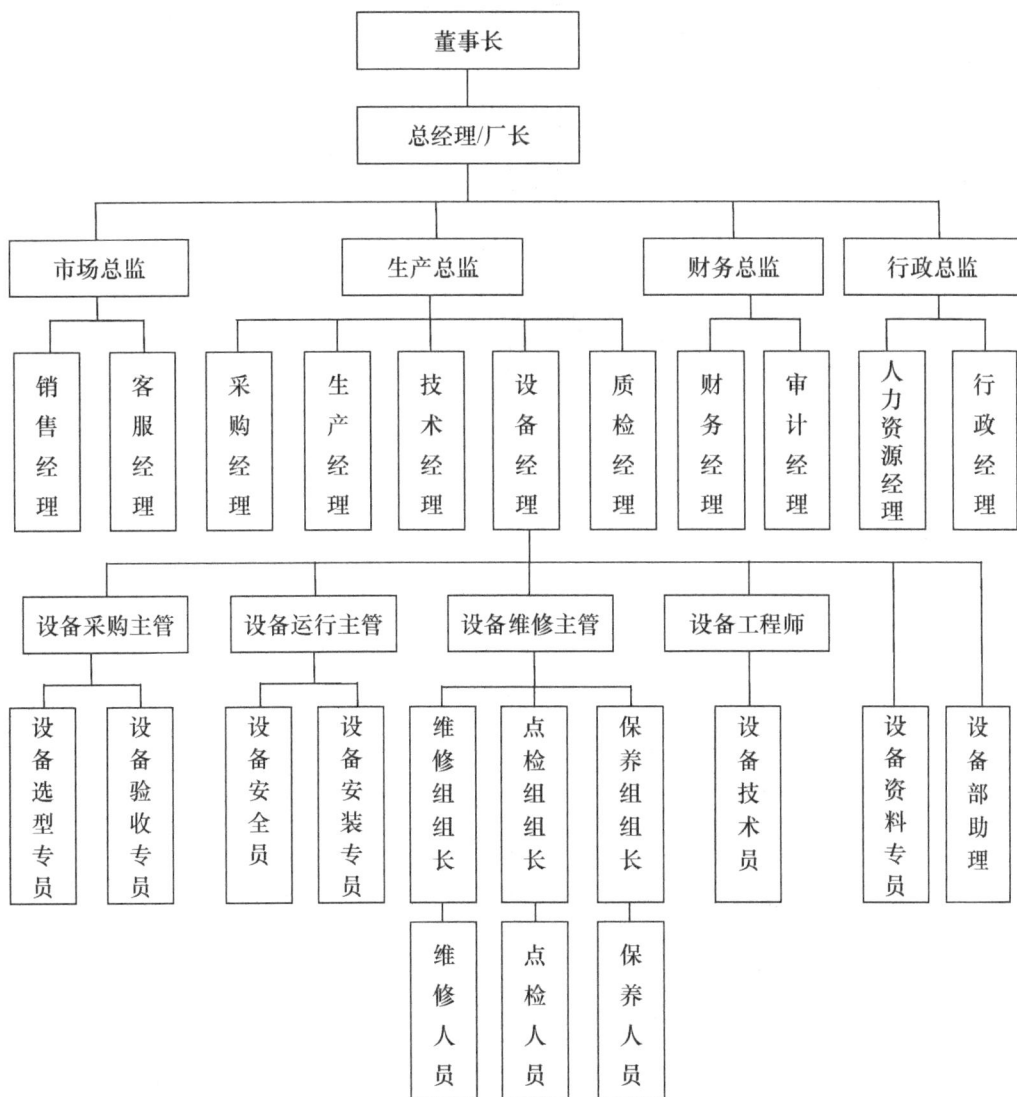

图 1-1　大型工厂设备管理组织设计范例

二、中型工厂设备管理组织设计

中型工厂设备管理组织设计如图1-2所示。

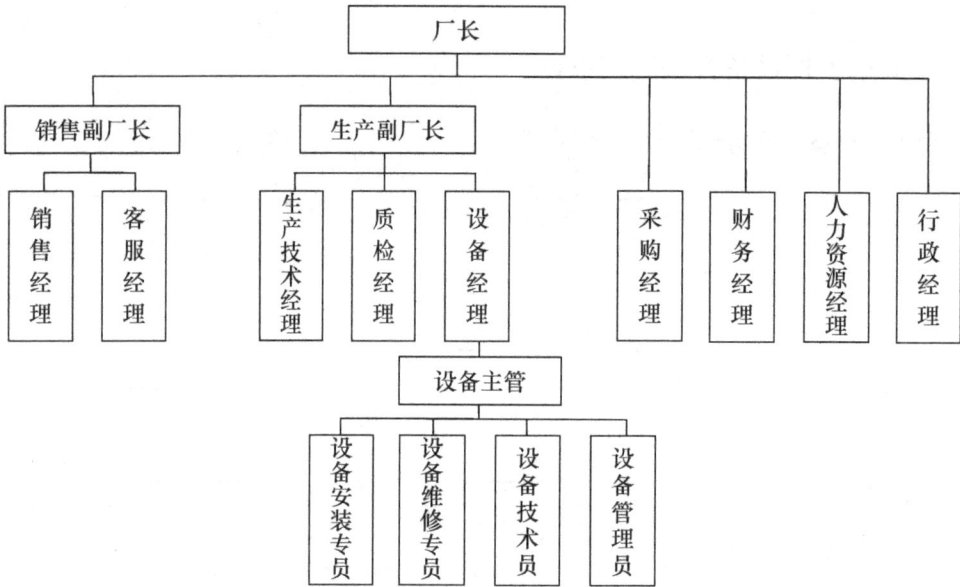

图1-2　中型工厂设备管理组织设计范例

三、小型工厂设备管理组织设计

小型工厂设备管理组织设计如图1-3所示。

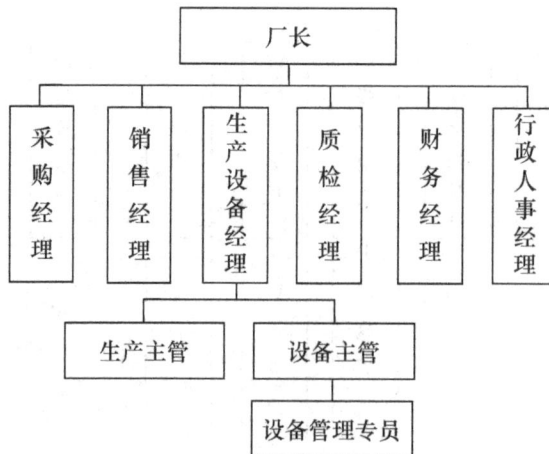

图1-3　小型工厂设备管理组织设计范例

第二节 设备管理岗位说明

一、设备经理岗位说明

	基本要求	相关说明
任职资格	1. 学历 大学本科及以上学历 2. 专业经验 具备三年以上设备管理岗位工作经验 3. 个人能力要求 具备较强的采购谈判能力、计划组织能力、沟通协调能力、团队建设能力和问题解决能力	1. 熟悉设备的采购、安装调试、运行、维修等基本知识 2. 尽职尽责，工作一丝不苟，自觉履行工作义务，敢于承担责任 3. 专注于本职工作，对工作精益求精
职责内容	1. 组织编制设备管理制度，并贯彻落实各项设备管理规范 2. 负责设备点检、维修和保养工作，促进设备管理体系的持续改进 3. 组织制订工厂设备的点检、保养和维修等作业计划以及更新改造计划，并监督落实 4. 组织编制工厂设备选型、购置计划，并配合采购部完成大宗设备和关键设备的采购工作 5. 组织建立本工厂的设备管理台账和设备资产档案，并据此开展在生产过程中设备的运行维护工作 6. 负责与专业设备供应商保持良好的合作关系，推进设备管理工作的顺利进行 7. 负责对下属员工进行培训、绩效考核以及对部门费用的管理等工作	
考核要求	1. 考核频率 季度考核和年度考核相结合 2. 考核主体 生产总监 3. 考核指标 设备保养计划完成率、大宗设备采购成本节约率、设备完好率	1. 可让设备经理的下属、内部客户、外部设备供应商等参与对其的考核工作，以确保考核结果全面和公正 2. 由于设备部工作失误造成工厂发生损失超过5万元的事故，扣发设备经理全部绩效薪酬
	考核说明	结果运用

5

二、设备采购主管岗位说明

	基本要求	相关说明

任职资格

基本要求：
1. 学历
   大专及以上学历
2. 专业经验
   两年以上设备采购管理工作经验
3. 个人能力要求
   具备较强的商务谈判能力、沟通协调能力和应变能力

相关说明：
1. 掌握采购管理的系统知识和设备采购的基础知识
2. 具有较强的责任心和主动学习的能力
3. 成本意识强，诚信正直，纪律性强

职责内容

1. 拟定工厂设备采购制度和规范，报上级领导审批通过后组织实施
2. 拟订工厂设备规划方案、设备选型方案报上级领导审批通过后执行
3. 负责对设备供应商的市场调查和筛选工作
4. 负责设备采购价格谈判和合同谈判工作
5. 参与设备采购的邀请招标或公开招标工作
6. 负责所购设备的订单跟催和交货验收工作
7. 负责建立、健全设备供应商档案管理制度
8. 完成上级领导交办的其他工作

考核要求

考核说明	结果运用

考核说明：
1. 考核频率
   月度考核和年度考核相结合
2. 考核主体
   设备经理
3. 考核指标
   设备采购计划按时完成率、设备采购资金节约率、设备采购质量合格率、供应商档案完备率

结果运用：
1. 考核主体除设备经理外，还可以包括设备使用部门主管、设备采购专员等
2. 设备采购主管考核指标的设置既包括成本考核，也包括质量考核和效率考核

三、设备运行主管岗位说明

	基本要求	相关说明
任职资格	1．学历 大专及以上学历 2．专业经验 三年以上设备运行管理工作经验 3．个人能力要求 具备较强的计划能力、沟通协调能力和数据分析能力	1．掌握机电管理的系统知识 2．具有较强的责任心和主动学习的能力 3．工作态度积极，善于发现工作中的问题并积极解决，能够发现工作中的不足并积极改进
职责内容	1．建立并健全工厂生产设备操作规程，确保设备操作人员规范作业 2．拟订并具体实施工厂设备更新改造计划 3．建立工厂设备的故障预警系统，提高生产设备的安全运行水平 4．组织开展外购设备、自制设备或闲置设备的安装、调试工作 5．负责工厂设备的日常巡视、维护检查工作，记录设备运行状况，发现问题后及时通知相关负责人处理 6．做好故障诊断工作，定期对设备运行状况进行数据收集与分析，及时发现并解决设备的潜在问题 7．统计工厂设备能耗及材料消耗数据，编制能源消耗定额标准并报上级领导审批 8．编制设备技术档案、能耗档案和设备巡视检查表 9．完成上级领导交办的其他工作	
考核要求	1．考核频率 月度考核和年度考核相结合 2．考核主体 设备经理 3．考核指标 设备完好率、设备故障停机率、设备运行报告提交及时率、更新改造计划完成率、能源消耗定额标准编制准确率、设备巡检记录完整性	1．月度考核结果作为月度薪酬发放依据，年度考核结果作为职位晋升、职级调整和调薪依据 2．年度考核得分低于70分的，扣发年度绩效奖金
	考核说明	结果运用

四、设备维修主管岗位说明

	基本要求	相关说明
任职资格	1．学历 大学本科及以上学历 2．专业经验 三年以上设备维修、技术维护等相关工作经验 3．个人能力要求 具备较强的现场问题解决能力、沟通协调能力和团队合作能力	1．系统掌握机械维修、电气自动化等知识 2．责任心强，对待工作一丝不苟，工作态度端正 3．能够遵守维修工作的各项规章制度和操作规程
职责内容	1．建立、健全工厂设备维修作业操作规程，确保设备维修人员规范作业 2．根据工厂设备保养、维修计划，组织开展设备的维护保养工作 3．组织开展对设备故障的处理工作，并负责重大故障的处理工作 4．编制维修、技改、大修等项目的费用预算，上报领导审核 5．负责联络外部专业公司进行生产设备大修工作并监督其实施 6．负责组织设备事故抢修工作，以尽快恢复生产，减少事故损失 7．组织建立工厂的生产设备档案，确保生产设备资料准确、完整 8．完成上级领导交办的其他工作	
考核要求	1．考核频率 月度考核和年度考核相结合 2．考核主体 设备经理 3．考核指标 设备保养任务完成率、设备维修任务完成率、设备故障修复率、设备大修返修率、设备事故抢修及时率、维修费用控制率	1．考核主体除设备经理外，还可邀请设备使用部门的相关人员对设备维修主管的内部客户服务能力进行综合评价 2．年度考核得分低于70分的，扣发年度绩效奖金
	考核说明	结果运用

五、设备管理专员岗位说明

	基本要求	相关说明
任职资格	1．学历 大专及以上学历 2．专业经验 一年以上设备管理相关工作经验 3．个人能力要求 具备良好的灵活应变能力、沟通能力和问题解决能力	1．掌握机械自动化的相关知识 2．有学习意识和创新精神 3．工作态度积极，责任心强 4．能够自觉遵守工厂设备管理的各项规章制度
职责内容	1．根据工厂生产设备的点检、保养计划，具体负责对设备的点检和保养工作 2．按照设备安全操作规范对设备操作人员进行现场指导，为设备的安全使用提供技术支持 3．按照安全作业规程进行作业，及时处理分管设备的技术故障 4．负责分管设备的保养、维修等项目的记录工作，并按时上报和整理各项记录表单 5．协助设备运行主管完成设备的更新改造工作 6．负责工厂生产设备的档案、图纸、技术资料的整理和归档工作 7．完成上级领导交办的其他工作	
考核要求	1．考核频率 月度考核和年度考核相结合 2．考核主体 设备主管 3．考核指标 设备点检任务完成率、设备保养任务完成率、设备故障修复率、设备点检、保养记录准确率、设备档案归档率	1．可以从工作态度、工作纪律、技术能力和效率效果四个方面对设备管理专员进行绩效考核 2．直接上级——设备主管需就考核结果同设备管理专员进行沟通
	考核说明	结果运用

六、设备点检员岗位说明

基本要求	相关说明

任职资格

基本要求：
1. 学历
   大专及以上学历
2. 专业经验
   两年以上设备检验相关工作经验
3. 个人能力要求
   具备良好的沟通能力和发现问题能力

相关说明：
1. 掌握机械维修、电气自动化的相关知识
2. 责任心强，对待工作认真、积极
3. 能够自觉遵守工厂设备点检工作的各项规章制度

职责内容

1. 协助设备维修主管制定设备点检相关的制度、流程，并严格执行
2. 严格按照工厂相关制度对分管设备进行点检，排除设备隐患，并对生产操作人员或运行维护人员进行日常点检维修业务的指导与检查
3. 协助设备维修主管制定分管设备的点检标准和给油标准，明确零部件编码、标准工时表等基础资料
4. 负责点检工具、仪器的维护保养工作
5. 编制检修项目预定表，制订检修计划
6. 编制检修费用预算计划，并准备相关的工具、备件
7. 负责点检信息的记录、整理和分析
8. 完成上级领导交办的其他工作

考核要求

考核说明：
1. 考核频率
   月度考核和季度考核相结合
2. 考核主体
   设备维修主管
3. 考核指标
   设备点检任务完成率、设备故障修复率、设备点检和保养记录准确率、设备点检档案归档率、点检设备完好率

结果运用：
1. 考核结果作为薪酬发放和职位调动的依据
2. 因关键设备点检不到位导致生产延期或发生重大安全事故的，扣发当月薪酬并追究责任

考核说明	结果运用

七、设备巡检工岗位说明

	基本要求	相关说明
任职资格	1. 学历 　大专及以上学历 2. 专业经验 　两年以上设备检验相关工作经验 3. 个人能力要求 　具备良好的身体素质，善于发现问题	1. 掌握机械维修、电气自动化的相关知识 2. 责任心强，对待工作认真、积极 3. 能够自觉遵守工厂设备巡检的各项规章制度
职责内容	1. 按照规定的巡检路线对设备进行检查，随身携带维修工具对简单的故障进行处理 2. 对已巡检的巡检点挂巡检牌并做好相关故障记录 3. 对不能处理的复杂问题及时向设备维修主管报告 4. 负责巡检车辆、工具、仪器的维护保养工作 5. 负责编制巡检计划、巡检预算计划 6. 负责巡检信息的记录、整理和分析 7. 完成上级领导交办的其他工作	
考核要求	1. 考核频率 　月度考核和季度考核相结合 2. 考核主体 　设备维修主管 3. 考核指标 　设备巡检任务完成率、设备故障修复率、设备保养记录准确率、设备巡检档案归档率、巡检设备完好率	1. 考核结果作为薪酬发放和职位调动的依据 2. 对巡检中出现的"漏检"和隐瞒事故等情况，需承担相应责任
	考核说明	结果运用

八、设备专检员岗位说明

任职资格	基本要求	相关说明

基本要求

1. 学历

   大专及以上学历

2. 专业经验

   四年以上设备检验相关工作经验

3. 个人能力要求

   具备良好的沟通能力、问题判断能力和数据分析能力

相关说明

1. 掌握机械维修、电气自动化的相关知识

2. 工作态度积极，善于发现工作中存在的问题并及时改进

3. 能够自觉遵守工厂设备专检的各项规章制度

职责内容

1. 参与工厂专检计划的制订工作
2. 按设备的设计图纸、操作规范对生产设备进行专业化检验
3. 指导生产人员正确操作生产设备
4. 对出现老化、故障的设备进行维修与登记
5. 负责编制设备专检报告并上交设备维修主管
6. 负责设备专检信息的记录、整理
7. 负责新设备检验员的培训、指导工作
8. 完成上级领导交办的其他工作

考核要求

1. 考核频率

   月度考核和季度考核相结合

2. 考核主体

   设备维修主管

3. 考核指标

   设备专检任务完成率、设备故障修复率、设备保养记录准确率、设备专检档案归档率、专检设备完好率、专业知识考核通过率

1. 考核结果作为薪酬发放和职位调动的依据

2. 工厂可每季度对设备专检人员进行技能培训及专业知识考核

考核说明	结果运用

九、润滑技术员岗位说明

	基本要求	相关说明

任职资格

基本要求：
1. 学历
   大专及以上学历
2. 专业经验
   一年以上设备润滑相关工作经验
3. 个人能力要求
   具备良好的身体素质，专业技能过硬

相关说明：
1. 掌握机械维修、设备保养的相关知识
2. 责任心强，对工作认真负责
3. 能够自觉遵守工厂设备润滑的各项规章制度

职责内容

1. 根据工厂润滑管理规章制度，全面负责工厂的润滑技术业务工作
2. 编制设备润滑图表，整理有关润滑技术资料并组织润滑业务学习
3. 负责指导润滑工的工作，检查设备清洗换油计划和润滑"五定"、"三过滤"的执行情况
4. 负责编制设备清洗换油计划、润滑油脂使用计划和润滑工具使用计划，并按月检查、汇总、上报设备清洗换油完成情况和润滑油脂消耗情况
5. 分析设备润滑事故，制定解决措施
6. 处理设备润滑工作中出现的技术问题，检查汇总设备漏油情况，督促修复并提出改进意见
7. 组织润滑油料的回收利用和废油回收工作，实施润滑油料消耗定额管理
8. 开展对新型润滑材料的应用试验和润滑新技术的推广，不断完善设备润滑工作

考核要求

考核说明：
1. 考核频率
   月度考核
2. 考核主体
   设备维修主管
3. 考核指标
   设备润滑完成率、润滑用时、单位润滑面积加油点数、每月换油次数

结果运用：
1. 考核结果作为月度薪酬的发放依据
2. 因油料浪费导致设备维护预算超支，工厂可从润滑技术员当月薪酬中扣除超支部分

考核说明	结果运用

十、设备使用人员岗位说明

基本要求	相关说明

任职资格

基本要求	相关说明
1. 学历 　高中或中专以上学历 2. 专业经验 　一年以上设备操作经验 3. 个人能力要求 　具备较强的细节掌控能力、问题发现能力和灵活反应能力	1. 具备设备操作的基本知识和常识 2. 能够遵守设备操作和使用的相关规范 3. 具有较强的观察力和敏锐的判断力

职责内容

1. 严格按照设备的操作规程操作设备
2. 承担对所操作设备的日常维护工作
3. 及时报告设备操作中的异常情况
4. 协助设备维修人员及时排除设备故障
5. 及时记录设备的操作和使用情况

考核要求

考核说明	结果运用
1. 考核频率 　月度考核和年度考核相结合 2. 考核主体 　直接上级 3. 考核指标 　违规操作设备次数、设备操作记录的全面性和准确性、日常设备维护及时率	1. 考核结果作为薪酬发放的依据和绩效改进计划的制订依据 2. 可让设备管理人员参与对设备使用人员的考核 3. 因设备使用不当导致工厂出现3万元以上损失时，考核结果直接记为"不合格"并追究其责任

设备精细化管理
基础工作

第二章

第一节 设备资产管理

一、设备资产编号方法

设备资产是指工厂在实际生产中购入的设备、管线、仪器仪表等，其在工厂固定资产中占有较大比重。因生产设备的种类、数量较多，工厂应对其进行编号管理。编号的方法应力求简便、直观、易懂。

具体来说，工厂对设备资产进行编号可按照以下流程进行。

1. 确定设备编号的基本形式

一般来说，设备资产编号的基本形式为"□□×××××"。其中，"□"代表英文字母或拼音字母，用来表示设备的类别；"×"代表数字，表示设备在其设备类别下的具体编号。工厂可依据设备名称的长短及复杂程度对字母与数字个数进行适当增减。

2. 划分设备类别

工厂可根据设备名称的英文缩写或拼音对设备类别的代码进行编写。表2-1是常用设备类别代码一览表，供读者参考。

表2-1 常用设备类别代码一览表

代码	设备类别	代码	设备类别
Y	运输设备	Q	起重设备
M	供电设备	W	维修设备
C	车辆设备	GL	过滤设备
GZ	干燥设备	J	压缩设备

3. 编写数字编号

划分完设备类别后，可按该类别下设备数量的多少对数字编号长度进行调整，其中，第一位数字代表"车间"，第二位数字代表"工号"，后两位数字可代表"设备位号"。编号完成之后，设备管理员对编号进行检查，确认编号的连贯性、完整性和合理性。

二、设备资产计价流程

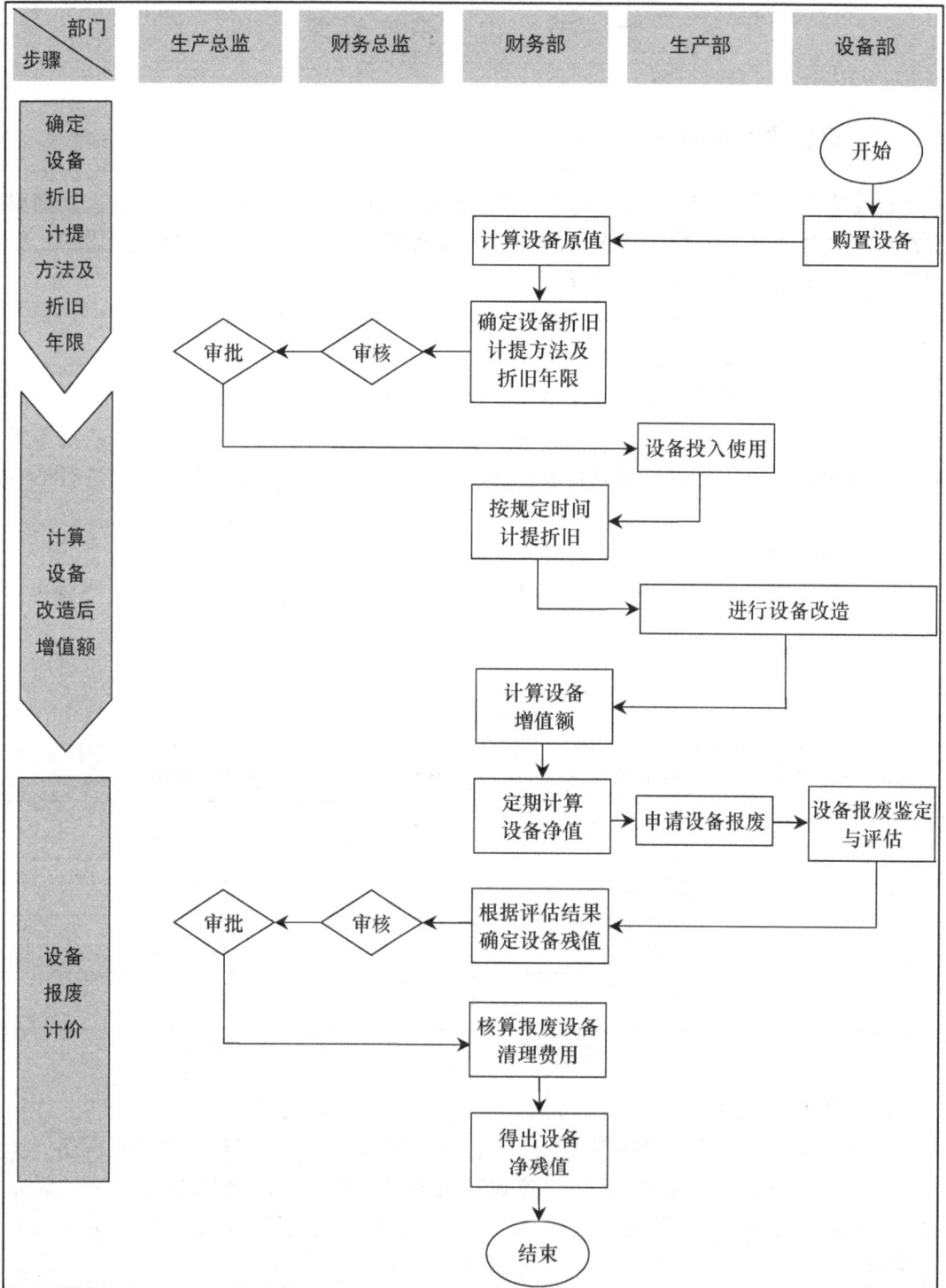

部门 步骤	生产总监	财务总监	财务部	生产部	设备部
确定设备折旧计提方法及折旧年限					开始 → 购置设备
		审批 ← 审核	计算设备原值 ←		
			确定设备折旧计提方法及折旧年限		
				设备投入使用	
计算设备改造后增值额			按规定时间计提折旧		
				进行设备改造	
			计算设备增值额		
			定期计算设备净值 → 申请设备报废		设备报废鉴定与评估
设备报废计价		审批 ← 审核	根据评估结果确定设备残值 ←		
			核算报废设备清理费用		
			得出设备净残值		
			结束		

18

三、设备资产管理制度

制度名称	设备资产管理制度		受控状态	
			编　号	
执行部门		监督部门	编修部门	

第1章　总则

第1条　目的

为加强对工厂设备资产的管理，提高设备资产的使用效率，根据国家有关法律法规的规定，结合本工厂实际情况，特制定本制度。

第2条　设备资产管理内容

1. 设备资产范围确定。

2. 设备计价。

3. 设备改造、转让及盘点。

4. 设备资产的报废管理。

第2章　设备资产范围

第3条　一般设备

一般设备指单台在1万元以上，使用年限在1年以上，并在使用过程中基本保持原有形态的设备。

第4条　专用设备

专用设备指单台在2万元以上，使用年限在1年以上，并在使用过程中基本保持原有形态的设备。

第5条　其他设备

其他设备主要指满足以下三方面条件的设备。

1. 单台价格虽未达到本制度第3条规定的金额标准，但耐用时间在1年以上，总价值在8 000元以上的设备。

2. 其他企业无偿调入或捐赠的符合以上第3条或第4条规定条件的设备。

3. 自制设备中，经专家验收后按实际成本计算超过1万元的设备。

第6条　不属于设备资产的资产

下列资产，不论价值大小，均不列为设备资产。

1. 一般工具，如刀具、夹具、模具等。

2. 不能独立使用的替换性附件，该项属于成套设备的组成部分。

第3章　设备计价

第7条　自行购置设备计价

自行购置的设备资产，按实际支付的全部支出计价，包括设备购置费、调拨费以及运杂费、保险费、安装调试费等。

第8条　自行制造设备计价

自行制造的设备资产，按制造过程中发生的全部支出计价。

（续）

第9条　改造设备资产计价

在原有设备资产基础上改造的设备资产，以改造发生的支出减去改造过程中发生的变价收入后的净增加值，增计设备资产原值。

第10条　受赠设备资产计价

受赠的设备资产按照同类设备的市场价格或者有关凭证计价，接受捐赠时发生的相关费用应计入设备资产价值。

第11条　无偿调入设备资产计价

无偿调入的设备资产，不能查明原值的，按照估价计价。

第12条　盘盈设备资产计价

盘盈的设备资产，按照重置完全成本计价。

第13条　未完成移交设备资产计价

已投入使用但尚未办理移交手续的设备资产，可先按估价计价，待确定实际价值后，再进行调整。

第14条　进口设备计价

用外币购买的进口设备，按购买时的汇率折合成人民币金额，加上国外部分的运费及其他费用，再加上支付的关税、海关手续费等计价。

第15条　租入设备计价

融资租入的设备资产，按租赁协议确定的设备价款加上运杂费、安装调试费等计价。

第16条　不计价情况

购置设备资产过程中发生的差旅费不计入设备资产价值。

第4章　设备折旧

第17条　相关部门权责

财务部负责本工厂设备资产的折旧核算。生产部和设备部协助完成折旧核算，财务总监负责批准设备资产的折旧方法、折旧年限及净残值率。

第18条　计提折旧

按月提取折旧。当月增加的设备资产，当月不提折旧，从下月起计提折旧；当月减少的设备资产，当月照提折旧，从下月起不计提折旧。

第19条　相关数据复核

每年年底，工厂对设备资产的使用寿命、预计净残值和折旧方法进行复核，并根据复核结果调整有关内容。具体内容如下。

1. 使用寿命预计数与原先估计数有差异的，应当调整设备资产使用寿命。

2. 预计净残值与原先估计数有差异的，应当调整预计净残值。

3. 与设备资产有关的经济利益预期实现方式有重大改变的，应当改变设备资产折旧方法。

第20条　不计提折旧情况

设备资产发生以下两种情况时，不再计提折旧。

1. 设备资产提足折旧后，不论能否继续使用，均不再计提折旧。

2. 提前报废的设备资产，不再补提折旧。

（续）

第 21 条 计算公式

设备资产应提折旧总额 = 该项设备资产的原值 - 预计残值 + 预计清理费用。

第 5 章 设备改造及转让

第 22 条 设备使用原则

设备的使用应以"节约成本、有效保护、经济使用"为原则，尽量延长其使用寿命。相关人员应在实际工作中不断改进技术工艺，提高设备的使用效率。

第 23 条 设备改造

对于能够通过改造继续发挥作用的设备，设备管理人员应会同使用部门的技术人员一起商讨改进方案，报总经理审批通过后实行。

第 24 条 设备资产转让

1. 转让依据：当设备陈旧、老化，已经不适应新的生产技术工艺及提高生产效率的要求或者发生工厂转产等情况，但设备仍有使用价值时，设备部及财务部应本着"减少损失"的原则，对设备进行转让处理。

2. 转让价格：设备转让时，设备部应根据实际情况，对设备进行评估和技术鉴定，估算其价格。

3. 转让申请单：设备部对设备资产的各项指标进行评估后，撰写设备资产评估报告，同时将转让旧设备所获得的收入及更换新设备所需的资金、货源等情况连同"设备转让申请单"上报生产总监审批。

4. 进行设备资产转让：相关文件获得生产总监审批后，设备管理人员按照转让方案执行，与相关企业联系转让事宜。

第 6 章 设备盘点

第 25 条 盘点组织

1. 组建盘点小组：财务部、设备部及生产部共同成立设备资产盘点小组，全面负责工厂的设备盘点。

2. 财务总监担任盘点小组组长，生产总监为副组长，成员包括设备部经理、财务部主管、会计、生产车间主任、设备专员等。

3. 盘点小组的具体工作职责如下。

（1）确定设备资产盘点时间、方式及盘点人员，如下表所示。

设备资产盘点时间、方式及盘点人员一览表

盘点时间	1. 季度抽查：____年__月__日 2. 年度盘点：____年__月__日
盘点方式	1. 每季度根据设备资产账册抽查一次 2. 每年进行实物盘点
盘点人员	盘点小组所有成员

（2）编写"设备资产盘点表"并进行编号。"设备资产盘点表"的具体格式如下所示。

（续）

设备资产盘点表

编号：_____ 　　　盘点人：_____ 　　　盘点日期：____年__月__日

设备编号	设备名称	数量	型号规格	购置时间	单价	现状	现领用人	盘盈或盘亏说明	备注

第26条　盘点准备

盘点前组织召开盘点会议，盘点小组向财务部、设备部及生产部传达盘点要求，进行人员布署和动员，发放"设备资产盘点表"。

第27条　进行盘点

在实地盘点时，需设备资产盘点小组2/3及以上成员共同在场，盘点工作方可进行。

第28条　盘点结果与存档

1. 盘点结果应由财务总监、生产总监及设备部经理三方共同签字确认。

2. "设备资产盘点表"以及盘点差异表分别由设备部和财务部归档保存。

第29条　设备资产盘盈和盘亏

1. 对于设备资产的盘盈和盘亏处理，应由设备部和生产部的相关负责人共同分析差异原因，及时形成处理意见，落实责任人，并上报财务总监。

2. 财务总监对设备资产盘点差异原因分析和处理意见进行审核，并上交总经理审批。

第30条　盘盈设备资产处理

盘盈的设备资产，应作为前期差错记入"以前年度损益调整"。

第31条　盘亏设备资产处理

盘亏的设备资产，按照原件扣除累计折旧、变价收入、过失人及保险公司赔款后的差额记入"营业外支出—固定资产盘亏"。

第7章　设备报废

第32条　报废申请

设备资产陈旧老化不适于工作需要或无使用价值时，生产部需填写《设备报废申请书》，上交设备部申请设备报废。

第33条　设备报废鉴定

设备部相关负责人接到"设备报废申请书"后，应组织设备人员、技术人员等对设备的使用年限、损坏情况、影响工作情况及残值情况等进行鉴定与评估，并填写"评估意见书"，给出是否报废的意见。

（续）

第34条 审批 生产部将"设备报废申请书"、"评估意见书"和更换设备所需的资金及货源情况等资料上交生产总监审批。 第35条 新设备采购 生产部提交的"设备报废申请书"批准后，交付设备部进行采购。新设备到位后，旧设备报废。 第36条 旧设备处理 报废的旧设备交由设备部按工厂的有关规定处置。 **第8章 附则** 第37条 本制度由设备部制定，生产部拥有最终解释权。 第38条 本制度自颁布之日起生效，每年修订一次。					

修订记录	修订标记	修订处数	修订日期	修订执行人	审批签字

四、设备资产管理工具表单

1. 设备验收单

编号：_____   日期：____年__月__日

设备名称		设备型号		生产厂家	
设备分类号		设备规格		进厂日期	
出厂编号		设备单价 （单位：万元）		设备数量	
主要技术参数					
随机附件及数量					
随机技术资料					
设备安装调试情况					
参加验收人员签名					
备注					
总经理 签章		设备部 公章		设备使用 部门公章		财务部 签章	

2. 设备报废申请单

编号：＿＿＿＿＿＿＿＿＿　　　　申请部门：＿＿＿＿＿＿＿＿　　　　日期：＿＿＿年＿＿月＿＿日

设备编号		制造商及品牌		设备单价（单位：万元）	
设备名称		设备出厂日期		已提折旧（单位：万元）	
设备规格、型号		设备已使用年限			
设备报废鉴定	设备现状				
	设备报废原因				
	鉴定意见	鉴定人姓名	职务/职称	鉴定意见	签名
报废处理决定					
总经理签章		设备部公章		申请部门公章	

3. 设备资产控制表

编号：＿＿＿＿＿＿＿＿＿　　　　　　　　　　　　　　　　　　填表人：＿＿＿＿＿＿＿＿＿

设备编号		设备名称		设备规格、型号	
制造商及品牌		设备购买日期		设备单价（单位：万元）	
预计使用年限		折旧计提方法		设备使用部门	
设备抵押情况	抵押组织名称				
	抵押设定日期				
	抵押解除日期				
设备投保情况	设备投保公司				
	设备投保金额				
	抵押起止时间				
设备资产控制记录						
设备资产控制项目	控制项目发生时间	控制项目审批人	控制项目审批时间	审批金额（单位：万元）	控制项目申报责任人	备注
设备资产改造						

（续表）

设备资产控制记录						
设备维修						
设备资产处置						
设备资产转让、交换						
合计	—	—	—		—	—

五、设备资产重置成本法计价方案

文书名称	设备资产重置成本法计价方案	编　号	
		受控状态	

一、含义界定

重置成本法，就是在现实条件下重新购置或制造一套全新设备，以所需的全部成本减去被评估设备的实体性贬值、功能性贬值和经济性贬值后的差额作为被评估设备现实价值的一种评估方法。

二、适用条件

被评估设备具备完整的历史资料，包括制造的材料或新型替代材料及其价格、设计标准、技术参数等。

三、职责划分

财务部相关人员负责组织实施，设备部、技术部相关人员辅助财务部对设备价值进行估算，由财务部相关人员将设备最终估算价值结果形成报告提交财务总监审批。

四、设备资产重置基本操作程序

1. 估算设备的重置成本

（1）重置成本分类

重置成本分为设备复原重置成本和设备更新重置成本两种。

① 设备复原重置成本是指以被评估设备的制造材料、制造要求、设计、规格及技术等为标准，以现时价格水平重新购买与被评估设备相同的全新设备资产所发生的费用。

② 设备更新重置成本是指采用新型材料、新的制造要求、新型设计、新规格和技术等，以现时价格水平购买与被评估设备具有同等功能的全新设备资产所发生的费用。

（2）估算设备重置成本的方法

估算设备重置成本的常用方法主要有三种，如下表所示。

（续）

设备重置成本估算方法一览表

方法名称	方法说明及计算公式	适用条件
重置核算法	将设备按成本构成分为直接成本和间接成本，先确定各组成部分的现时价格，再相加得出被评估设备的重置全价 重置成本＝直接成本＋间接成本	在能够获得被评估设备资产现行市价的情况下使用
功能价值法	寻找一个与被评估设备相同或相似的设备为参照物，计算其每一单位生产能力价格，或计算参照物与被评估设备生产能力的比例，据以估算被评估设备的重置成本 $重置成本 = \dfrac{被评估设备资产年产量}{参照设备资产年产量} \times 参照设备重置成本$	在无法获得被评估设备资产现行市价，但可获得与被评估设备资产相类似的设备资产的现行市价的情况下使用
物价指数法	在被评估设备历史成本的基础上，通过现时物价指数确定其重置成本，物价指数法计算的是复原重置成本 $重置成本 = 被评估设备历史成本 \times \dfrac{被评估设备现时的物价指数}{被评估设备购买时的物价指数}$	在无法获得被评估设备资产现行市价，也无法获得与被评估设备资产相类似的参照物的现行市价的情况下使用

2. 估算设备的实体性贬值

实体性贬值是指被评估设备由于物理磨损和自然损耗造成的贬值，其估算主要有如下所示的两种方法。

（1）观测法

设备实体性贬值＝重置成本×（1－成新率）

成新率反映了设备现时的新旧程度，也可以理解为设备的现时状态与设备全新状态的比率。其计算公式如下所示。

成新率＝1－设备实体性贬值率

其中，设备实体性贬值率等于因物理磨损和自然损耗造成的贬值与设备重置成本之比。

（2）使用年限法

使用年限法是利用被评估设备实际已使用年限与其总使用年限的比值来判断其实体贬值率（程度），进而估算设备的实体性贬值。其计算公式如下所示。

$$设备实体性贬值 = \frac{重置成本 - 预计残值}{设备总使用年限} \times 实际已使用年限$$

其中：总使用年限＝实际已使用年限＋尚可使用年限

实际已使用年限＝名义已使用年限×设备利用率

（续）

3. 估算设备的功能性贬值

功能性贬值是指因新技术的推广和运用，使被评估设备与社会上普遍推广和运用的设备相比较，技术明显落后、性能降低，从而造成设备的价值损失，其计算公式如下所示。

功能性贬值 = 设备复原重置成本 − 设备更新重置成本

4. 估算设备的经济性贬值

设备的经济性贬值，是指被评估设备因外部影响而造成的价值损失。这种贬值由外部因素造成，主要包括市场竞争加剧、产品需求减少导致开工不足、因原材料和能源价格上涨导致生产成本提高、国家相关政策变动导致设备使用年限缩短等。

估算设备经济性贬值主要有如下所示的两种方法。

（1）规模经济效应指数法

规模经济效应指数可用来计算被评估设备的经济性贬值率，从而计算出被评估设备的经济性贬值额。

① 设备经济性贬值率计算公式如下所示。

$$设备经济性贬值率 = \left(1 - \frac{设备预计可被利用的生产能力}{设备原设计生产能力} \times X\right) \times 100\%$$

其中，X 为规模经济效应指数。实践中多用经验数据，一般选取 $0.6 \sim 0.7$。

② 设备经济性贬值额是以设备的重置成本扣除掉设备实体性贬值和功能性贬值后的余值乘以设备经济性贬值率获得的，计算公式如下所示。

设备经济性贬值额 =（重置成本 − 实体性贬值 − 功能性贬值）× 经济性贬值率

（2）类比法

类比法是将受经济性贬值影响的被评估设备与不受影响的同类设备进行比较，从而估算被评估设备经济性贬值的方法。

利用类比法估算被评估设备经济性贬值的具体步骤如下所示。

① 计算受经济性贬值影响的被评估设备与不受影响的设备相比产生的年收益损失额。

② 确定被评估设备的剩余使用年限。

③ 将被评估设备继续使用期间每年的收益损失额折现并累加，得到设备的经济性贬值额。

按以上步骤，得到的计算公式如下所示。

设备经济性贬值额 = ∑设备年收益损失额 ×（1 − 所得税率）× 复利现值系数

5. 估算设备的价格

采用重置成本法估算设备的价格，计算公式如下所示。

设备估算价格 = 设备重置成本 − 设备实体性贬值 − 设备功能性贬值 − 设备经济性贬值

6. 编写"设备资产估算价格报告"

设备资产的估算价格确定后，财务主管撰写"设备资产估算价格报告"，交财务部经理审核，审核通过后上交财务总监审批。

编制人员		审核人员		审批人员	
编制时间		审核时间		审批时间	

六、设备资产现行市价法计价方案

文书名称	设备资产现行市价法计价方案	编　　号	
		受控状态	

一、目的

为能客观地反映被评估设备资产的市场价格，使评估结果易让工厂各方面理解和接受，特制定本方案。

二、含义界定

现行市价法是通过比较被评估设备资产与最近出售的相同或类似的参照设备资产的异同，并将参照设备资产的市场价格进行调整，从而确定被评估设备价值的一种评估方法。

三、适用条件

采用现行市价法计价，所选择的参照设备资产必须同时满足以下三个条件。

1. 设备资产市场比较稳定。

2. 设备资产市场有大量丰富的交易案例，而且案例中所提及的设备资产与被评估设备资产具有相关性和替代性。

3. 需要找到与被评估设备资产相同或类似的参照设备资产，并且要求参照设备资产是近期的、可比较的。其中"近期"是指参照设备资产的交易时间与被评估设备资产评估基准日期相差时间相近，最好在一个季度之内；"可比较"是指被评估设备资产与参照设备资产在规格、型号、结构、功能、性能、新旧程度及交易条件等方面具有相似性。

四、职责划分

1. 对工厂的设备资产采用现行市价法进行计价的工作，主要由财务部相关人员负责组织实施，设备部、技术部相关人员辅助财务人员配合。

2. 相关财务人员将最终的设备资产估算价格形成相关报告提交财务总监审批。

五、现行市价法的具体操作方法

一般来说，设备部人员运用现行市价法进行设备资产计价时，具体的操作方法可分为直接比较法和类比法两种，下表是对两种操作方法的说明。

现行市价法具体操作方法一览表

方法名称	含义说明	适用条件
直接比较法	在市场上能找到与被评估设备资产完全相同的参照设备资产，并以其价格直接作为被评估设备资产估算价格的一种方法	在设备交易市场上能找到与被评估设备资产完全相同的参照设备资产

（续）

方法名称	含义说明	适用条件
类比法	以相似参照设备资产的市场销售价格分析为基础，通过比较被评估设备资产和参照设备资产两者在功能、质量、新旧程度、交易时间等方面的差异，按一定方法做出调整，从而确定被评估设备资产的价格	在设备交易市场上能找到与被评估设备资产相类似的参照设备资产

六、现行市价法基本操作程序

1. 收集资料

评估人员应通过收集参照设备资产的类型、规格、新旧程度、质量、用途、销售日期、销售价格及销售价格的变动情况等资料，对其市场情况进行充分了解。

2. 验证资料的有效性

分析整理所收集的资料，验证其准确性并剔除无效资料，减少评估的工作量。

3. 选择参照设备资产

按前述三个条件选择参照设备资产。

4. 调整差异

（1）调整差异要求

① 调整差异是对参照设备资产交易价格的调整，即调整参照设备资产原价。

② 凡参照设备资产比被评估设备资产优异的因素应调减"评估价值"，即调整参照设备资产原价时要减少其值，相反，则要调增"评估价值"。

③ 调整差异后得到的各参照设备资产的现行市价应接近，其极差（最大值与最小值之差）应小于未调整差异前各参照设备资产原价的极差。

（2）调整方法

① 绝对数调整法，即通过参照设备资产与被评估设备资产在各因素上的比较，计算出参照设备资产原价在各因素上应调整的绝对金额，或加至原价，或从原价中减掉。

② 相对数调整法，即用一个相对数——调整系数去调整参照设备资产的原价。调整系数通常为交易时间、交易因素、区域因素和个别因素四个因素上的差异，各种不同因素的差异调整系数的计算方法如下表所示。

各因素差异调整系数计算方法一览表

调整因素	调整系数计算公式及说明
时间因素	时间因素差异调整系数 $= \dfrac{\text{评估设备资产时设备资产市场的物价指数}}{\text{参照设备资产成交时设备资产市场的物价指数}}$

（续）

调整因素	调整系数计算公式及说明
交易（区域、个别）因素	◆ 交易（区域、个别）因素差异调整系数 $=\dfrac{100}{参照设备资产交易（区域、个别）因素被评分值}$ ◆ 以被评估设备资产在交易（区域、个别）因素上为标准状态，分值100作为分子，参照物分值作为分母；若在此因素上，参照设备资产优于被评估设备资产，则参照设备资产被评分值应大于100，反之，参照设备资产被评分值应小于100

综上所述，总调整系数＝时间调整系数×交易因素调整系数×区域因素调整系数×个别因素调整系数。调整差异后，参照设备资产的现行市价＝原价×总调整系数。

5. 估算评估设备价格

通过调整差异得到的各参照设备资产现行市价，通过以下三种计算方式计算后即可得到被评估设备资产的估算价格。

① 简单算术平均，将若干个经过调整的现行市价进行加权平均，确定被评估设备资产的估算价格，这是惯常做法。

② 加权平均，依据各参照设备资产相对被评估设备资产的重要性的差别，赋予各参照设备资产不同权数进行加权平均，得到被评估设备资产的估算价格。

③ 分析确定，在各个参照设备资产现行市价的最小值到最大值范围内，经过定性分析选取一个合适值，得到被评估设备资产的估算价格。

6. 编写"设备资产估算价格报告"

设备资产的估算价格确定后，财务主管负责撰写"设备资产估算价格报告"，交财务部经理审核，审核通过后交财务总监审批。

编制人员		审核人员		审批人员	
编制时间		审核时间		审批时间	

第二节 设备档案管理

一、设备台账

设备台账是工厂为掌握设备资产情况、各类型设备的拥有量以及设备调动情况而记录的档案文件。

1. 根据设备资产的类型设立台账

根据设备资产的不同类型，设备台账可分为一般设备台账和特种设备台账两种。

一般设备台账的具体内容如表2-2所示。

表2-2　一般设备资产台账

序号	设备名称	型号规格	购入日期	使用年限	折旧年限	资产编号	使用部门	设备状态	检验日期	复检日期	检验人

特种设备是指工厂中涉及人员生命安全、危险性较大的锅炉、压力容器等设备。因其特殊性，工厂需设专人对特种设备台账进行建立与保存。一般来说，特种设备台账的具体内容如表2-3所示。

表2-3　特种设备资产台账示例表

序号	登记代码	设备名称	使用部门	使用地点	设备状态	制造单位	出厂资料编号	定期检验情况	检验日期	复检日期	检验人	特种设备使用证编号

2. 根据设备管理工作内容设立台账

根据设备管理工作内容的不同，设备台账可分为设备技术台账、设备检修台账、备品、备件台账和设备运行台账。各种设备台账应包含的具体内容如表2-4所示。

表2-4　设备台账内容一览表

台账类型	应包含的内容
设备技术台账	设备主要技术参数、主要结构参数、运行分析记录、重要设备参数（电能、电压、频率、谐波等）统计台账、各种运行操作统计台账等
设备检修台账	设备主要的安装技术记录、历次检修事项及检修人记录、技术监督中发现的主要问题及处理措施、设备重大缺陷和频发性缺陷的产生原因及清除情况、设备的评级结果及升级规划
备品、备件台账	备件的名称、型号、系列号、技术规范、制造厂家、检修备品、事故备品定额数及库存数
设备运行台账	设备启动时间、次数，设备异常运行的时间、次数，历年逐月发电量、最高最低负荷，主设备与主要辅助设备范围

二、设备技术资料

设备技术资料是设备档案的重要组成部分，它是对设备从购入至报废这一时间段内发生的各种事件进行的记录，能够完整、准确地反映某一设备在使用期内的实际使用情况。

具体来说，设备技术资料的内容包括以下几个方面。

1. 技术说明性资料

设备的技术说明性资料主要包括以下两种。

（1）设备说明书，主要是设备生产厂商编制的设备使用说明书。

（2）设备单台档案，包括设备档案卡、设备集装单、安装记录、进度验收单、固定资产拨交单、精度普查记录和修理移交单等。

2. 设备原图、底图

主要包括设备的设计图纸、备件图册、设备传导线路图、润滑系统图和电器系统图等。

3. 设备使用相关标准

主要包括设备维修标准、精度检测标准和设备使用安全标准等。

设备资料管理人员可按照上述内容将设备技术资料进行整理后，交设备档案室进行归档。

三、设备档案管理流程

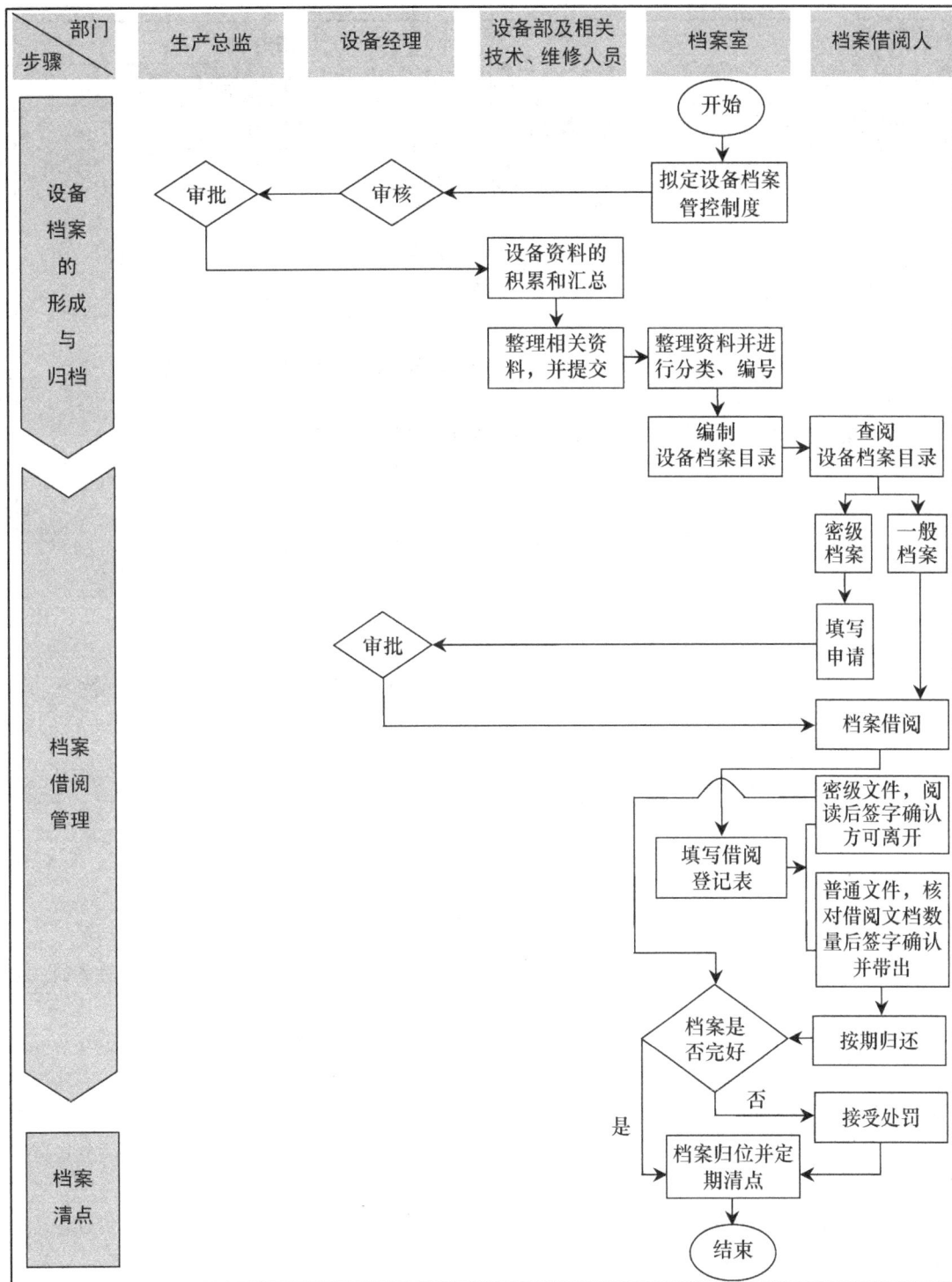

部门 步骤	生产总监	设备经理	设备部及相关 技术、维修人员	档案室	档案借阅人

设备档案的形成与归档

开始 → 拟定设备档案管控制度 → 审核 → 审批

审批 → 设备资料的积累和汇总 → 整理相关资料，并提交 → 整理资料并进行分类、编号 → 编制设备档案目录 → 查阅设备档案目录

密级档案 / 一般档案

档案借阅管理

密级档案 → 填写申请 → 审批 → 档案借阅

档案借阅 → 填写借阅登记表

密级文件，阅读后签字确认方可离开

普通文件，核对借阅文档数量后签字确认并带出 → 按期归还

档案是否完好 → 否 → 接受处罚

是 → 档案归位并定期清点 → 结束

档案清点

四、设备台账管控制度

制度名称	设备台账管控制度		受控状态	
			编　号	
执行部门		监督部门	编修部门	

第1章　总则

第1条　目的

针对工厂设备在购买、使用、维修、保养等方面出现的问题，为加强对设备的管理、维护，提高其使用效率，特制定本制度。

第2条　术语界定

设备台账是设备部相关人员编制的用来记录设备在购买、使用、检测、维护方面等情况的文件。

第3条　适用范围

本制度适用于本工厂设备部在设备台账管理、控制等方面的各项工作。

第2章　设备台账编制

第4条　编制依据

设备台账主要依据设备的验收移交单、调拨单和报废单等原始凭证进行编制。

第5条　编制人员

设备管理专员配合设备主管进行设备台账的编制。

第6条　设备台账的主要内容

设备台账的主要内容包括设备的名称、规格型号、购入日期、制造厂商、出厂日期、使用期限和使用单位等。

第7条　编制原则

设备台账编制的主要原则有以下两点。

1. 内容必须真实，台账内容须与生产现场的设备实物相符。

2. 需及时更新、准确记录设备的运行状态及调动情况。

第3章　设备台账管理

第8条　台账存放

设备管理专员将设备台账按编制顺序进行编号并存放。存放期间应禁止他人在未经设备主管同意的情况下对台账信息进行涂改、勾画，保证台账纸面干净、字迹清晰。

第9条　台账变更

1. 当设备实物与台账内容发生变更等情况时，设备使用人员应及时通知设备管理专员进行台账信息的变更。

2. 设备管理专员需在一个工作日内对台账内容进行变更，变更工作结束后及时向设备主管进行汇报。

3. 经确认可进行报废处理的设备，设备管理专员经设备主管同意后，方可对原台账内容进行删除，并同时填写报废设备台账。

（续）

第10条　台账借阅

1. 设备部人员对台账进行查阅时需在设备档案室进行登记，并写明查阅用途。

2. 工厂相关部门如需对设备台账进行查阅，需填写"设备资料借阅表"，经设备主管审批后方可从档案室调取。台账资料使用完应及时归还并登记归还时间和归还人姓名。

第11条　台账查验

设备部为保证设备台账的真实、可靠，需定期对设备台账进行查验。一般来说，台账的查验周期通常是一个月或一年，具体查验方式如下表所示。

台账查验方式

方式	具体说明
台账自查	指由设备主管每月对设备台账进行自查，自查的内容主要包括：设备实物是否与台账内容相符、是否按时进行台账登记、台账内容是否完整等。如发现问题，设备主管应确定责任人，责令其在当天内进行修改并进行登记
年度清查	◆ 设备部每年年终须对设备进行全面清查盘点，调整台账账目并核对设备的分布情况、价值以及与账目内容的相符度 ◆ 在清查盘点时发现盘亏的，应查明原因，确定相关责任人，并上报上级有关部门进行批示后处理 ◆ 在清查盘点中发现闲置设备的，应在"设备年终盘查表"中填写处理意见

第12条　台账交接

设备部因台账管理人员更替需进行台账交接时，台账交接工作有以下几方面要求。

1. 交接双方必须在现场（设备档案室）进行台账交接，禁止单方面人员到场交接或代人交接。

2. 台账移交应做到"交者清，接者明"。交接工作完成后，双方方可离开。

3. 台账交接前应做好台账的清点、检查工作，禁止将记录不清晰、账面模糊的台账进行移交。

第4章　附则

第13条　本制度由设备部制定，其解释权、修订权归设备部所有。

第14条　本制度编写完成后，报生产总监审核，审核通过后执行。

修订记录	修订标记	修订处数	修订日期	修订执行人	审批签字

五、设备档案管控制度

制度名称	设备档案管控制度		受控状态	
			编　　号	
执行部门		监督部门	编修部门	

第1章　总则

第1条　目的

为了加强对设备档案资料的管理工作，有效保护和充分利用设备档案，特制定本制度。

第2条　范围界定

凡工厂购置的设备，在其购置、验收、调试、运行、管理、维护、改造、报废等全部活动过程中直接形成的、具有保存利用价值的文字、图表、音像载体材料、磁盘以及设备的随机材料等均属于设备档案。

第2章　设备档案的形成和归档

第3条　档案存放部门

设备部负责设备档案的形成、积累、汇总，必须配有档案管理人员集中管理本工厂的设备档案。从设备的申购到验收完毕（进口设备到索赔期满），所有在安装、调试运行过程中的管理性文件和技术性文件均由设备部负责收集和积累，并在整理后移交档案室。

第4条　到货期通知

设备部应将设备到货日期的计划提前通知档案室，以便做好准备，合理安排工作。

第5条　设备到货处理

设备到货后，设备部应通知档案室，档案管理人员参与设备开箱验收，以监督、检查、指导设备随机文件材料的清点、验收工作，并在"设备验收记录单"上签章。

第6条　鉴定验收要求

设备的技术鉴定验收必须通知档案管理人员参加，并在"技术鉴定验收记录单"上签字。

第7条　使用部门负责人权责

设备使用部门的负责人要做好设备档案中文件材料的形成、积累和管理工作；技术人员和维修人员要爱护设备的技术文件，对设备的使用、维修、改造做到"有活动就有完整的记录"，确保设备文件的完整、系统和准确。

第8条　自研设备资料归档

本厂自行研制的设备，在设备鉴定或投入使用之前应将所有材料归档。在设备进行鉴定验收时，必须有档案管理人员参加。

第3章　设备档案的归档范围

第9条　外购设备归档材料范围

1. 外购设备计划与选购阶段的归档材料

（1）设备使用部门的"采购申请书"及可行性方案论证报告。

（2）购买设备的审批文件。

（3）购买协议、合同。

（续）

（4）购买意向书及订货通知单。

（5）设备采购人员与设备供应商的重要来往函件、电文。

（6）谈判备忘录、附件、附录。

2. 外购设备验收阶段的归档材料

（1）装箱单、开箱验收单、出厂合格证书及出厂精度检验单。

（2）图样、技术手册、使用维护手册、说明书、校验标准、随机备件图册。

（3）开箱检验记录、商检及索赔文件。

（4）运单、发票。

3. 外购设备安装、调试阶段的归档材料

（1）设备安装、调试计划书。'

（2）安装基础图、电气接线图、安装工艺规程。

（3）试车、精度检查记录、试验记录及安装验收单。

（4）安装调试期间存在的问题及处理意见。

（5）安装调试的技术总结报告、验收报告。

（6）计算机和测量机等设备还包括软件、硬件部分的文件材料等。

（7）设备操作培训材料。

4. 外购设备运行及维护修理阶段的归档材料

（1）设备移交至使用部门的附件和随机工具清单。

（2）设备维护保养和安全技术操作规程。

（3）设备的运行记录。

（4）设备保养情况记录表。

（5）设备检查、普查记录。

（6）设备大、中修记录、总结、鉴定书。

（7）大、中修精度检查记录及验收移交单。

（8）设备仪器事故分析、记录及事故处理结果报告。

5. 外购设备改造、更新阶段的归档材料

（1）设备改造的合理化建议及处理结果。

（2）设备改装、改造、更新的报告与批复。

（3）改装、改造过程中的图样、技术文件。

（4）设备报废的技术鉴定书、请示及批复文件。

（5）设备技术鉴定及成果申报奖励文件。

第10条 自制设备归档材料范围

1. 方案论证及设计阶段的归档材料

（1）设备研制任务书及研制协议、合同。

（2）设备研制调研报告、可行性方案论证报告。

（3）设备研制有关问题的请示及批复。

（续）

（4）计算文件、试验文件及图样。

（5）技术条件、技术说明书及设计技术总结报告。

2. 自制设备制造加工阶段的归档材料

（1）工艺规程、工艺说明书。

（2）重要的工艺装备图纸及说明书。

（3）重要零部件超差单和代料单。

（4）工艺总结报告书。

3. 自制设备安装调试及鉴定验收阶段

（1）设备安装、调试计划书。

（2）安装基础图、电气接线图、安装工艺规程。

（3）试车、试验记录、精度检查记录及安装验收单。

（4）设备安装期间存在问题及处理意见。

（5）设备安装、调试技术总结报告及验收报告。

（6）计算机和测量机等设备还包括软件、硬件部分的文件材料。

（7）设备操作培训材料。

（8）技术鉴定及审批文件。

（9）成果申报及奖励文件。

（10）使用维护说明书、操作规程。

4. 自制设备运行及维护修理阶段的归档材料

（1）设备移交至使用部门的附件和随机工具清单。

（2）设备维护保养和安全技术操作规程。

（3）设备的运行记录。

（4）设备保养情况记录表。

（5）设备检查、普查记录。

（6）设备大、中修记录、总结、鉴定书。

（7）大、中修精度检查记录及验收移交单。

（8）设备仪器事故分析、记录及事故处理结果报告。

5. 自制设备改造、更新阶段的归档材料

（1）设备改造的合理化建议及处理结果。

（2）设备改装、改造、更新的报告与批复。

（3）改装、改造过程中的图样、技术文件。

（4）设备报废的技术鉴定书、请示及批复文件。

（5）设备技术鉴定及成果申报奖励文件。

第4章 设备档案的保管与借阅管理

第11条 档案管理原则

设备档案的管理工作必须坚持"集中、统一管理"的原则，确保设备档案准确、完整、系统和安全。所有设备档案由档案室集中保管一套，其他的交由设备部保管。对于只有一套的设备档案，一律

（续）

交档案室保管。

第 12 条　保管条件

设备部必须有一定的保管条件，如配备档案橱柜、有兼职保管人员等，如不具备以上条件，设备档案仍由档案室保管。

第 13 条　档案分级

对设备档案应进行系统地整理、分类和编制目录，并根据档案的重要程度进行分级管理，具体可以分为四级。

1. 绝密级设备档案，主要指工厂自行研制的关键设备的所有资料，这些档案资料涉及工厂的核心生产技术，若保护不当，可能给工厂带来不可挽回的经济损失。

2. 机密级设备档案，主要指一些外购关键设备的图样、技术手册、校验标准、随机备件图册等，若保护不当，可能给工厂带来重大损失。

3. 秘密级设备档案，主要指工厂自行研制的一般设备的所有资料，若保护不当，可能给工厂带来一定损失。

4. 普通级设备档案，主要指工厂购置的一般设备和辅助设备的相关资料，若对外公开并不会给工厂带来任何损失。

第 14 条　档案借阅手续

档案的借阅要严格履行相关手续。档案室保管的设备档案凭工作证借阅，并且要规定不同的阅读方式，具体如下所示。

1. 秘密及以上级别的设备档案须经借阅人的部门负责人同意，且借阅时要持有其部门负责人签名的相关证明，办理借阅登记手续后，方可在档案室内阅读。不得将所借档案私自带出档案室。

2. 普通级设备档案可以借出，但借阅时间不得超过五天。

第 15 条　档案借阅要求

1. 借阅的设备档案不得损坏、丢失，归还时交档案管理人员当面清点。

2. 借阅由设备部保管的设备档案时也应办理登记手续，以便管理。

第 16 条　档案内容要求

对于普通级档案的关键性内容应使用复印件，尽量不用原件。一般情况下，在告知档案管理人员并办理相应手续后，借阅人可自行复印一份，但档案管理人员须对复印件进行备案，并加盖档案室公章以资证明。

第 17 条　设备报废处理

设备报废后，外购设备的档案经相关设备负责人审核后销毁，自制设备的档案由档案室长期保管。

第 5 章　附则

第 18 条　本制度由档案室编制，其解释权、修订权亦归档案室所有。

第 19 条　本制度自审批通过之日起执行。

修订记录	修订标记	修订处数	修订日期	修订执行人	审批签字

六、设备档案借阅方案

文书名称	设备档案借阅方案	编　号	
		受控状态	

一、目的

为了保护本厂设备档案的完整与安全，根据相关规定并遵循"既方便工作，又有利于保密"的原则，特制定本方案。

二、职责划分

本厂档案室的档案管理员具有以下七项基本职责。

1. 负责对设备档案进行收集、整理、分类和编制目录，并根据设备档案的重要程度对其进行分级，以便借阅。

2. 拟定并报批《设备档案借阅管理办法》，并监督借阅人执行。

3. 认真检查借阅人的相关证件及"借阅申请单"，并及时做好登记。

4. 为借阅人提取所需设备档案，并及时整理好借阅人归还的设备档案。

5. 对于逾期不归还普通级设备档案且不办理续借手续者，档案管理员有权追回借阅人所借阅的档案。

6. 借阅人归还设备档案时，必须当面检查档案的完好情况。若在借阅期间发生损坏或丢失现象，档案管理员应及时报告相关负责人并做出处理。

7. 对于可以修复的设备档案，及时进行修复。

三、借阅权限

1. 副总经理及以上高层管理者、设备部经理、技术部经理、研发部经理、高级技术工程师、自制设备研发人员及重要设备维修人员可借阅所有密级的设备档案。

2. 普通技术工程师、设备维修人员及普通员工可借阅机密级、秘密级及普通级设备档案。

3. 外部组织或个人只可借阅普通级设备档案，且须持有本工厂相关部门出具的相关证明。

四、借阅方式

（一）秘密及以上级别设备档案的借阅方式

1. 秘密及以上级别设备档案只可在档案室借阅，不可私自带出，借阅时间分别为8:00 ~ 12:00 和14:00 ~ 17:00。

2. 借阅机密、绝密级的设备档案，须经所在部门的部门经理批准，不得摘抄、拍照及复制所查档案。

3. 如借阅人确实需要摘抄、拍照、复制所查档案内容，须经档案管理员同意，并经借阅人所在部门的部门经理批准，且只能在档案室内进行，摘抄、拍照或复制的内容须经档案人员校对无误后加盖印章，以资证明。

4. 借阅人阅读完毕离开档案室时，须在"设备档案借阅登记表"上签字并签署保密协议，对所借阅的档案内容保密。

（二）普通级设备档案的借阅方式

1. 普通级设备档案可借出阅读，借出时，档案管理员须对照借阅单清点档案文件数量，清点完毕后，借阅人方可带出，借阅时间为五天。

（续）

2. 借阅人对所借的设备档案应妥善保管，不得私自拆毁、涂改、抽换及对外传播。

3. 借阅的设备档案应在规定的时间内归还，仍需继续留用时，应重新办理借阅手续。对逾期不还且不办理续借手续者，档案管理员有权停止其借阅权并追回其所借设备档案。

4. 借阅人应如数交还所借设备档案，且应保证档案完好无损，并在"设备档案借阅登记表"上签字确认。

五、借阅程序

（一）查阅设备档案目录

借阅人根据所需要的设备档案内容，查阅相应的设备档案目录（对于秘密及以上级别的设备档案，借阅人应首先向其所在部门的部门经理提出借阅申请，并填写"借阅申请单"）。

（二）确认设备档案借阅方式

依据档案密级由档案管理员确认相应的借阅方式，秘密及以上级别的设备档案须经借阅人所在部门的部门经理签字确认后方可借阅，且只可在档案室借阅。

（三）填写"设备档案借阅登记表"

填写"设备档案借阅登记表"时有如下所示的注意事项。

1. 对于秘密及以上级别的设备档案，借阅人的借阅申请被批准后，档案管理员需填写"设备档案借阅登记表"。

2. 对于普通级设备档案，借阅人不需提出借阅申请，可直接到档案室填写"设备档案借阅登记表"后借阅。

3. "设备档案借阅登记表"的具体格式如下表所示。

设备档案借阅登记表

借阅日期	借阅人姓名	部门	批准人	设备档案名称	页数	密级	归还日期	归还情况	收档人	借阅人签名

（四）借阅设备档案

具体借阅要求如下所示。

1. 对于秘密及以上级别的设备档案，借阅人须在档案室阅读，阅读完毕后须在"设备档案借阅登记表"上签字后，方可离开。

2. 对于普通级设备档案，由借阅人对照"设备档案借阅登记表"上所列的档案页数清点档案文件数量，确认后签字，借出设备档案。

（五）设备档案归还

借阅人将查阅后的设备档案按原样折叠并排序后归还。经档案管理员清点无误后，借阅人方可离开。

编制人员		审核人员		审批人员	
编制时间		审核时间		审批时间	

设备采购
精细化管理

第三章

第一节　设备选型决策

一、设备选型决策指标体系

设备部在购置生产设备时，首先需对生产设备进行选型，选型时须遵循技术先进、生产实用、费用合理的原则。具体来说，设备采购人员可参照表3-1所列的指标体系对生产设备进行选型决策。

表3-1　设备选型决策指标体系表

指标名称	具体说明
安全指标	◆ 安全指标是指设备是否具有足够的安全保障能力 ◆ 设备采购人员必须考虑设备的安全性，如设备是否安装了必要的安全保护装置或自动调控装置
生产指标	◆ 生产指标主要指设备的生产效率，一般由设备功率、行程、速度等多项技术参数决定 ◆ 设备采购人员应在考虑设备购买预算的前提下选择生产效率较高的设备
技术性指标	◆ 设备的技术性指标用设备技术的先进程度进行衡量 ◆ 设备采购人员应选择技术上较为先进、在短期内不易被行业淘汰的设备
维修难易指标	◆ 设备维修难易程度可根据设备的设计结构、零部件组合等因素进行判断 ◆ 选择较容易维修的设备，有助于减少维修的劳动量，缩短维修周期，节约费用
成套性指标	◆ 成套性指标是指设备在性能方面的配套水平 ◆ 配套程度高的设备有利于生产效率的提高，所以设备采购人员最好成套采购设备
节能指标	◆ 设备的能源消耗一般以单位开动时间的能源消耗量计算，如小时耗电量、耗气量等 ◆ 设备的节能性是设备采购人员在进行设备选型决策时考虑的重要方面
环保指标	◆ 设备的环保指标以设备投入使用后造成的生产设施污染或环境污染程度进行衡量 ◆ 设备采购人员应选择噪声与"三废"排放较少、能达到国家相关法律法规要求的设备
折旧指标	◆ 折旧指标是指设备的使用年限及每年的折旧率 ◆ 设备采购人员应选择使用年限较长的设备

二、设备购买决策管理流程

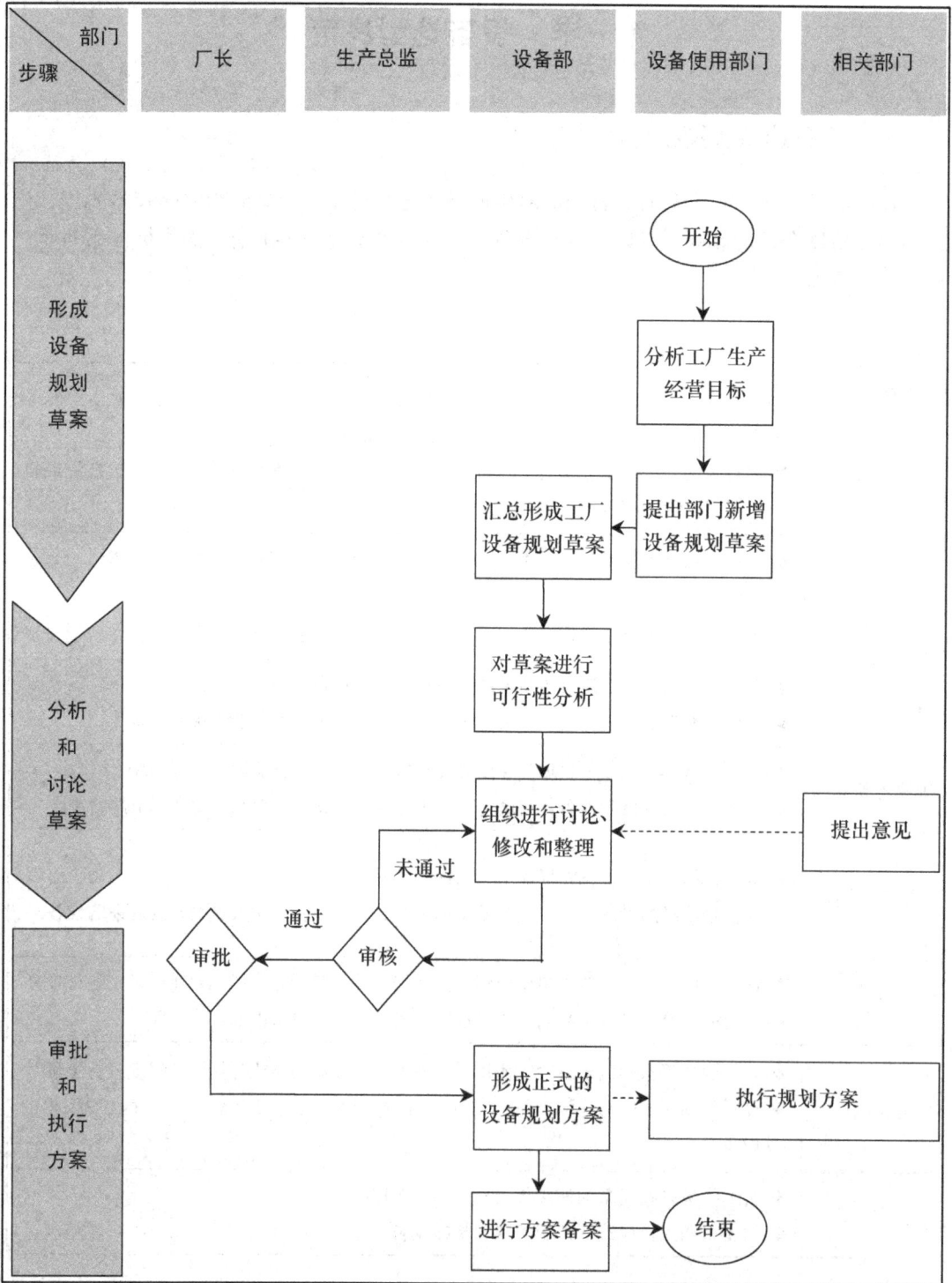

部门步骤	厂长	生产总监	设备部	设备使用部门	相关部门

形成设备规划草案

开始

分析工厂生产经营目标

提出部门新增设备规划草案

汇总形成工厂设备规划草案

分析和讨论草案

对草案进行可行性分析

组织进行讨论、修改和整理 ← 提出意见

未通过

通过

审批 ← 审核

审批和执行方案

形成正式的设备规划方案 → 执行规划方案

进行方案备案 → 结束

三、工厂设备规划方案

文书名称	工厂设备规划方案	编　　号	
		受控状态	

一、目的

1. 提高工厂产品生产的效率。

2. 满足工厂产品质量提升的要求。

3. 确保工厂生产经营目标和利润目标的实现。

二、设备规划的依据

1. 工厂中长期战略发展规划。

2. 工厂产品的市场占有情况。

3. 工厂现有设备的产能分析。

4. 可使用的设备投资资金等。

三、设备规划必要性分析

（一）现有设备能力无法实现经营目标和发展规划

工厂中长期规划指出，到____年，工厂年销售额达到____万元，产量突破____万件，利润额达到____万元，而工厂去年的年销售额达到____万元，产量为____万件，利润额为____万元，较前年分别增长____%、____%和____%。依照目前的增长速度，到____年无法实现规划目标。

（二）现有设备需要改造和更新

1. 工厂的现有设备主要是在____年引进的。而近几年，同行业竞争对手普遍对设备进行了改造升级，如××工厂，仅在去年一年中，设备更新率达到了____%。

2. 去年，工厂设备的平均故障率达到____%，设备的维护、维修成本高达____万元。

综上所述，为了提高产品质量，增强产品的市场竞争力，有必要对现有设备进行改造和更新。

（三）其他方面

1. 能源节约要求分析。（略）

2. 环境保护和安全生产要求分析。（略）

3. 劳动条件改善的要求分析。（略）

四、设备规划可行性分析

对设备规划进行可行性分析主要从以下四个方面进行分析。

1. 工厂财务状况分析。

2. 工厂现有专业技术人员和技术工人分析。

3. 工厂生产现场条件和生产环境要求分析。

4. 其他条件分析。

五、设备规划具体内容

设备规划的具体内容主要包括以下八个方面。

1. 设备型号、数量和性能要求：_____。

（续）

2. 设备参数和工艺技术要求：_____。					
3. 设备拟到位的日期和期限：_____。					
4. 设备拟投资的金额和资金来源：_____。					
5. 设备生产效率、技术水平、能源消耗指标、安全环保条件等：_____。					
6. 设备投入使用后的预期效益：_____。					
7. 设备投资的成本回收期、销售收入及预测投资效果：_____。					
8. 设备管理体制、人员结构和辅助设施的具体要求：_____。					
编制人员		**审核人员**		**审批人员**	
编制时间		**审核时间**		**审批时间**	

四、设备选型操作方案

文书名称	设备选型操作方案	编　号	
		受控状态	

一、目的

为做出最佳的设备采购决策，为设备后期管理提供良好的条件，提高工厂的经济效益，特制定本方案。

二、设备选型要求

1. 生产上适用，即所选设备应适应工厂现在所能承修设备的实际情况，在一定时期内不会被淘汰。

2. 技术上先进，即以获得最大经济效益为目的，在满足生产需要的前提下，设备的性能指标可以保持先进水平，有利于提高产品质量和延长技术寿命。

3. 经济上合理，即要求设备的价格合理，在使用过程中能耗和维护费用低，并且费用回收期较短。

三、设备参数选择

（一）设备生产率

工厂所有设备的选型必须首先考虑生产率。生产率可以使用以下指标衡量。

1. 设备单位时间（分、时、班、年）的产值或产量。

2. 设备的主要参数，如车床的中心高和主轴转速、压力机的最大压力等。

设备生产率要与工厂的经营方针、生产计划、技术力量、运输能力、劳动力和原材料供应等相适应。不能盲目要求生产率越高越好，否则会导致生产不平衡、服务供应工作跟不上，不仅不能发挥全部效果，反而会造成损失。

（二）设备的工艺性

所选设备必须符合本工厂产品工艺的技术要求，如金属切削机床应能保证所加工零件的尺寸精度、几何形状精度和表面质量要求等。

（续）

（三）设备的操作性

所选设备必须操作轻便，能够被灵活控制。如产量大的设备自动化程度应高，进行有害有毒作业的设备要求能进行自动控制或远距离监督控制等。

（四）设备的可靠性

1. 所选设备的主要零部件的平均故障间隔期越长越好，具体可以从设备安全系数设计、冗余性设计、环境设计、元器件稳定性设计、安全性设计和人—机因素等方面进行衡量。

2. 尽量选择能提供设备设计可靠性指标的设备设计制造商。

（五）设备的维修性

设备的维修性可从如下表所示的七个方面衡量。

设备维修性衡量指标及说明

衡量指标	指标说明
结构合理	设备结构的总体布局应便于接触和操作，各零部件和结构应易于接近，便于检查和维修
标准化	设备尽可能采用标准零部件和元器件，容易被拆为几个独立的部件、装置和组件，并且不需要特殊手段即可装配成整机
结构简单	在符合使用要求的前提下，设备结构应力求简单，需维修的零部件数量少，拆卸容易，更换易损件方便
结构先进	设备尽量采用参数自动调整、磨损自动补偿和预防措施自动化原理设计
技术图纸、资料齐全	便于维修人员了解设备结构，便于拆装和检修
状态监测、故障诊断能力强	可以利用设备上的仪器、仪表、传感器和配套仪器检测设备有关部位的温度、压力、电压、电流、振动频率、消耗功率和输出参数等，以判断设备的技术状态和故障部位
其他	提供适量的备件或有方便的备件供应渠道；有良好的售后服务质量，维修技术要求尽量符合设备所在区域情况

（六）设备的安全性

1. 所选设备应具有必要的安全防护设计与装置，避免给工厂带来人机事故和经济损失。

2. 所选设备若有新投入使用的安全防护性元部件，设备供应商须提供试用情况报告等资料。

（七）设备的操作性

总要求是方便、可靠、安全并符合人机工程学原理。通常要考虑的主要因素如下。

1. 操作结构及其所设置的位置应符合劳动保护法规要求，满足一般体型操作者的要求。

2. 充分考虑操作者的生理承受力，不能使其在法定操作时间内承受超过体能限度的活动节奏、动作速度和耐久力等。

（续）

3. 设备及其操作室的设计必须符合有利于减轻操作者精神疲劳的要求。

（八）设备的环保性与节能性

1. 所选设备的噪声、振动频率和有害物排放等必须控制在国家和地区标准的规定范围内。

2. 所选设备必须符合《中华人民共和国节约能源法》规定的各项标准和要求，在此基础上，应尽可能选择能耗低的设备。

（九）设备的经济性

1. 经济性衡量依据

以设备使用寿命周期费用作为衡量设备经济性的因素，在寿命周期费用合理的基础上，追求设备的经济效益最高。

2. 经济性主要考虑的指标

（1）初期经济性指标，主要包括设备的购置费、运输与保险费、安装费、辅助设施费、使用培训费、关税等。在选购设备时不能简单追求价格便宜而降低其他影响因素的评价标准，尤其要充分考虑停机损失、维修费用、备件费用和能源消耗费用以及各项管理费用。

（2）其他经济性指标，包括设备的适应性、生产效率、耐久性、能源与原材料消耗和维护修理费用等。

3. 设备经济性的计算方法（见下表）

设备经济性计算方法说明表

方法名称	使用步骤
投资回收期法	◆ 计算几种可选设备的投资费用（K），包括设备价格、运输费用和安装调试等费用 ◆ 计算因采用新设备而带来的提高生产工艺水平、保证产品质量、降低能源和材料的消耗等所节约的经费（J），一般以年为计算单位 ◆ 计算该设备的投资回收期，即：$T = K/J$，其中 T 为设备的投资回收期，K 为设备的投资费用，J 为采用新设备后的年节约额 ◆ 在条件相同的情况下，哪一种设备的投资回收期最短，则该设备为最优选择
费用比较法	◆ 估算不同设备在购置时的投资额（K） ◆ 估算不同设备在投入使用后，平均每年必须支付的能源费和维修保养费等，即设备的年度使用费（M），其计算公式为：$C = \dfrac{K - L}{N} + M$，其中，C 为设备的年费用，K 为设备购置时的投资额，L 为设备的残余价值，N 为设备的最佳使用年限，M 为设备的年度使用费（包括设备的运行、维修费及相应损失费用）

（续）

四、设备选型步骤

（一）收集市场信息

通过样本资料、产品目录、技术交流、展销会以及网上信息等各种渠道，广泛收集所需设备以及设备关键配件的技术性能资料、销售价格、售后服务资料以及设备销售者的信誉、商业道德等资料。

（二）筛选信息资料

1. 确定候选设备供应商，即将所收集到的资料按自身的选择要求进行对比，从中选择 3 ~ 5 家供应商作为候选。

2. 供应商筛选，即对候选设备供应商进行调查访问，重点掌握以下六个方面的信息。

（1）详细了解设备的技术性能、可靠性、安全性、维修性、使用寿命、能耗、环保、灵活性等各方面的情况。

（2）供应商的信誉和服务质量。

（3）供应商客户对所使用设备的反馈和评价。

（4）货源及供货时间。

（5）订货渠道。

（6）价格及随机附件等情况。

3. 机型选择，即设备采购人员通过综合分析比较，从中选择备选机型。

（三）选型决策

1. 向备选机型的设备供应商提出具体订货要求。内容包括拟定货设备的机型、规格、数量、自动化程度、随机附件、包装和运输等初步要求和交货期要求，并要求供应商提供产品零件图（或若干典型零件图）。

2. 设备供应商按上述订货要求提交设备报价书。

3. 接到设备供应商的报价书后，设备部人员需到设备供应商处及其用户处就设备的质量、性能、运输安装条件、服务承诺、价格和配件供应等情况进行深入调查，并作详细记录，最后在全面进行技术经济评价的基础上，再选定工厂各方最终认可的供应商作为第一方案，同时也要制定备用的第二方案和第三方案。

4. 对于专用设备和生产线以及价值较高的单台通用设备，建议采用招标方式，经过工厂各方评议后再与中标供应商签订供货合同。

5. 方案由生产总监审核，审核通过后交总经理审批，审批通过后选型决策生效。

编制人员		审核人员		审批人员	
编制时间		审核时间		审批时间	

第二节 设备采购招标

一、设备采购招标流程

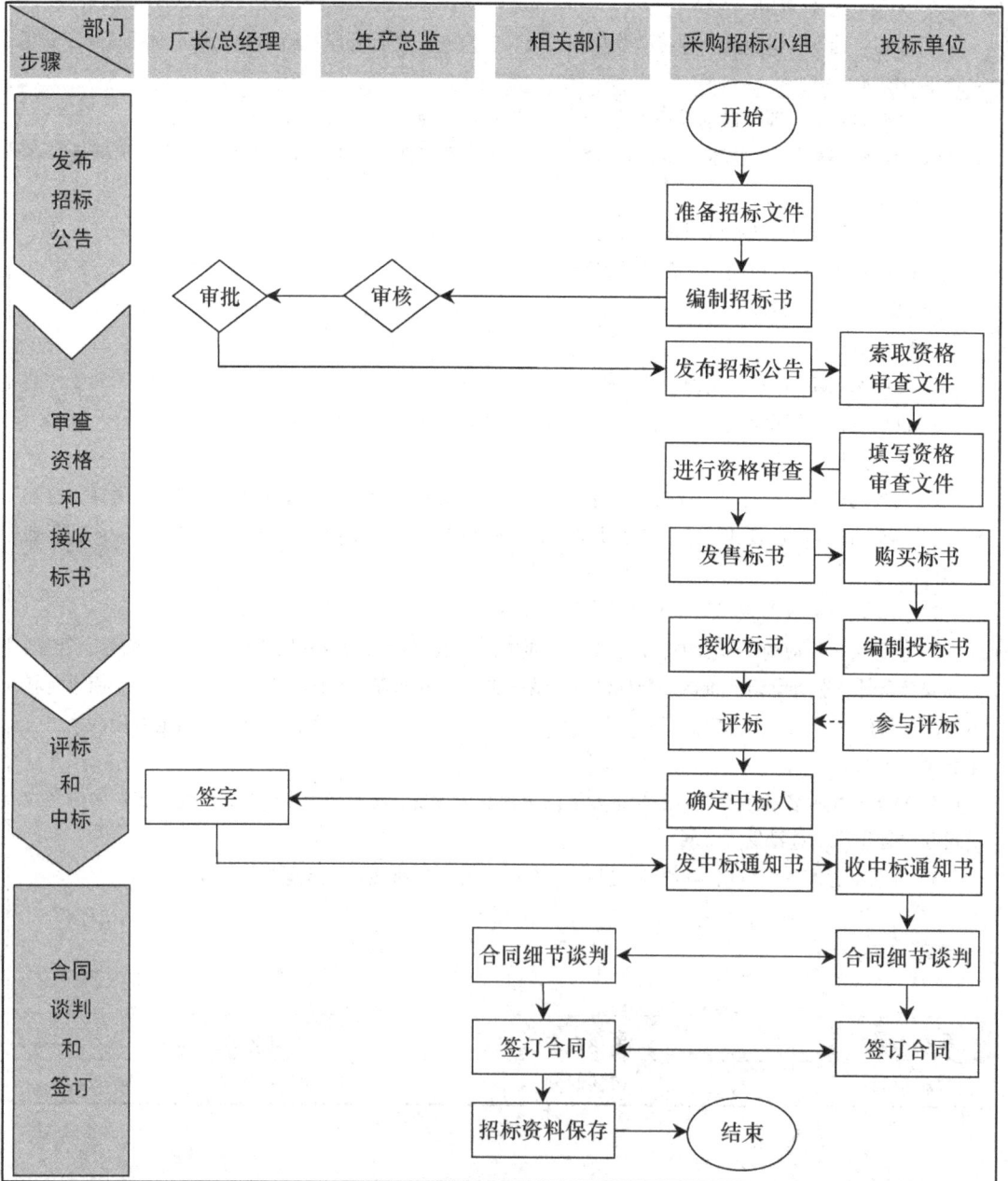

部门 步骤	厂长/总经理	生产总监	相关部门	采购招标小组	投标单位
发布招标公告				开始 → 准备招标文件 → 编制招标书	
	审批 ←	审核 ←			
审查资格和接收标书			发布招标公告 →	发布招标公告	索取资格审查文件
			进行资格审查		填写资格审查文件
			发售标书		购买标书
			接收标书		编制投标书
评标和中标			评标		参与评标
	签字 ←		确定中标人		
			发中标通知书		收中标通知书
合同谈判和签订			合同细节谈判		合同细节谈判
			签订合同		签订合同
			招标资料保存 → 结束		

二、设备采购招标管理制度

制度名称	设备采购招标管理制度		受控状态	
			编　　号	
执行部门		监督部门	编修部门	

第1章　总则

第1条　目的

为加强对设备采购招标的管理与监督，规范采购程序，保证工厂生产经营活动顺利进行，根据国家有关规定并结合工厂实际情况，特制定本制度。

第2条　招标原则

1. 公平、公正、客观、全面。

2. 采购招标小组成员不得私下接触投标人，不得透露中标文件的评审、比较以及评标等有关环节的内容。

3. 坚持最大限度满足招标文件规定的各项评价标准。

4. 质量第一、性价比第一。

5. 评标全面、客观，少数服从多数，未超过半数的投票视为无效。

第3条　招标采购范围

1. 具有竞争性的，总价值在____万元以上、单项价值____万元以上的仪器设备的采购。

2. 经相关论证后总经理审批同意设备的采购。

第2章　招标组织机构与职责

第4条　成立采购招标小组

1. 工厂成立采购招标小组，专门负责招标工作。

2. 采购招标小组组长为厂长，成员包括设备部、质检部、生产部、财务部等部门负责人，还应包括管理设备的专业技术人员。

3. 各部门负责人可根据实际情况指派部门人员参与采购招标的相关工作。

第5条　采购招标小组具体职责

1. 制定采购招标工作规章制度。

2. 制订并审核招标和采购计划。

3. 起草、报批和发放招标文件。

4. 组织采购招标工作，依法公开、公正开展招标活动。

5. 落实招标项目并及时听取设备使用部门的意见和建议。

6. 落实招标项目合同的签订和履行以及采购及供应过程中的相关事宜。

7. 负责招标采购项目有关材料与信息的记录以及文档管理工作。

第3章　编制招标文件和标底

第6条　文件形式

设备使用部门负责人以书面形式提交招标设备的技术要求。

（续）

第7条　核定技术参数

设备部根据设备使用部门提交的设备技术要求，最终核定设备的技术参数指标，并报采购招标小组审批。技术参数必须符合国家招标规定，不能出现只有一种设备能满足技术参数要求的情形，应确保至少三家设备供应商达到技术参数要求。特殊情况可另行处理。

第8条　召开小组会议

采购招标小组召开讨论会议，对设备部核定的待购设备的技术参数指标进行讨论，形成最终的设备技术参数指标。

第9条　编制招标文件

招标文件主要包括以下四项内容。

1. 投标须知：投标须知是招标人对投标人如何进行投标的指导性文件，主要由以下五方面内容构成。

（1）设备简介和设备交货时间。

（2）提交投标书的地点、时间和截止日期。

（3）开标时间、地点和评标过程的保密规定。

（4）投标人的资质要求。

（5）投标文件：包括投标人承诺函、投标人法定代表人授权书和投标人资格资信证明文件等。

2. 合同条款：主要对招标和投标双方的权利和义务作出规定。

3. 技术规范：主要规定拟购设备的性能、标准以及图纸要求等。

4. 其他内容：主要包括采购清单、配套设备及专用工具表、随机备件表以及投标报价表等。

第10条　招标文件编制要求

招标文件要规范、严谨、科学、合理，使投标单位的报价更具合理性和可比性，以方便评标和签订合同等后续工作。

第11条　招标文件的保密

招标人不得向他人透露已获取招标文件的潜在投标人的名称、数量以及可能影响公平竞争的有关招标的其他情况。

第12条　编制标底

对于价值在____万元以上的设备采购，招标小组应编制标底，作为衡量投标报价和评标的重要依据。所有参与标底编制的人员必须对标底内容履行保密义务。

第4章　发布招标公告

第13条　时间因素

发布招标公告时，主要应考虑两个时间因素。

1. 各类媒体从接受申请到刊出公告所需要的时间。

2. 从公告发布、投标人申请投标到提交投标书所需要的时间。

第14条　招标公告的内容

1. 招标单位名称。

2. 招标设备名称及说明。

（续）

3. 交货时间。

4. 购买招标文件的时间、地点和价格。

5. 接受标书的最后日期和地点。

6. 开标日期、时间和地点。

7. 提供资格预审资料的日期、份数和使用的语言。

8. 投标保证金的金额。

9. 招标人的地址、电话和传真等。

第5章 投标

第15条 投标人资格要求

1. 投标人应当具备承担招标项目的能力。

2. 投标人必须是在工商行政管理局注册登记的企业或组织，参加投标的设备必须是成熟的产品，未经考验的新产品、试制品不能参加投标。

第16条 投标预审

1. 采购招标小组对投标单位进行预审，确定合格投标人名单。

2. 对于新增投标人，采购招标小组需对其资质进行审查，重点设备需进行实地考察，评审合格后，方可作为合格投标人，建立业务关系。

第17条 投标文件要求

投标人应当按照招标文件的要求编制投标文件，投标文件应当对招标文件提出的实质性要求和条件作出响应。

第18条 投标资料准备

投标人进行投标前应提供下列材料。

1. 营业执照副本原件。

2. 特殊行业经营（生产）许可证。

3. 税务登记证副本原件。

4. 投标产品（代理）授权书。

5. 法人授权委托书。

6. 资信、资质证明。

7. 主要业绩表。

8. 招标人认为应当提供的其他证明文件。

第6章 开标、评标、中标、订立合同

第19条 开标管理

1. 开标应在招标文件中确定的时间和地点公开进行。

2. 开标由采购招标小组主持，参加投标且符合资质条件的投标单位不得少于三家。特殊设备品种单一，无法达到三家的，可采取单一来源谈判或议标的方式采购。

3. 开标时，采购招标小组应先请投标单位检查投标文件的密封情况，然后记录开标全过程并存档备查。

（续）

第20条 评标管理

1. 评标应在招标文件种确定的时间和地点公开进行。

2. 评标专家可实行动态管理，每次招标从专家库中随机抽选相关专家参加评标。

3. 与投标人有利害关系的人员不得参与评标工作，评标成员名单在开标前应保密。

4. 评标时，应以方案可行、质量可靠、技术先进、报价合理和售后服务优良等为依据对投标文件进行综合评价，并采取无记名投票方式确定评标结果。

第21条 中标管理

中标公司确定后，采购招标小组向中标公司发出中标通知书。

第22条 合同签订

1. 采购招标小组与中标公司草拟合同，经相关部门评审后，由厂长签字。

2. 签订的合同必须符合国家有关法律法规的要求。

3. 在与中标公司签订合同及履行合同的过程中，采购招标小组应严格按照招标确定的结果组织实施，不得擅自调整或变更。

第7章 责任

第23条 责任追究制

各相关部门须认真做好采购招标的立项、考察论证、验收、付款等环节的工作，建立项目全程责任追究制度，对重大项目实行项目终身责任制。

第24条 责任追究处理

对违反招投标规定的行为，工厂要予以纠正。情节严重的，要追究有关管理人和当事人的责任；构成犯罪的，须交司法机关依法追究其刑事责任，此时招投标结果可宣布无效。

第8章 附则

第25条 本制度由采购部、设备部共同编制，解释权归采购部所有。

第26条 本制度自颁布之日起施行。

	修订标记	修订处数	修订日期	修订执行人	审批签字
修订记录					

三、设备采购招标执行方案

文书名称	设备采购招标执行方案	编　号	
		受控状态	

一、设备采购招标项目概况

（一）招标项目内容

1. ××型号机床3台。

（续）

2. 性能要求：_____。

（二）招标工作小组

工厂成立由设备部、采购部、生产部、财务部共同组成的设备采购招标工作小组全面负责本次采购招标工作，设备经理为招标工作小组组长。

二、招标操作程序

设备采购招标的程序主要包括以下八个步骤。

1. 制作设备采购招标文件，发布招标公告。

2. 向投标人发出资格预审文件，由其填写并提交。

3. 对投标人进行资格预审，符合资质条件的，发给资格预审合格通知书；不符合条件的，发出资格预审结果通知书。

4. 向通过资格预审的投标人发售招标文件等有关资料。

5. 投标人组织编制投标书，并在规定的时间内提交标书和投标保证金。

6. 审定投标单位资质证明文件，必要时对其进行实地考察。

7. 组织开标、评标和定标，具体工作主要包括投标人自述（每位 8 分钟）、评标、定标、发布中标结果和发出中标通知书。

8. 中标人交纳履约保证金，并签订设备订货合同。

三、编制招标文件

（一）招标公告

1. 招标公告一般包括招标项目名称、招标项目采购资金量、招标项目编号、招标人名称及招标地址、投标报名时间、送交资格预审文件时间、答疑时间、招标书的发售及截止时间、投标书接收人、开标时间以及开标地点和签订合同地点等。

2. 投标人及其授权代表资质要求

（1）具有独立承担民事责任的能力。

（2）在经营活动中没有重大违法记录。

（3）具有良好的商业信誉和健全的财务会计制度。

（4）具有履行合同所必需的设备和专业技术能力。

（5）有依法缴纳税收和社会保障资金的良好记录。

3. 投标人须知

（1）投标书的编制要求

① 报价：汇总投标的报价，在编制单价时应注意运输费用。

② 投标保证金有效凭证复印件，正本中加盖投标人法人印章。

③ 资格证明文件（企业营业执照、法人证明文件、法人授权委托书、安全生产许可证、近三年业绩证明），以上资料正本中加盖投标人法人印章。

（2）投标文件编制要求

① 投标文件需由投标人盖章并由法定代表人或法定代表人授权代表签署，投标人应写全称。

② 招标文件均一式两份，正本一份、副本一份按顺序装订成册。正本需打印或用不褪色的墨水填写，并注明"正本"字样；副本可以复印。

（续）

③ 投标文件不得涂改和增删，如有错漏必须修改，修改处须由同一签署人签字或盖章。由于字迹模糊或表达不清引起的后果由投标方负责。

（3）投标书的递交方式及截止时间

投标人应将投标书密封，所有投标书必须在封口处加贴封条并加盖投标人公章和法人代表印鉴。截止时间要求如下所示。

① 投标人应在规定时间内将投标书递交给招标代理人。

② 招标工作小组可以以补充通知的方式，酌情延长递交投标书的截止时间。在上述情况下，招标人与投标人以前在投标截止日期方面的全部权利、责任、义务，将适用于延长后的新的投标截止日期。

（4）投标保证金

① 为了防止投标人擅自撤标或存在其他会给本工厂带来损失的行为，特在招标过程中设立投标保证金，以防止投标人违约。

② 投标保证金可以采用现金、支票、信用证、银行汇票等形式，也可以是银行保函等，金额为____元。中标人确定后，将及时退还落标的投标人的投标保证金。中标人在提交履约保证金和签订合同后，退还其投标保证金。

（5）投标文件的修改和撤回

投标人在投标文件送达以后如需要修改标书或撤回投标文件，必须在投标截止时间以前将书面的投标修改文件或撤标通知送达招标工作小组。

（6）可视为无效投标的情形

发生下列情况之一，且评标委员会以少数服从多数原则确认后，该投标文件被视为无效。

① 未密封的。

② 未按规定提供投标保证金的。

③ 未按招标文件要求编制或字迹模糊、辨认不清的。

④ 未加盖投标人印章、无法定代表人签字或其委托的代理人印章（签字）的。

4. 评标方法

（1）评标原则。招标工作小组采用综合评分法进行评标，按照招标文件中规定的各项因素对各投标人递交的投标文件进行综合评审后，以评审总得分最高的投标人作为成交候选供应商。

（2）评分因素。综合评分法的评分因素及其各自比重如下表所示。

综合评分法的评分因素及其比重

因素	主要功能参数	价格	交货期	售后服务	其他	附加分
分数	30分	30分	15分	15分	10分	10分
说明	满分为100分，另外设10分的附加分					

（3）评分细则

① 主要功能参数（30分）：评委对各投标单位的设备的主要功能定位和指标等进行评价。

（续）

② 价格（30 分）：统一采用低价优先法，即满足招标文件要求且投标价格最低的投标报价为评标基准价，其价格分为满分。其他投标人的价格分统一按照下列公式计算：投标报价得分 =（评标基准价/投标报价）×30%×100。

③ 交货期（15 分）：比较各投标单位的交货期，交货期最短的得满分，最长的扣 5 分，其他的酌情扣分。

④ 售后服务（15 分）：主要考虑服务组织机构、服务管理制度、服务响应时间、配件的优惠供应、设备维护期等方面。有完备的售后服务计划的得满分，其他的酌情扣分。

⑤ 其他（10 分）：例如，评委对投标单位生产的设备是否环保、有无权威部门出具的检测认证等进行评审；评委对投标单位生产的设备的品牌知名度、采用新技术的情况及性能价格比等进行评审。

⑥ 附加分（10 分）：

a. 优惠条件。根据投标人具体投标优惠条件（除报价以外的优惠）进行比较，主要考虑优惠条件的实用性及实际价值。各投标人比较，较多得 5 分，一般得 3 分，没有得 0 分。

b. 资信证明。对投标人出具的由金融机构或相关资信评估机构提供的资信证明进行比较，级别高、数量多、权威性高的（如 3A 级）得 5 分；级别较高、数量较多的（如 2A 级）得 3 分；一般的（如 A 级）得 1 分；没有的得 0 分。

（二）主要合同条款

合同条款应明确设备的交货时间、价格以及付款方式，招标人与中标人各自的权利和义务。除一般合同条款之外，合同中还应包括招标项目的特殊条款。

四、发布招标公告

招标工作小组根据《招标投标法》的规定，选择《××日报》和××招标网发布招标公告。

五、开标与评标

（一）开标

1. 招标工作小组将在招标文件中规定的时间和地点开标。开标时间如有变动，另行通知。

2. 开标必须在三分之二以上评标专家在场的情况下进行。

3. 同意撤回的投标不予开封。

（二）评标、定标

1. 开标后直到与中标人签订合同为止，凡是与审查、澄清、评价和比较的有关资料以及接受的建议等，均不得向投标人及其他无关人员透露。

2. 开标后，评标小组负责审查投标书是否完整、文件签署是否合格、投标书是否符合招标文件要求。

3. 评标小组将首先审查每份投标书是否响应了招标文件的要求，响应的投标书内容应与招标文件的全部条款、条件和规格相符，没有重大偏离或保留。

4. 招标工作小组将对确定为响应的投标进行详细审核，如果数字表示的金额和用文字表示的金额不一致时，应以文字为准。

5. 为有助于投标的审查、评价和比较，评标小组可要求投标人对标书的内容进行澄清。

6. 采用招标文件中的综合评分法，按竞标人综合分的高低排序（得分相同的，根据资质分排序，如资质分也相同，按报价排序）确定中标人。

（续）

（三）发放中标通知书

1. 招标工作小组以书面形式通知中标人。

2. 招标工作小组在向中标人递送中标通知书时，有权就订货合同条款的细节问题同中标人协商确定和变更。

3. 对未中标的单位，原则上不作落标原因的解释。

六、签订合同

（一）双方签订设备订货合同

中标人应按中标通知书规定的时间、地点与买方签订合同。

（二）合同附件

招标文件、中标人的投标文件及投标修改文件、评标过程中有关澄清文件及经双方签字的询标纪要和中标通知书均作为合同附件。

（三）拒签合同处理

1. 招标人拒签合同的，向中标人退还双倍的投标保证金，并赔偿由此给中标人造成的损失。

2. 中标人接到中标通知书后，在规定时间内借故否认已经承诺的条件而拒绝签订合同者，以投标违约处理，其投标保证金不予退回；给招标人造成损失的，由中标人负责赔偿；招标人重新组织招标的，所需费用由中标人承担。

七、相关资料的存档

招标采购结束后，投标书、招标文件以及供应商相关资料由专人保管，以备查看。

编制人员		审核人员		审批人员	
编制时间		审核时间		审批时间	

四、设备采购招标书

文书名称	设备采购招标书	编　号	
		受控状态	

一、投标须知

（一）招标范围

××厂就××设备的采购实施招标，现请愿意参加投标的企业按照本招标文件的规定提交投标文件。设备简介及本次招标发包的合同范围详见"技术条款"。合同名称及其编号为_____。

（二）交货期

合同生效后____个月。

（三）投标、开标的时间和地点

1. 投标时间：____年__月__日 ~ ____年__月__日

2. 投标地点：_____

（续）

3. 开标时间：＿＿年＿月＿日

4. 开标地点：＿＿＿＿＿＿＿＿＿＿＿＿＿＿＿＿＿＿＿＿＿＿＿＿＿

（四）投标方的基本要求

投标方为合法、独立的企业法人单位，具有履行合同所需的财务、技术和生产能力。

（五）投标方资质

1. 具有独立订立合同的权力。

2. 在专业技术、设备设施、人员组织、业绩经验等方面具有设计、制造、质量控制、经营管理的相应的资格和能力。

3. 具有完善的质量保证体系。

4. 具有设计、制造与招标设备相同或相近设备（1～2台）的经验，且相同或相近设备具有两年以上良好的运行记录，在安装调试运行中未发现重大的设备质量问题或已有有效的改进措施。

5. 具有良好的银行资信和商业信誉，没有处于被责令停产或者财产被接管、冻结、破产的状态。

（六）投标文件

1. 投标人承诺函。

2. 投标人法定代表人授权委托书。

3. 投标人资格、资信证明文件，包括关于投标人资格的声明函、企业法人营业执照（工商局复印件）、生产许可证及有关鉴定材料、工厂简介（包括组织机构、生产能力、设备、厂房、人员等）、质量保证体系及其质量认证证明、近三年资产负债表、利润及利润分配表、经营状况（包括销售额）等、银行资信证明、业绩及目前正在执行合同情况（包括完成情况和出现的重要质量问题及改进措施）、近三年由于经济行为所受到的起诉情况。

4. 关于投标资格文件的说明，包括以下三个方面。

（1）投标方应按招标文件全部要求提供投标书和资料，否则投标无效。

（2）投标文件的组成：投标文件由投标书和投标资格证明文件组成。

（3）投标报价：投标方只允许有一种报价，招标方不接受任何选择价。

5. 投标文件的签署及规定

（1）投标文件需由投标方法定代表人或经正式授权的投标方代表签字。

（2）投标人应提供一份正本和三份副本，并在每一份投标文件上注明"正本"和"副本"字样。若正本与副本不符，以正本为准。

6. 投标文件的修改

除投标方对错误处作必要修改外，投标文件中不允许有加行、涂抹或改写的情况。若有修改，须由签署投标文件的人签字并盖章。

7. 投标文件的密封和标记

（1）投标方要将投标文件用信封密封，并在信封上写明招标编号、投标品种及规格、投标者的名称、地址、电话、邮编，同时注明"开标时启封"字样，并加盖投标方公章。

（2）如果未按上述规定进行密封和标记，招标方对投标文件的误投或提前拆封概不负责。

（续）

8. 投标文件的递交

投标方要在____年__月__日____时前将投标文件以专人递交的方式交至招标方。招标方不接收以其他方式递交的投标文件。

9. 投标文件的修改和撤销

投标方在提交投标文件后可对其投标文件进行修改或撤销，但招标方须在投标截止时间之前收到该修改或撤销的书面通知，该通知须由投标方法定代表人或经正式授权的投标方代表签字。

本次招标对所有的投标文件一律不予退还。

招投标双方应分别为对方在投标文件和招标文件中涉及的商业和技术等秘密承担保密义务，违者应对由此造成的后果承担责任。

（七）投标保证金

1. 投标方在递交投标文件的同时要缴纳____元的投标保证金。

2. 投标方中标后，未履行招标文件要求或由于投标方单方原因造成弃标，保证金不予退还。

3. 中标方与招标方签订采购合同后，招标方退还全额投标保证金。

4. 确定中标方后，招标方将于三日内将投标保证金全额退未中标的投标方。

（八）开标和评标

1. 招标方根据实际情况确定开标时间。

2. 由招标方召集评标委员会，按照招标文件的要求和条件以相同的程序进行评标。招标方有权对同一品种确定两个或两个以上中标人。

3. 投标方报价相同时，招标方选择中标方需考虑下列因素：

（1）付款时间和方式。

（2）售后服务。

4. 投标方不得干扰招标方的评标活动，否则将取消其投标资格。

（九）中标通知

评标结束后三日内，招标方将以书面形式发出"中标通知书"，"中标通知书"将作为签订采购合同的依据，同时对未中标方发出未中标通知。

（十）签订合同

中标方在接到中标通知后三日内与招标方签订采购合同。投标文件和"中标通知书"作为签订合同的依据。

（十一）投标人可就招标文件的内容和招标过程中的相关行为向_____提出投诉。

（十二）招标过程中的不明事宜请咨询采购招标办公室。

联系人：_____

联系电话：_____ 传真号码：_____ 电子邮件：_____

二、合同条款

1. 合同标的。

2. 供货范围。

3. 合同价格。

（续）

4. 付款要求。

5. 交货与运输。

6. 包装与标记。

7. 设备技术服务。

8. 质量监造与检验。

9. 安装、调试、试运行和验收。

10. 违约与索赔。

11. 税费规定。

12. 合同的变更、修改、中止和终止。

13. 不可抗力。

14. 合同争议和纠纷的解决。

15. 合同的生效。

16. 其他。

三、技术条款

（一）招标设备的名称、型号、数量及其他要求（见下表）

招标设备说明

设备名称	设备规格/型号	设备数量	设备供应时间	设备参数	交货地点	其他要求

（二）招标文件中所附图纸的要求

采用清晰、不易受潮的图纸以统一幅面（A3 或 A4）印刷或绘制。

（三）招标文件中技术资料和文件的编制要求

招标文件中涉及的技术资料和文件，招标人员可参照设备的技术档案进行编制，编制过中应注意对核心技术的保密。

编制人员		审核人员		审批人员	
编制时间		审核时间		审批时间	

第三节 拟定设备采购合同

一、设备采购合同的谈判要点

设备采购合同的签订是完成设备采购计划、设备选型之后的重要环节。在合同正式签订前，购买双方需对合同中的有关事项进行谈判。一般来说，合同的谈判可分为三个阶段：交流验证阶段、技术谈判阶段以及主合同谈判阶段，各阶段需注意的要点如下所述。

1. 交流验证阶段

交流验证阶段的谈判是进行设备购买决策的重要依据。此阶段需注意以下两方面内容。

（1）就目前行业内的先进技术信息以及各型号设备的优缺点进行交流。

（2）工厂可邀请配套设备的生产厂家参加交流，有利于降低设备购买的总成本。

2. 技术谈判阶段

技术谈判的内容直接涉及合同的有关条款，谈判的要点主要包括以下六方面内容。

（1）设备的生产能力、技术参数以及技术规格说明。

（2）双方需要提供的技术资料。

（3）卖方的供货方式、供货范围和设备的交付日期。

（4）卖方的技术保证指标。

（5）设备采购合同的总进度计划。

（6）所采购的设备的设计标准、制造标准、质量控制标准和检验标准。

3. 主合同谈判阶段

工厂应选择专业谈判人员进行主合同的谈判，谈判时需注意以下要点。

（1）将双方达成一致同意的内容写入采购合同，任何有争议、单方面同意的内容不得写入合同。

（2）合同内必须明确双方承担的责任和义务。

（3）合同内容应严格、准确，避免使用有歧义的词语。与国外公司合作时，应使用中英（或其他）两种文字书写合同。

（4）在合同正文中无法详细说明的事项，应以附件形式进行补充说明。

二、设备采购合同管理流程

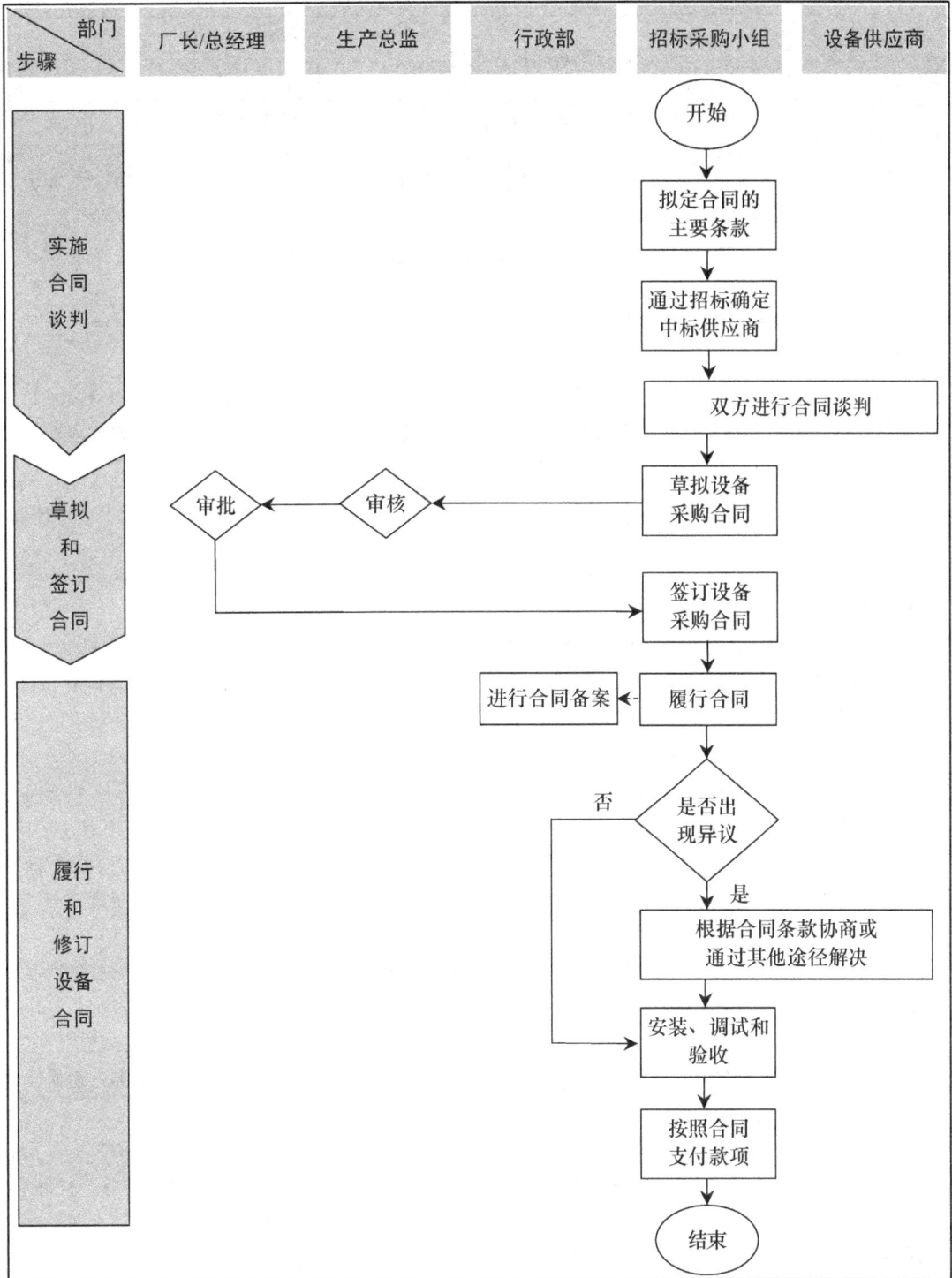

部门 步骤	厂长/总经理	生产总监	行政部	招标采购小组	设备供应商

```
                                              ┌────────┐
                                              │  开始  │
                                              └───┬────┘
                                                  │
                                            ┌─────▼──────┐
          实施                              │ 拟定合同的 │
          合同                              │ 主要条款   │
          谈判                              └─────┬──────┘
                                                  │
                                            ┌─────▼──────┐
                                            │ 通过招标确定│
                                            │ 中标供应商  │
                                            └─────┬──────┘
                                                  │
                                       ┌──────────▼──────────┐
                                       │   双方进行合同谈判   │
                                       └──────────┬──────────┘
                                                  │
          草拟         ┌─────┐      ┌─────┐ ┌─────▼──────┐
          和     ◄─────│审批 │◄─────│审核 │◄│ 草拟设备   │
          签订         └──┬──┘      └─────┘ │ 采购合同   │
          合同            │                 └────────────┘
                          │                 ┌────────────┐
                          └────────────────►│ 签订设备   │
                                            │ 采购合同   │
                                            └─────┬──────┘
                                                  │
                          ┌────────────┐   ┌─────▼──────┐
                          │ 进行合同备案│◄--│  履行合同  │
                          └────────────┘   └─────┬──────┘
          履行                                   │
          和                         否    ┌─────▼──────┐
          修订       ◄─────────────────────│ 是否出现异议│
          设备                             └─────┬──────┘
          合同                                   │是
                                       ┌─────────▼──────────┐
                                       │ 根据合同条款协商或   │
                                       │ 通过其他途径解决     │
                                       └─────────┬──────────┘
                                            ┌────▼───────┐
                                            │ 安装、调试和│
                                            │ 验收       │
                                            └─────┬──────┘
                                            ┌─────▼──────┐
                                            │ 按照合同   │
                                            │ 支付款项   │
                                            └─────┬──────┘
                                              ┌───▼────┐
                                              │  结束  │
                                              └────────┘
```

三、设备采购合同执行规定

制度名称	设备采购合同执行规定		受控状态	
			编　号	
执行部门		监督部门	编修部门	

第1条　为加强对工厂设备采购合同的管理，减少因合同执行不到位产生的损失，根据工厂相关制度，结合工厂实际情况，特制定本规定。

第2条　本规定所指的设备采购合同执行期限是指从合同签订之日起到设备验收合格、设备货款结清之日止。

第3条　设备采购合同签订后，工厂作为采购方，相关部门和人员必须严格按照合同的规定履行合同内容，维护工厂的合法权益。

第4条　设备采购合同签订后，合同双方就设备的质量、价款、合同的履行期限和地点等没有约定或约定不明确的内容，可以通过协议进行补充；不能达成补充协议的，按照合同有关条款或者交易习惯确定。如果按照合同有关条款仍不能确定的，采取下列措施处理。

1. 设备质量要求不明确的，按照国家标准和行业标准履行；没有国家标准和行业标准的，按照通常标准或符合合同目的的特定标准履行。

2. 设备价款或者报酬不明确的，按照订立合同时执行的市场价格履行；应当依法执行政府定价或者政府指导价的，按规定执行。

3. 履行地点不明确的，在设备供货商所在地进行。

4. 履行期限不明确的，设备采购人员可随时要求设备供应商履行合同，但应留给对方必要的准备时间。

5. 履行方式不明确的，按照有利于实现合同目的的方式履行。

6. 履行费用的负担不明确的，由设备供货商负担。

第5条　签订设备采购合同后，设备采购人员应及时对设备采购合同进行登记和编号，并将合同文本送合同管理部门备案。

第6条　设备采购合同签订后，设备采购人员确保设备供货商严格按照约定的标的履行合同，确保设备供货商交付的设备必须与合同规定的设备的名称、型号、规格等相同，防止设备供货商擅自以其他设备、违约金或赔偿金的方式代替履行合同。

第7条　设备采购人员负责对设备采购合同进行跟踪。通过在设备制造各工序过程中设置进度跟踪点，密切与设备供货商的联系。在具备条件的情况下，增设相关专业人员参与设备制造过程中各工序的验收环节与设备安装前的验收环节。

第8条　根据合同规定，需要工厂承担设备运输责任和费用的，设备采购人员应及时制订运输计划，及时联系运输商并与其签订运输合同。

第9条　根据合同规定的交货日期，设备采购人员应及时同财务部门沟通并落实货款事项。

第10条　设备的交付需严格按照合同约定的期限、地点执行。本工厂所购设备不允许提前交付。对于逾期交付的设备，由设备供货商承担逾期交付责任；若本工厂决定不再接收设备供货商逾期交付的设备，设备采购人员应当在收到交货通知后的15天内通知设备供货方。

（续）

第11条　如需改变设备的交货地点，设备采购人员必须在合同规定的交货期前提早通知设备供货商；若合同规定由设备供货商负责运输，则设备采购人员必须在设备供货商编报运输计划前通知对方。

第12条　设备采购人员将到货日期、检验要求等事项及时通知设备使用部门和质量管理部等部门，以事先做好设备验收的地点、人员以及所用验收工具的准备。

第13条　因设备质量不符合要求、致使不能实现合同目的时，设备采购人员可以拒绝接收设备或者解除合同，相关责任由设备供货商承担。

第14条　设备采购人员应当在约定的设备检验期前将所采购设备的数量或者质量不符合约定的情况通知设备供货商，避免出现因相关人员通知不及时导致工厂承担责任和损失的情况。

第15条　对于验收合格后的设备，设备采购人员应将验收资料、设备供货商开具的供货发票以及其他相关资料上报财务部，由财务部负责核对相关资料并支付货款。

第16条　合同履行不当的处理办法如下所示。

1. 设备供应商多交付设备及配件和技术资料的，本工厂应拒绝接收，并由设备采购人员及时通知设备供货商。

2. 因所购设备的主体不符合约定而解除合同的，解除合同的效力及于设备的零部件和配件；因所购设备的零部件和配件不符合约定而解除合同的，解除的效力不及于设备的主体。

第17条　设备采购合同争议和纠纷的解决方法主要有以下两种。

1. 设备采购人员应严格执行各类设备采购合同，避免因本工厂方面违约给工厂带来损失。

2. 在设备采购合同履行过程中，若设备供应商由于各种原因出现违约，设备采购人员应按照合同规定的违约处理方式与其协商，协商不成的申请仲裁解决，并根据仲裁结果确定是否提起诉讼。

第18条　设备采购合同执行情况分析

设备采购人员在设备采购合同履行完毕后，需要对设备采购合同的履行情况进行分析，分析内容包括设备供货商的信用情况、供货进度控制情况和发生费用情况等，并将分析结果纳入供应商档案进行管理。

第19条　设备采购合同执行过程中发生的所有资料都应妥善保管，作为双方可能产生的争议和纠纷的处理依据。

第20条　设备采购合同履行完毕后，设备采购人员应及时汇总、整理执行过程中形成的各种资料，并及时送行政部进行归档。

第21条　本规定由设备部制定，报工厂总经理审批通过后执行。

第22条　本规定的解释权和修订权归设备部所有。

	修订标记	修订处数	修订日期	修订执行人	审批签字
修订记录					

四、设备采购合同

文书名称	设备采购合同	编　号	
		受控状态	

购货单位：＿＿＿＿＿＿＿＿＿＿＿＿＿＿＿＿＿＿＿＿＿＿＿＿（以下简称甲方）

供货单位：＿＿＿＿＿＿＿＿＿＿＿＿＿＿＿＿＿＿＿＿＿＿＿＿（以下简称乙方）

签约地点：＿＿＿＿＿＿＿＿＿＿＿＿＿＿＿＿＿＿＿＿＿＿＿＿＿

　　为增加甲乙双方的责任感，确保实现各自经济目的，依据《中华人民共和国合同法》规定及招投标文件的内容，甲乙双方经过友好协商，就甲方向乙方购买×××设备达成如下协议。

一、合同标的

合同标的的内容主要包括采购设备的名称、规格、型号和单价等。

二、合同金额

1. 合同总金额：人民币＿＿＿元。

2. 大写：人民币＿＿＿万元整。

三、付款时间及方式

1. 合同分三个阶段付款。

（1）在合同生效后＿＿＿日内，甲方向乙方支付合同总额＿＿＿%的货款。

（2）设备安装调试完毕并经双方初步验收合格后一周内，甲方向乙方支付合同总额＿＿＿%的货款。

（3）设备正常运行＿＿＿日并经双方正式验收合格后一周内，甲方向乙方付合同总额＿＿＿%的货款。

（4）质量保证期满后付清余款。（可根据招标文件的有关规定加以变更及修改）

2. 付款方式：＿＿＿＿＿＿＿＿＿＿＿＿＿＿＿＿＿＿＿＿＿＿＿

3. 在每期合同款项支付前＿＿＿日，乙方向甲方开具同等金额的增值税发票（可根据实际情况加以约定）。

四、交货时间、地点和方式

1. 交货时间：合同生效后＿＿＿日内交货。

2. 交货地点：＿＿＿＿＿＿＿＿＿＿＿＿＿＿＿＿＿＿＿＿＿＿＿

收货人名称（应为签约单位名称）：＿＿＿＿＿＿＿＿＿＿＿＿＿

地址：＿＿＿＿＿＿＿＿＿＿＿＿＿＿＿＿＿＿＿＿＿＿＿＿＿＿＿

3. 交货方式：乙方负责货物运输。

4. 货运方式：汽运。

5. 乙方将合同设备运至甲方的××加工基地并经安装调试、投入使用且经甲方验收合格后，方为设备交货日期。（可根据实际情况约定交货日期及何为交货：如规定乙方将设备安装调试完毕且投入使用视为交货，则设备通过甲方验收合格的时间视为交货日期。）甲方在合同约定的交货地点提货，运输费及运输保险费均由乙方承担。作为合同标的的设备的毁损、灭失风险自乙方完成交货后转移至甲方。

（续）

6. 乙方应在合同设备发运后的一个工作日内将发运情况（发运时间、件数等）通知甲方，甲方应在合同设备到达合同列明的地点后及时将乙方所托运合同设备提取完毕。

7. 甲方提取合同设备时，应检查合同设备外箱包装情况。合同设备外箱包装无损，方可提货。如合同设备外箱包装受损或发现合同设备包装箱件数不符，应在____个工作日内通知乙方，以便乙方办理合同设备遇险索赔手续。

8. 甲方对乙方交付的合同设备应妥善接收并保管。对误发或多发的货物，甲方应负责妥善保管并及时通知乙方，由此发生的费用由乙方承担。

9. 如甲方要求变更交货地点，应在合同规定的交货日期的 15 日前通知乙方。由于变更发货地址增加的运输保险费由甲方承担。

五、验收时间、地点、标准和方式

1. 验收时间：乙方应于合同生效后____日内完成合同设备的安装调试。安装调试完毕后，甲方应在____日内安排初步验收。设备于合同生效后____日内通过双方的合格验收并由甲方出具验收合格书。

2. 验收地点：_____

3. 验收标准：_____

六、现场服务（可根据实际情况加以约定）

1. 乙方现场服务人员应遵守甲方厂规和制度，如有违规，责任由乙方承担。

2. 乙方现场服务人员食宿自理。

3. 甲方如需邀请乙方开展非质量问题处理的技术服务，乙方应予协助。

七、人员培训

乙方负责对甲方操作人员、维修人员和有关工艺的技术人员进行操作培训、维修培训和设备保养培训，以便使甲方人员正常地使用、维修和保养设备（可根据设备的技术要求，视具体情况加以约定或在技术协议中详细约定；如无必要，可不约定）。

八、保修方式

1. 自设备经过双方验收合格之日起按乙方规定的条款进行免费保修服务，免费保修服务期限为____年。保修期内，乙方必须在接到甲方报修通知后____日内派人至甲方现场维修。

2. 保修期内，如由于火灾、水灾、地震、磁电串入等不可抗力原因及甲方非人为破坏造成的损坏，乙方负责免费维修，但维修的材料成本费用由甲方承担。

3. 保修期后，乙方必须在接到甲方报修通知后____日内派人至甲方现场维修并酌情收取成本费和服务费，收费标准另行约定。

九、违约责任

1. 甲方无故中途退货，应支付乙方合同总额的 5% 作为违约金（如对方提出类似条款时可作此约定，否则建议删除此款）。

2. 甲方逾期付款，每逾期一日，应支付乙方合同总额的 2‰ 作为违约金，违约金累计总额不超过合同总额的 5%（如对方提出类似条款时可作此约定，否则建议删除此款）。

3. 乙方逾期交货，每逾期一日，应支付合同总额的 1% 作为违约金，违约金累计总额不超过合同总额的 30%。逾期交货超过____日，视为交货不能，乙方应双倍返回甲方已付款项，甲方有权解除合同并要求乙方支付合同金额的 30% 作为违约金。

（续）

4. 保修期内，乙方未能在合同约定的期限内履行保修义务，每迟延一日，乙方向甲方支付合同金额的1%作为违约金并赔偿甲方其他经济损失，违约金累计总额不超过合同总额的30%，乙方超过30日仍未履行保修义务，甲方有权解除合同并要求乙方赔偿经济损失；乙方未能在接到甲方通知30日内将设备维修至正常使用状态，甲方有权要求乙方换货或解除合同并要求乙方赔偿经济损失。保修期后，乙方未能在合同约定的期限内履行维修义务，每延迟一日，乙方向甲方支付合同金额的1%作为违约金并赔偿甲方其他经济损失，违约金累计总额不超过合同总额的30%。

5. 设备未按照合同约定通过甲方验收，每迟延一日，乙方向甲方支付合同总额的1%作为违约金；超过____日仍未验收合格，甲方有权解除合同，乙方应立即返还已收款项并赔偿甲方由此遭受的其他经济损失。

十、不可抗力

如发生不可抗力事件，受不可抗力事件影响的一方应取得公证机关开具的不能履行或不能全部履行合同的证明，并在事件发生后15日内及时通知另一方。经甲乙双方同意，可据此免除全部或部分责任。

十一、合同变更

未尽事宜，由双方协商解决；合同的变更及修改须经双方同意，并以书面形式变更。

十二、争议解决方式

双方如发生争议，应协商解决；如协商不成，任何一方应向甲方所在地人民法院提出诉讼。

十三、合同生效及终止

合同自双方签字并盖章后生效，双方的权利和义务履行完毕后终止。

十四、合同一式四份，双方各执两份，具有同等法律效力。

甲方：_____　　　乙方：_____

代表：_____　　　代表：_____

日期：_____　　　日期：_____

编制人员		审核人员		审批人员	
编制时间		审核时间		审批时间	

设备验收与安装
调试精细化管理

第四章

第一节　设备验收管理

一、设备验收的阶段

设备验收指工厂设备部针对其采购的设备（包括结构、原理成熟的单体设备和生产辅助设备）进行的验收工作。设备验收按验收时间可划分为供货商厂内验收和设备到货验收，工厂可根据实际的设备需求情况选择。一般来说，设备验收工作主要分为如图4-1所示的三个阶段。

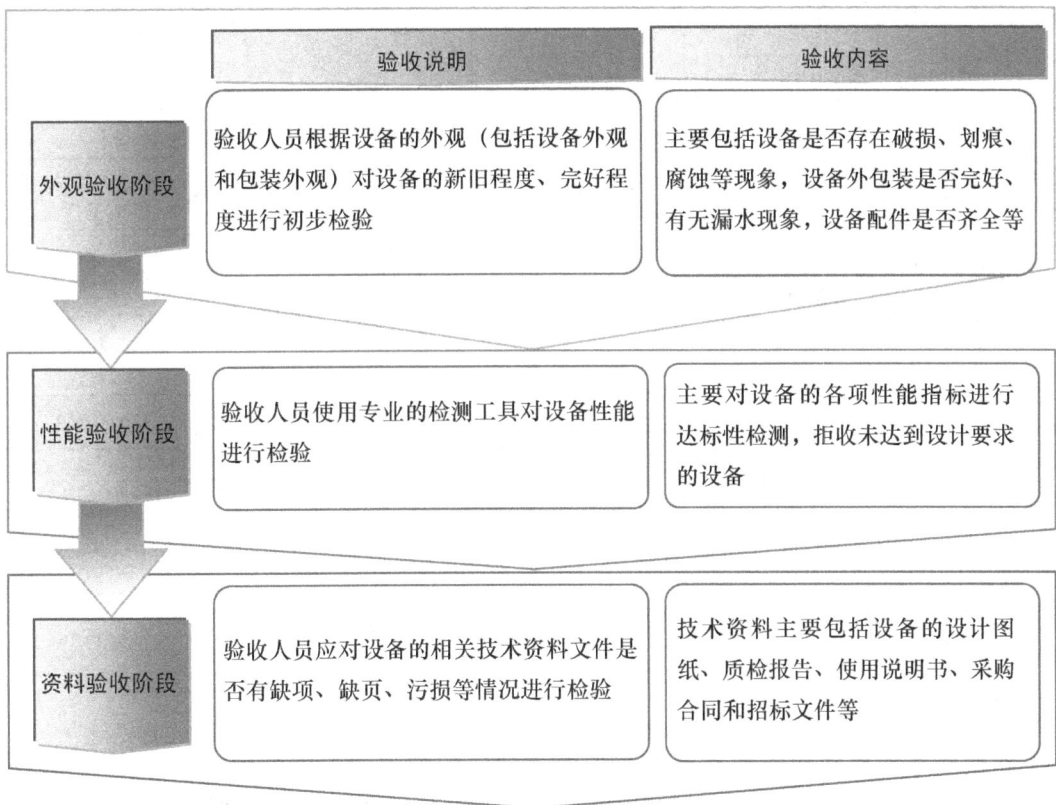

	验收说明	验收内容
外观验收阶段	验收人员根据设备的外观（包括设备外观和包装外观）对设备的新旧程度、完好程度进行初步检验	主要包括设备是否存在破损、划痕、腐蚀等现象，设备外包装是否完好、有无漏水现象，设备配件是否齐全等
性能验收阶段	验收人员使用专业的检测工具对设备性能进行检验	主要对设备的各项性能指标进行达标性检测，拒收未达到设计要求的设备
资料验收阶段	验收人员应对设备的相关技术资料文件是否有缺项、缺页、污损等情况进行检验	技术资料主要包括设备的设计图纸、质检报告、使用说明书、采购合同和招标文件等

图 4-1　设备验收工作的三个阶段

二、设备外观验收流程

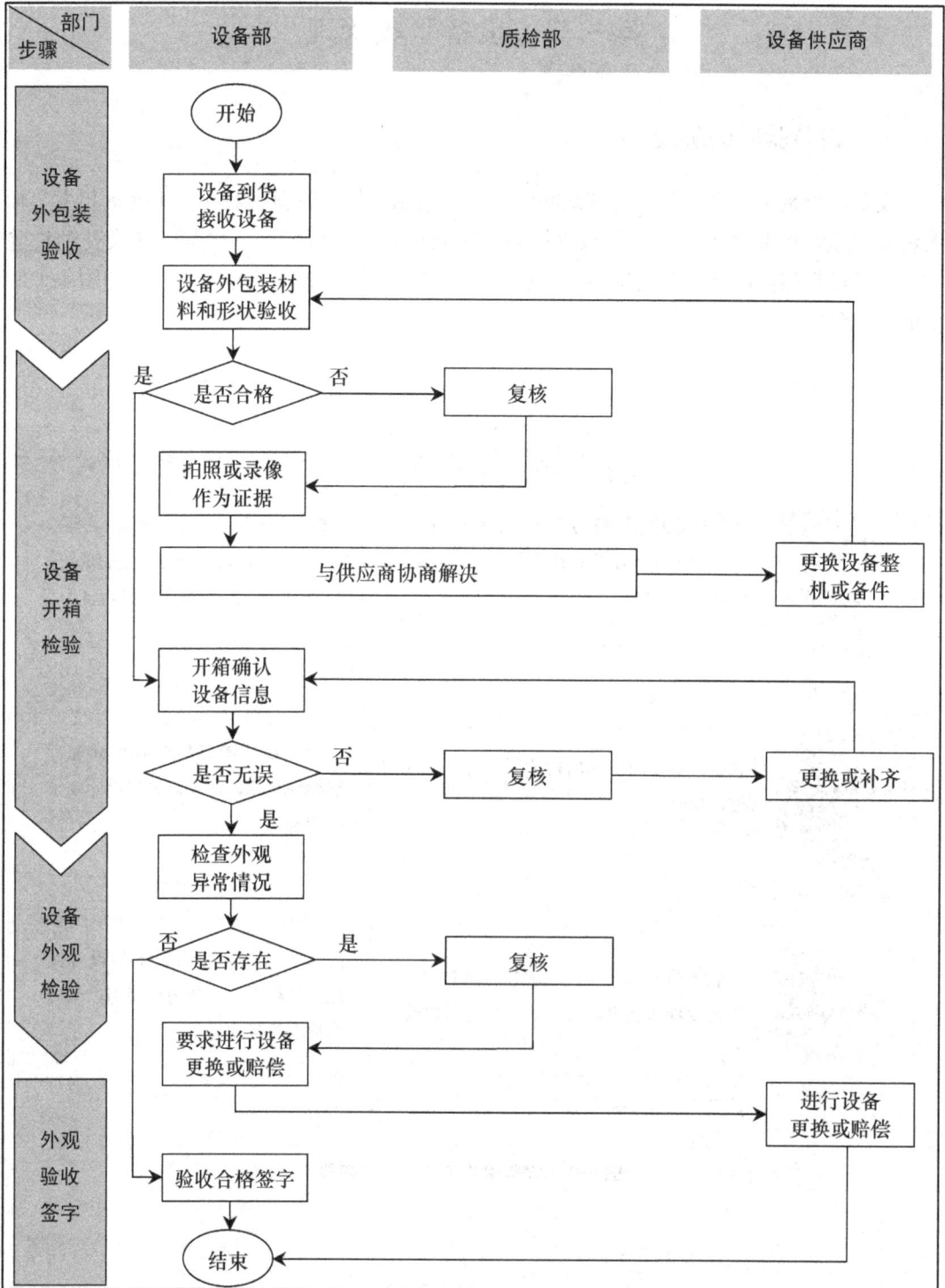

部门步骤	设备部	质检部	设备供应商

设备外包装验收

（开始）

↓

设备到货接收设备

↓

设备外包装材料和形状验收

↓

是否合格 —是→

否 → 复核

拍照或录像作为证据

与供应商协商解决 → 更换设备整机或备件

设备开箱检验

开箱确认设备信息

↓

是否无误 —否→ 复核 → 更换或补齐

↓是

检查外观异常情况

↓

设备外观检验

是否存在 —是→ 复核

否

要求进行设备更换或赔偿 → 进行设备更换或赔偿

外观验收签字

验收合格签字

↓

（结束）

三、设备外观验收规范

制度名称		设备外观验收规范		受控状态	
				编　号	
执行部门		监督部门		编修部门	

第1条　为规范外购设备的外观验收工作，保证验收工作的高效性和严密性，特制定本规范。

第2条　外观验收是指在供货商将设备运达工厂后，由设备部、质检部、设备使用部门以及商检机构共同参与的验收工作。

第3条　设备部是实施外观验收工作的主管部门。

第4条　设备到货后，在本厂验收人员、供货商代表以及运输单位代表全部到场后，方可进行外观验收工作。

第5条　外观验收的依据为工厂和供货商双方签订的采购合同清单以及工厂招标文件中的相关要求。

第6条　工厂所有外购设备均必须经过外观验收后方可进入下一验收阶段直至设备交付。

第7条　进口设备必须在规定期限内尽可能提早进行验收，以免延误索赔期。

第8条　外观验收准备

1. 准备"开箱验收单"、"外观验收记录单"以及相关的合同文件、招标文件等；

2. 准备照相机、摄像机、纸和笔等资料采集、记录物品。

第9条　外观验收内容

1. 在运输过程中，设备的各部位是否存在破损、伤痕以及防腐材料损伤等问题。

2. 设备的型号、规格、数量和产地信息是否与采购合同相符。

3. 设备所附配件是否齐全，产品与标注是否相符。

4. 包装箱是否包装牢固，是否有人为撕裂现象或漏水现象。

5. 包装带是否牢固地绑在外包装箱上，是否有松开的现象。

第10条　参与验收的人员在验收过程中如发现设备在包装、外观、数量以及其他方面存在不符合采购合同要求和招标文件要求的情况，应及时进行拍照、摄影或记录。

第11条　验收人员若发现设备外包装存在破损等情况，可能会影响设备的外观和性能时，除进行拍照和摄影外，还应同供货商代表进行协商，要求对方作出书面的损害赔偿承诺。

第12条　对进口设备在外观验收中出现的问题，参与验收的人员应敦促商检部门出具相关凭证，以备向供货商索赔。

第13条　由于外观检验不合格、需要供货商换货，由此给本厂的生产经营造成损失的，应当由供货商承担赔偿责任。

第14条　本规范由设备部会同质量部共同制定，解释权归设备部所有。

第15条　本规范自下发之日起生效。

修订记录	修订标记	修订处数	修订日期	修订执行人	审批签字

四、设备性能验收流程

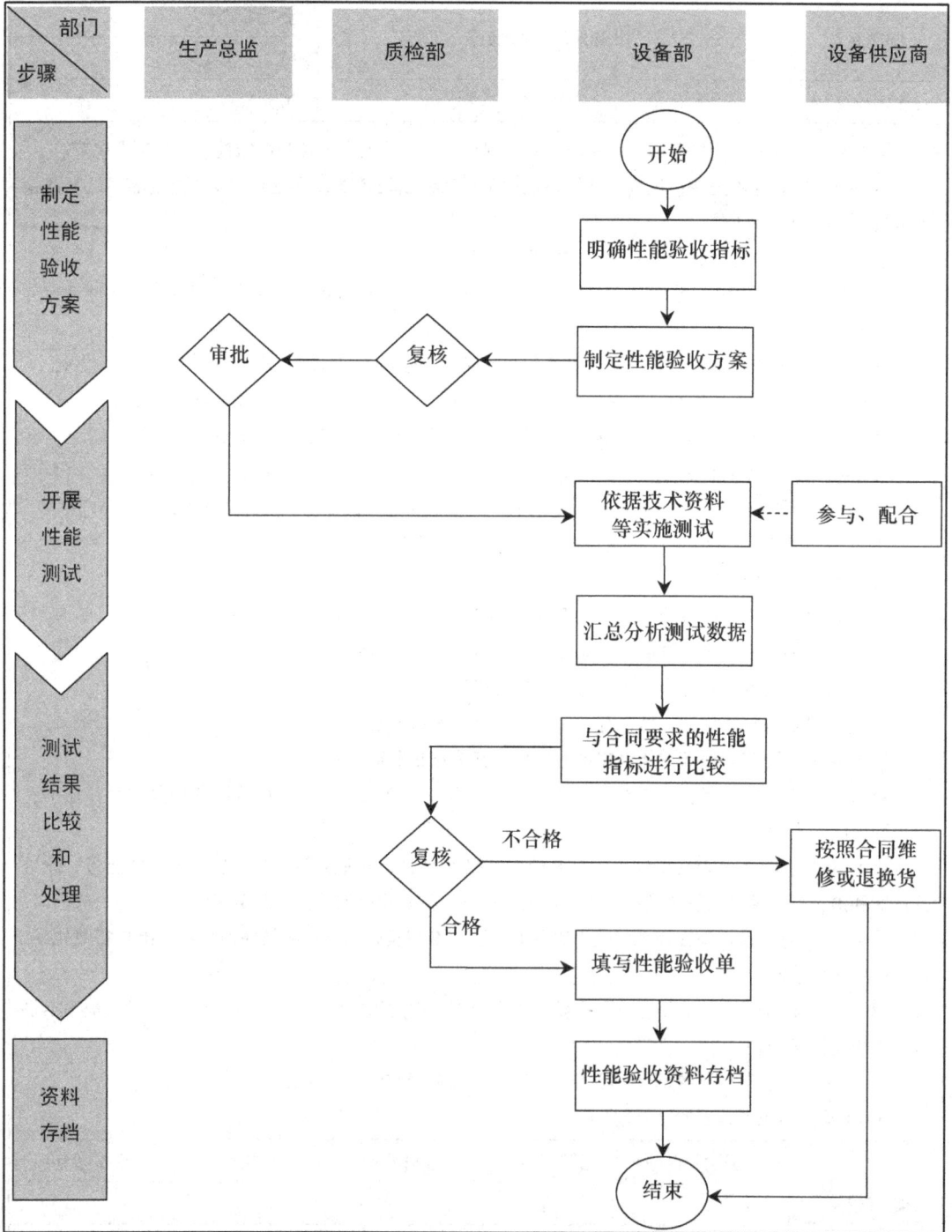

部门 步骤	生产总监	质检部	设备部	设备供应商
制定性能验收方案			开始 → 明确性能验收指标 → 制定性能验收方案	
	审批 ←	复核 ←		
开展性能测试			依据技术资料等实施测试	参与、配合
			汇总分析测试数据	
测试结果比较和处理			与合同要求的性能指标进行比较	
		复核 不合格		按照合同维修或退换货
		合格 → 填写性能验收单		
资料存档			性能验收资料存档 → 结束	

76

五、设备性能验收办法

制度名称	设备性能验收办法		受控状态	
			编　　号	
执行部门		监督部门		编修部门	

第1条　目的

为规范本厂外购设备的性能验收管理，确保性能验收结果的真实、准确，减少因性能验收不规范造成的损失，特制定本办法。

第2条　设备性能验收的依据

1. 设备采购合同。

2. 设备招标的相关文件。

第3条　设备性能验收进行条件

设备性能验收工作必须在设备完成外观验收、安装调试以及试生产后方可进行。

第4条　验收内容

测试人员应主要测试设备的技术性能、安全要求和运行状况能否满足设计要求或生产工艺要求。

第5条　验收参与人员

设备部应与供应商约定参与设备性能验收的人员。一般情况下，设备部人员、设备使用部门人员、质检部人员和供应商代表都应参与设备的性能验收工作。必要时可邀请相关专家参与验收工作。

第6条　编制性能验收实施方案

1. 设备部会同设备使用部门在设备性能验收前____日内编制验收实施方案，并及时上报生产总监。一般而言，验收实施方案内容至少应包括以下三个方面。

（1）性能验收指标、指标的计算公式、指标的结果参数等。

（2）性能验收所需的人力、物力以及其他的资源。

（3）性能验收实施的具体步骤。

2. 生产总监负责审核验收实施方案，提出完善意见并交由设备部进行完善。

第7条　设备性能验收准备

设备部会同相关部门准备性能验收现场所需的仪表、仪器以及其他物资，并进行人员的合理安排。

第8条　设备性能验收的结果

1. 设备性能验收完毕后，设备部应填写设备性能验收单，如下所示。

设备性能验收单

验收日期：____年__月__日

设备规格		出产厂家		出厂日期		设备编号	
采购部门		采购人		采购日期		供货单位	

（续）

性能验收记录			
性能验收结果			
使用部门签字		签字日期	___年__月__日
设备部签字		签字日期	___年__月__日
供货商签字		签字日期	___年__月__日

2. 如果设备经过性能测试后，未能达到合同约定的一项或多项保证指标时，经工厂与供货商双方共同协商后，工厂可根据缺陷或技术指标试验值与供货商在合同内的承诺值偏差程度，选择免费修理、换货、退货以及赔偿损失等处理措施。

第9条 本办法由设备部会同相关部门制定，解释权归设备部所有。

第10条 本办法自下发之日起执行。

修订记录	修订标记	修订处数	修订日期	修订执行人	审批签字

六、设备技术资料验收流程

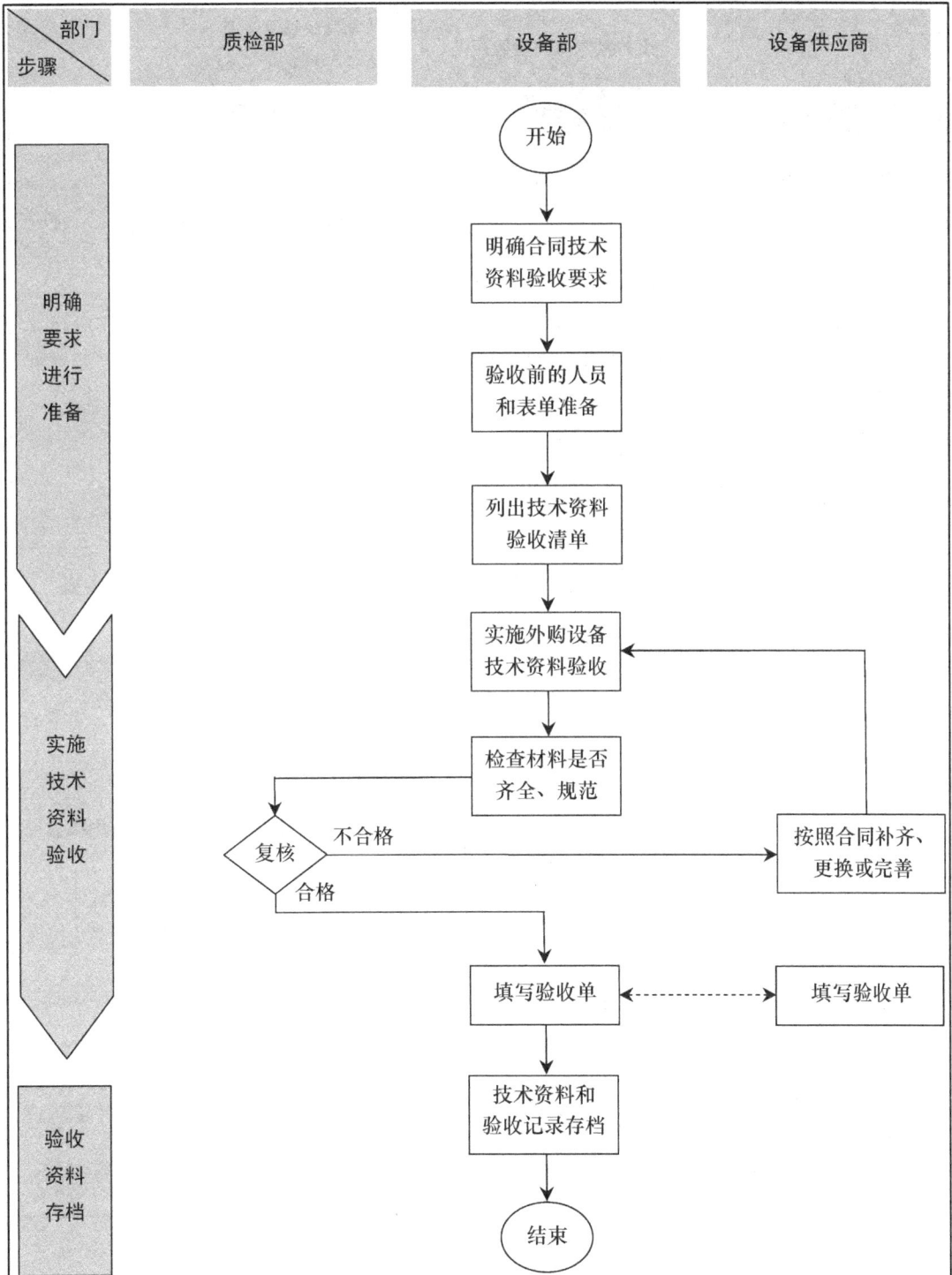

部门 步骤	质检部	设备部	设备供应商
明确要求进行准备		开始 ↓ 明确合同技术资料验收要求 ↓ 验收前的人员和表单准备 ↓ 列出技术资料验收清单	
实施技术资料验收	复核 不合格 → 合格	实施外购设备技术资料验收 ↓ 检查材料是否齐全、规范 ↓ 填写验收单	按照合同补齐、更换或完善 填写验收单
验收资料存档		技术资料和验收记录存档 ↓ 结束	

七、设备技术资料验收规范

制度名称	设备技术资料验收规范		受控状态	
			编　号	
执行部门		监督部门	编修部门	

第1条　目的

为指导工厂新购设备技术资料的验收工作，减少因技术资料验收失误给工厂带来的损失，特制定本规范。

第2条　设备技术资料范围

设备技术资料是指合同设备及其相关的设计、制造、安装、调试、验收和技术指导等文件，包括图纸、合格证、安装说明书、使用维护说明书、备品备件清单以及其他文字说明和软件等。

第3条　设备技术资料验收的依据

1. 设备采购合同。

2. 设备招标相关文件。

第4条　设备技术资料验收内容

验收人员在验收设备技术资料时，需重点查看以下两个方面内容。

1. 设备技术资料是否严格按照采购合同中约定的时间、邮寄方式和数量等予以执行。

2. 设备技术资料是否存在缺项、缺页、污损和模糊等情况。

第5条　设备技术资料验收结果的处理

验收人员在验收过程中发现技术资料存在违背合同约定的情形，应责成供货商予以补充、退换或赔偿。

第6条　特种设备出厂文件

特种设备出厂时，应附有安全技术规范要求的设计文件、产品质量合格证明、安装及使用维修说明、监督检验证明等文件。

第7条　确认验收

技术资料验收合格后，验收人员应填写"设备技术资料验收单"并签字确认，设备供货商也应在验收单上签字。

第8条　本规范由设备部制定，其解释权和修订权归设备部所有。

第9条　本规范自下发之日起生效。

	修订标记	修订处数	修订日期	修订执行人	审批签字
修订记录					

第二节　设备的安装与调试管理

一、设备安装的准备

工厂对新购入设备进行安装调试可以有效保证设备能够按计划或提前投入使用。

设备能够正常运行不仅取决于质量，还取决于安装人员的安装工作是否到位。设备安装前，安装人员需做好准备工作，以确保安装工作省时、高质量地完成。一般来说，设备安装的准备工作主要由以下八个环节组成，具体内容如表4-1所示。

表4-1　设备安装准备工作的八个环节

工作环节	内容说明
准备安装图纸	安装人员应检查安装所需图纸和图纸内容是否齐全，安装图纸主要包括设备安装布置图和设备设计基础图
清除障碍	安装人员需确保安装场地内已完成对旧设备及堆积物品的清除工作，并事先对场地内的管道、电缆进行妥善处理
编制安装计划	安装人员需编制设备安装工艺流程和作业计划，对安装过程进行优化，以提高安装效率，避免窝工现象的出现
编制搬运计划	安装人员需要根据设备安装计划中的施工程序，制定出合理的搬运方案
实施安全措施	安装人员需提前在现场设置防护网、防护垫等安全措施
改善能源供应条件	设备部可根据新设备对能源的要求，通过增加电流容量、安装稳压电源、提供适当燃料供应等方式改善设备安装场地的能源供应条件
改善设备环境	设备安装人员应根据设备对温度、湿度、粉尘的要求，对安装环境进行适当的改造以保证高质量的设备运行环境
安装预算准备	设备安装人员预估进行设备安装程序所需资金，编制安装工程预算；财务部根据审批通过的预算指标执行，保证设备安装工作的顺利实施

二、设备安装施工管理

完成设备安装准备与安装审批后，即可进行设备的安装施工作业。设备由专业施工人员进行现场安装，设备主管负责监督。一般来说，设备安装施工由以下六个环节组成，具体内容如表4-2所示。

表4-2　设备安装施工的六个环节

施工环节	具体施工内容
基础施工	施工人员按照设备部的施工图对设备基础进行施工，设备基础是否达到质量要求后须经质检部门验收
检查设备基础	质检人员对设备基础的检查项目主要包括混凝土基础强度、基础弹性变形量、地脚孔距离及标高等，当发现存在问题时应责成施工人员及时返工或补救
设备安装	安装人员在对设备所有零部件进行检查和清洗后，按基础部件、定位部件、功能部件的顺序进行设备的安装
设备试车	设备试车时应做好检查与记录，发现设备质量问题应及时分析原因。如果是设备安装的问题，应及时调整甚至返工；确认是设备本身在制造、设计方面的问题，应将问题及时反馈给生产厂商解决
安装验收	设备调试合格后，由设备管理部门、安装部门和使用部门共同参与安装验收工作
安装费用管理	设备部在设备安装过程中可采用集中费用管理，也可将费用计划分摊到基础建设、设备管理、动力等各个职能部门进行分散管理

三、设备安装管理流程

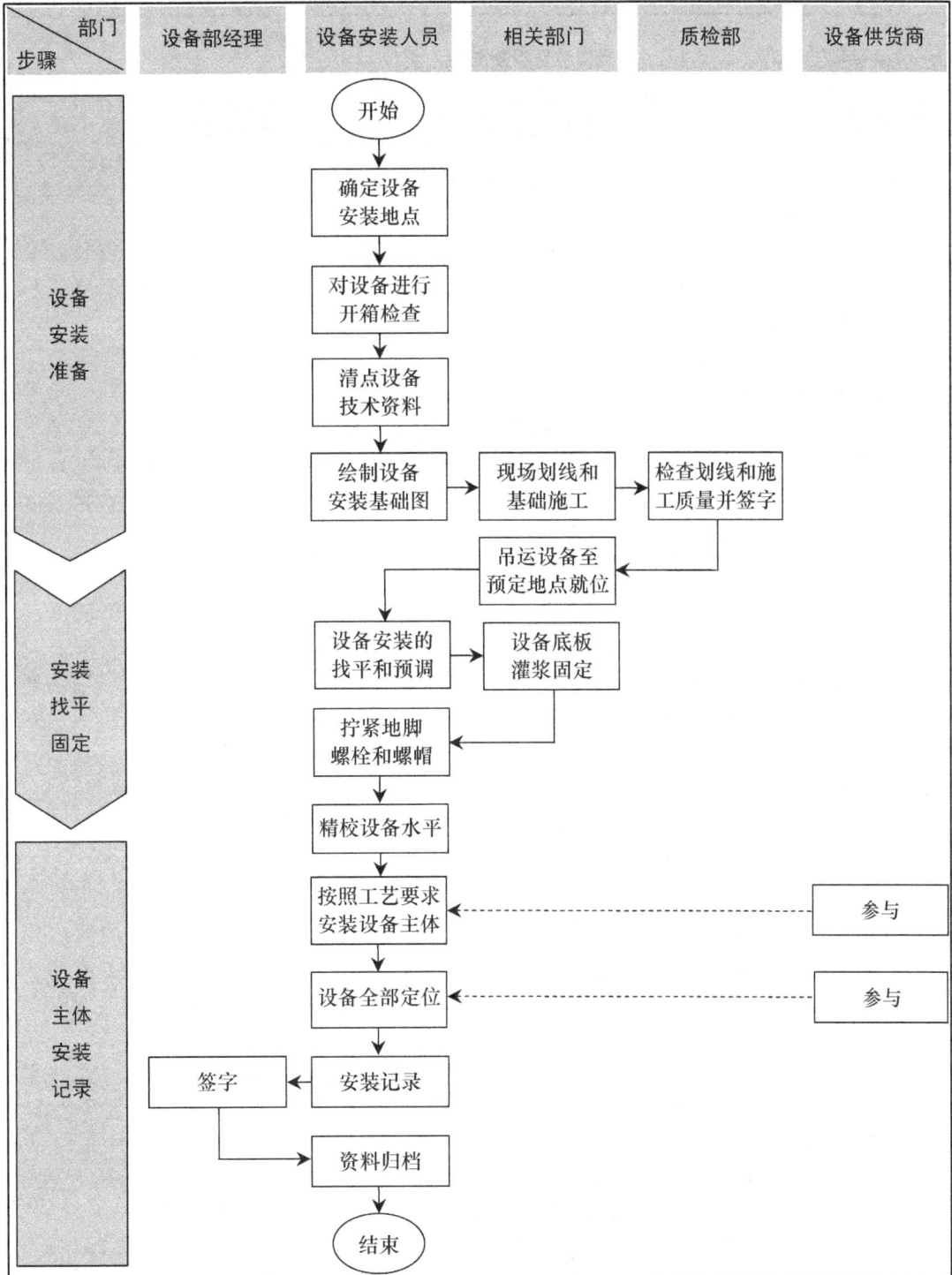

部门 步骤	设备部经理	设备安装人员	相关部门	质检部	设备供货商
设备安装准备		开始 → 确定设备安装地点 → 对设备进行开箱检查 → 清点设备技术资料 → 绘制设备安装基础图	现场划线和基础施工	检查划线和施工质量并签字	
安装找平固定		吊运设备至预定地点就位 → 设备安装的找平和预调 → 拧紧地脚螺栓和螺帽 → 精校设备水平	设备底板灌浆固定		
设备主体安装记录	签字	按照工艺要求安装设备主体 → 设备全部定位 → 安装记录 → 资料归档 → 结束			参与 参与

四、设备安装管理办法

制度名称	设备安装管理办法		受控状态	
			编　号	
执行部门		监督部门	编修部门	

第1章　总则

第1条　目的

为给设备调试和验收工作奠定良好基础，规范设备安装流程，避免设备因安装不当出现问题，减少安装意外事故的发生，特制定本办法。

第2条　适用范围

本办法适用于工厂新购设备的安装工作。

第3条　责任分配

1. 设备部统筹设备的安装工作，具体包括组织、协调和记录等工作。

2. 质检部参与设备安装的质量检验工作，具体包括对设备安装程序规范性和正确性的检验工作。

3. 生产、运输等部门配合设备部完成设备的运输和安装等工作，并在本部门职责权限范围内开展设备安装的辅助工作。

第4条　设备安装总体要求

1. 确保设备安装符合有关安装技术规范，整个安装过程需在受控状态下进行，对每一项工序进行安全验收并签署验收凭证。

2. 关键设备和精密设备的安装由设备部制定严格的安装施工方案，并由具备相应资质的专业人员负责设备的安装。

第2章　安装准备

第5条　确定安装位置

设备在到厂之前，设备部应会同设备使用部门提前____天确定设备的具体安装位置。

第6条　设备安装前的资料准备

设备安装前，安装人员应准备好以下技术资料。

1. 设备出厂合格证明书。

2. 设备制造单位提供的重要零部件的制造质量检验证书。

3. 设备的试运转记录。

4. 安装平面布置图。

5. 安装图、基础图、总装配图、主要零部件图、易损件图和安装使用说明书。

6. 设备装箱清单和有关安装规范、技术标准。

第7条　安装施工现场准备

设备安装前，安装施工现场应做好以下准备。

1. 土建工程结束，具备安装的基础条件。

2. 场地已被平整，施工运输和消防通道畅通。

（续）

3. 现场干净整洁，无杂物堆放。

4. 施工所需的照明、水源、电源等已准备齐全。

5. 施工所用的起重运输设备具备使用条件。

6. 备有零部件、配件以及工具等的储存设施。

7. 安装设备周围的各种大型设备及其上方管廊上的大型管道均已吊装完毕。

8. 备有必要的消防器材和除尘设备等。

第 8 条　人员准备

为保证设备安装工作顺利、安全完成，安装人员需做好以下准备。

1. 所有参与安装施工的人员均已接受过专业的安装培训，掌握相关的操作技术，熟悉相关的操作规范和要求。

2. 所有参与安装施工的人员应佩戴专门的安装防护用品，包括手套、口罩等。

第 9 条　新设备开箱检查

新购设备在安装前必须进行开箱检查，未经开箱检查的不得直接进行安装。开箱检查的内容如下。

1. 检查箱号、箱数及外包装情况，发现问题，做好记录并及时处理。

2. 按照装箱单清点、核对设备的型号、规格、零件、部件、工具、附件、备件以及说明书等内容。

3. 检查设备在运输保管过程中外观有无锈蚀，如有锈蚀应及时记录和进行处理。

4. 核对设备基础图、电气线路图与设备实际情况是否相符，检查地脚螺钉孔等有关尺寸及地脚螺钉、垫铁是否符合要求，核对电源接线口的位置及有关参数是否与说明书相符。

5. 检查后作出详细记录并填写"设备开箱检查验收单"。

第 3 章　安装施工

第 10 条　安装监督

设备部派专人对设备安装过程进行监督并填写相关记录，确保设备安装过程符合要求和规范。

第 11 条　设备安装定位

1. 设备安装定位的基本原则是要满足生产工艺的需要及维护、检修、技术安全、工序连接等方面的要求。

2. 设备在车间的安装位置、排列、标高以及立体、平面间相互距离等应符合设备平面布置图及安装施工图的规定。

第 12 条　设备安装定位需要考虑的因素

设备安装人员在进行设备安装定位工作时需要考虑以下因素。

1. 适应产品生产工艺流程及加工条件的需要（包括环境温度、粉尘、噪音、光线和振动等）。

2. 保证最短的生产流程，方便工件的存放、运输和切屑的清理以及车间平面的最大利用率，并方便生产管理。

3. 设备主体与附属装置的外形尺寸及运动部件的极限位置。

4. 满足设备安装、工件装夹和安全操作的需要。

（续）

5. 厂房的跨度、起重设备的高度、门的宽度与高度等。

6. 动力供应情况和劳动保护的要求。

7. 地基土壤情况。

8. 平面布置应排列整齐、美观，符合设计资料有关规定。

第 13 条　设备的安装找平

设备安装找平的目的是保持设备的稳定性，减轻振动（精密设备应有防振、隔振措施），防止不合理磨损及保证加工精度等。

1. 选定找平基准面的位置。

2. 明确设备的安装水平。导轨的不直度和不平行度按说明书的规定进行。

3. 安装垫铁的选用应符合安装使用说明书和设备技术文件对垫铁的规定。

4. 地脚螺钉、螺帽和垫圈的规格应符合安装使用说明书的要求。

第 14 条　安装违规事项

安装过程中，如发生以下行为均被视为违规操作，并对责任人处以____元/次的罚款。

1. 严禁设备在安装过程中接通电源和随意移动电源。

2. 严禁设备安装人员和其他人员倚靠设备。

3. 严禁设备安装人员和其他人员在设备上摆放杂物。

第 15 条　检查安装质量

设备安装完毕后，设备部安装人员应对照"设备安装手册"的相关步骤和要求，逐项检查安装工作是否达到要求。如无法达到要求，设备部应及时联系设备供货商，请设备供应商的技术人员提供帮助。

第 16 条　委外安装管理

1. 本工厂不具备相关设备的安装资质和条件时，应委托具有相应资质的单位开展安装工作。

2. 在实施安装前，设备部负责督促委外安装单位，应按照国家相关规定向国家相关安全监察机构就拟进行的安装工作进行书面告知。

3. 设备安装完毕后，设备部组织安装单位、设备使用部门以及其他相关部门参加安装验收，验收合格后，设备方可投入试运行。

4. 委外安装单位应及时将设备的相关安装资料及时提交给设备部，并办理设备的移交手续。

第 17 条　设备安装记录

1. 设备管理专员负责对设备安装的整个过程进行记录，尤其应指明安装过程中出现的问题以及问题的解决办法。

2. 设备主管需在设备管理专员的记录单上签字。

第 4 章　附则

第 18 条　本办法由设备部制定，经设备主管审批通过后施行。

第 19 条　本办法的解释权和修订权归设备部所有。

	修订标记	修订处数	修订日期	修订执行人	审批签字
修订记录					

五、设备调试的类别

工厂设备部在完成新设备安装工作后需对设备进行性能调试，对设备在运转中出现的问题进行及时的调整，保证设备在投入生产后能够正常运作。设备的调试可分为空运转调试、负荷调试以及精度调试三类。

1. 设备空运转调试

设备空运转调试是指设备部在完成设备安装后进行的空运转试车，其目的是检查设备安装精度的保持性、设备各系统（传动、操纵、控制、润滑等系统）运行是否正常以及相关技术参数是否符合设计要求。具体来说，该调试须符合以下三点要求。

（1）空运转调试的时间一般在四个小时以上。

（2）如调试人员在调试过程中发现设备故障（如噪声、过热、漏料等），应立即关停设备并进行故障排除工作，对设备部不能解决的问题应及时联系设备制造厂商解决。

（3）空运转调试应分步进行，按照由部件至组件、由组件至整机、由单台机器至生产线的步骤进行调试。

2. 设备负荷调试

设备负荷调试的目的是检验设备在一定负荷下的工作能力以及各系统（传动、操纵、控制等系统）的运行是否安全和稳定。调试人员可按照设备公称功率的25%、50%、100%分阶段进行负荷调试。

该调试的重点是检查设备是否存在振动、噪音、液压气动或润滑油箱泄漏等情况，以及检查设备的安全性能和防护装置的稳定性、可靠程度等。

3. 设备精度调试

设备精度调试应安排在负荷调试之后进行，设备部可派出具有丰富调试经验的人员负责调试工作。调试人员应按照设备说明书中的相关规定对不同种类的设备进行相关精度的检测（如机床类进行几何精度、加工精度检测，起重类设备进行定位进度、轨道进度检测），或对特别规定的检查项目进行检查。

六、设备调试管理流程

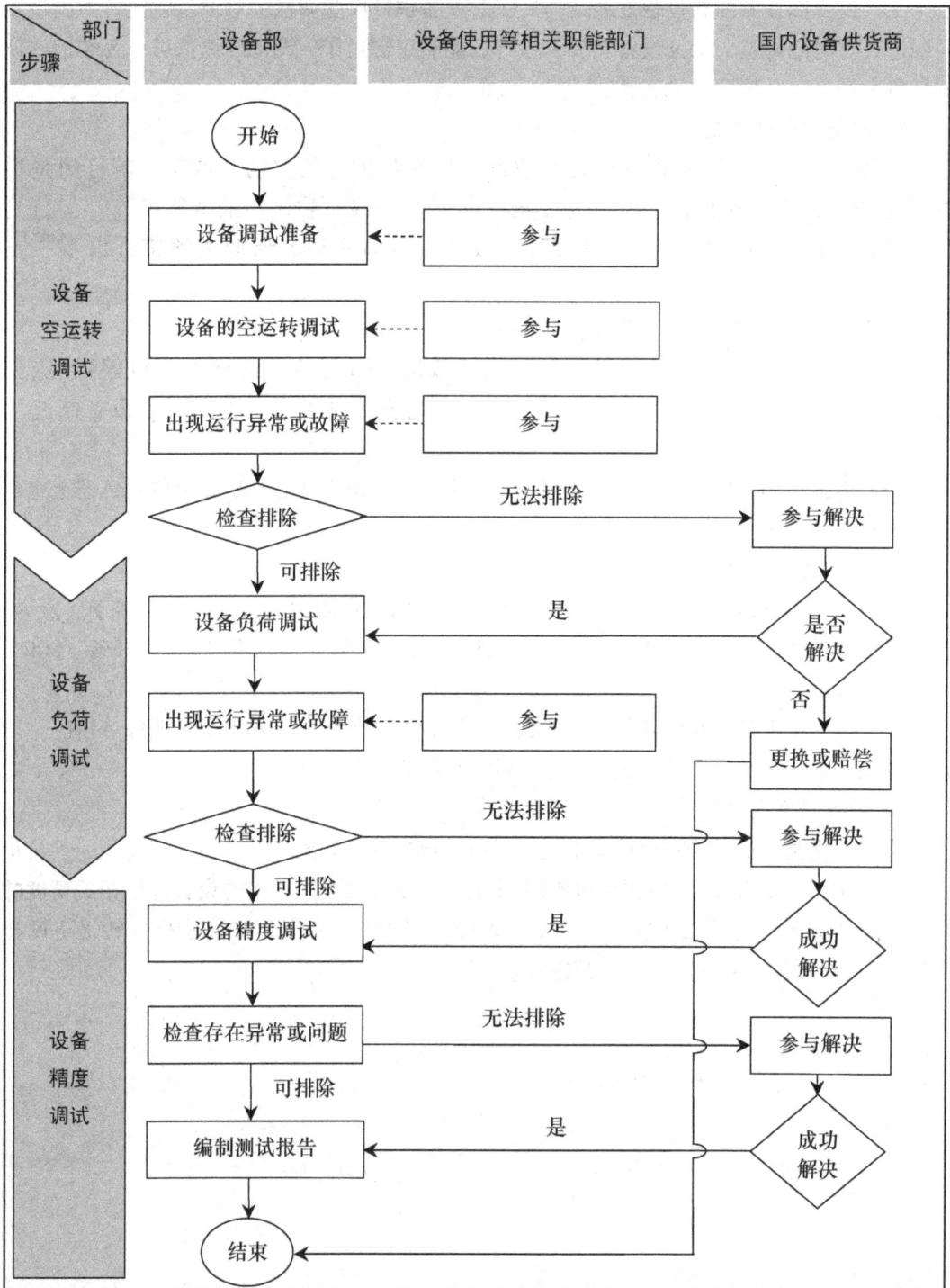

部门 步骤	设备部	设备使用等相关职能部门	国内设备供货商
设备 空运转 调试	开始 ↓ 设备调试准备 ← 参与 ↓ 设备的空运转调试 ← 参与 ↓ 出现运行异常或故障 ← 参与 ↓ 检查排除 —无法排除→		参与解决 ↓ 是否 解决
设备 负荷 调试	↓可排除 设备负荷调试 ←是 ↓ 出现运行异常或故障 ← 参与 ↓ 检查排除 —无法排除→		否↓ 更换或赔偿 ↓ 参与解决 ↓ 成功 解决
设备 精度 调试	↓可排除 设备精度调试 ←是 ↓ 检查存在异常或问题 —无法排除→ ↓可排除 编制测试报告 ←是 ↓ 结束		参与解决 ↓ 成功 解决

七、设备调试管理规定

制度名称	设备调试管理规定		受控状态	
			编　　号	
执行部门		监督部门	编修部门	

第1条　目的

为规范工厂对设备调试工作的管理，减少设备调试所需时间，提高调试效率，特制定本规定。

第2条　适用范围

本规定适用于工厂设备调试所有相关工作。

第3条　调试人员

设备安装完成后，设备部主管负责组建设备调试小组进行设备调试工作。

第4条　调试方案

设备调试前，调试负责人员应制定详细的调试方案，经设备经理审批通过后实施。设备调试方案应包括调试时间计划、调试人员及分工、调试实施办法、调试所需的仪表仪器等内容。

第5条　调试前准备工作

1. 调试人员在调试工作开展前需认真检查随机物品及资料是否齐全。

2. 检查设备的各接头、管路等，检查调试所需工具是否齐备，安全装置是否可靠。

第6条　自制设备调试

工厂自制设备由调试人员按照设备的操作说明和调试规范有序开展调试工作，确保安全作业。

第7条　外购设备调试

外购设备的调试由设备供应商提供技术支持和培训，调试人员参与学习并配合其工作。若外购设备由供应商或其他专业机构安装，则应由其负责进行调试。

第8条　设备调试流程

1. 设备通电前的检查。设备在通电调试前，需由相关人员对设备的电源、电压、参数设定等进行检查，检查无误后再通电调试。

2. 空运转试验。该试验主要是为检验设备安装精度的保持性，设备的稳固可靠性，传动、操纵、控制等系统是否正常运行。空运转试验应分步进行，由部件至组件、由组件至整机、由单机至全部生产线。

3. 负荷试验。该试验主要是为检验设备在一定负荷下的工作能力以及各组成系统的运行是否安全和稳定，同时检查操作系统的灵活性。

4. 精度试验。调试人员在负荷试验后按设备说明书的相关规定对设备进行精度试验，或对特别规定的检查项目进行检查。

第9条　调试要求

调试人员应严格按照调试流程进行调试，前一调试环节未达到合格要求时，不得进入下一调试环节。

第10条　记录设备调试情况

（续）

设备调试中，调试人员须做好以下各项记录，并评定整个设备的试运转情况。

1. 设备几何精度、加工精度检验记录及其他机能试验的记录。

2. 设备试运转的情况，包括调试过程中对故障的排除情况。

3. 对无法调整及排除的问题按性质归纳分类。

第 11 条　编制调试报告

调试人员根据调试记录编写调试报告并交设备经理审批。调试报告内容应包括调试情况详述、存在的问题及解决办法等。

第 12 条　调试验收

1. 无论是自主调试设备还是委外调试设备，均需对调试结果进行验收。

2. 调试验收未通过的，设备不得投入试运行。

3. 设备的调试验收由设备部组织，生产总监、设备使用部门、技术部以及外部相关机构参与。

4. 调试验收结果将纳入设备的管理档案。

第 13 条　调试问题反馈

调试过程中无法调整及排除的问题，调试人员须向供应商或技术部反馈并及时解决问题。

第 14 条　本规定由设备部负责制定，修订权与解释权归设备部所有。

第 15 条　本规定自下发之日起施行。

	修订标记	修订处数	修订日期	修订执行人	审批签字
修订记录					

第三节　国外进口设备验收

一、进口设备监造管理

工厂因生产任务的需要有时需从国外购入较为先进的设备。由于进口设备的特殊性，工厂应对购买的大型、重要设备进行现场监造，以避免供货方在制造设备时偷工减料、耽误工期，有效保证设备的质量及交货时间。

在进行设备监造时，需注意以下要点。

1. 监造人员的选择

为保证设备监造工作达到预期效果，工厂设备部选派的现场监造人员应具备以下三方面能力。

（1）专业技术能力。现场监造人员在技术上应具备高水平技术知识，精通设备制造过程中对材料、结构、工艺和精度的要求。

（2）交涉谈判能力。现场监造人员应具备较强的交涉谈判能力，当双方出现纠纷时应说服对方继续履行合同，维护工厂利益，保证设备能够及时交货。

（3）外语能力。因经常在国外工作，现场监造人员具备一定的外语能力能够使沟通更为方便，减少因语言翻译出现的沟通障碍。

2. 监督内容

监造人员应监督设备生产的每一环节，对从零件加工到设备装配的每一道工序的加工精度、粗糙度、原材料标号、热处理质量、装配精度等做出检验，并要求供货方出具相应的数据报告，做好记录。

3. 纠纷解决措施

监造人员在国外进行设备监造时代表了工厂的利益，当发生纠纷时，应在确保工厂利益的前提下协调解决问题。

（1）如发现备件存在质量问题，应及时向供货方提出，并要求供货方按合同进行改正以减小损失。如供货方拒绝按合同要求改正，监造人员有权拒绝验收签字，并依照相关法律程序进行解决。

（2）当供货方无法按合同规定的时限完成设备制造工作时，监造人员应按合同规定的赔偿事宜要求供货方进行赔偿。

二、进口设备验收流程

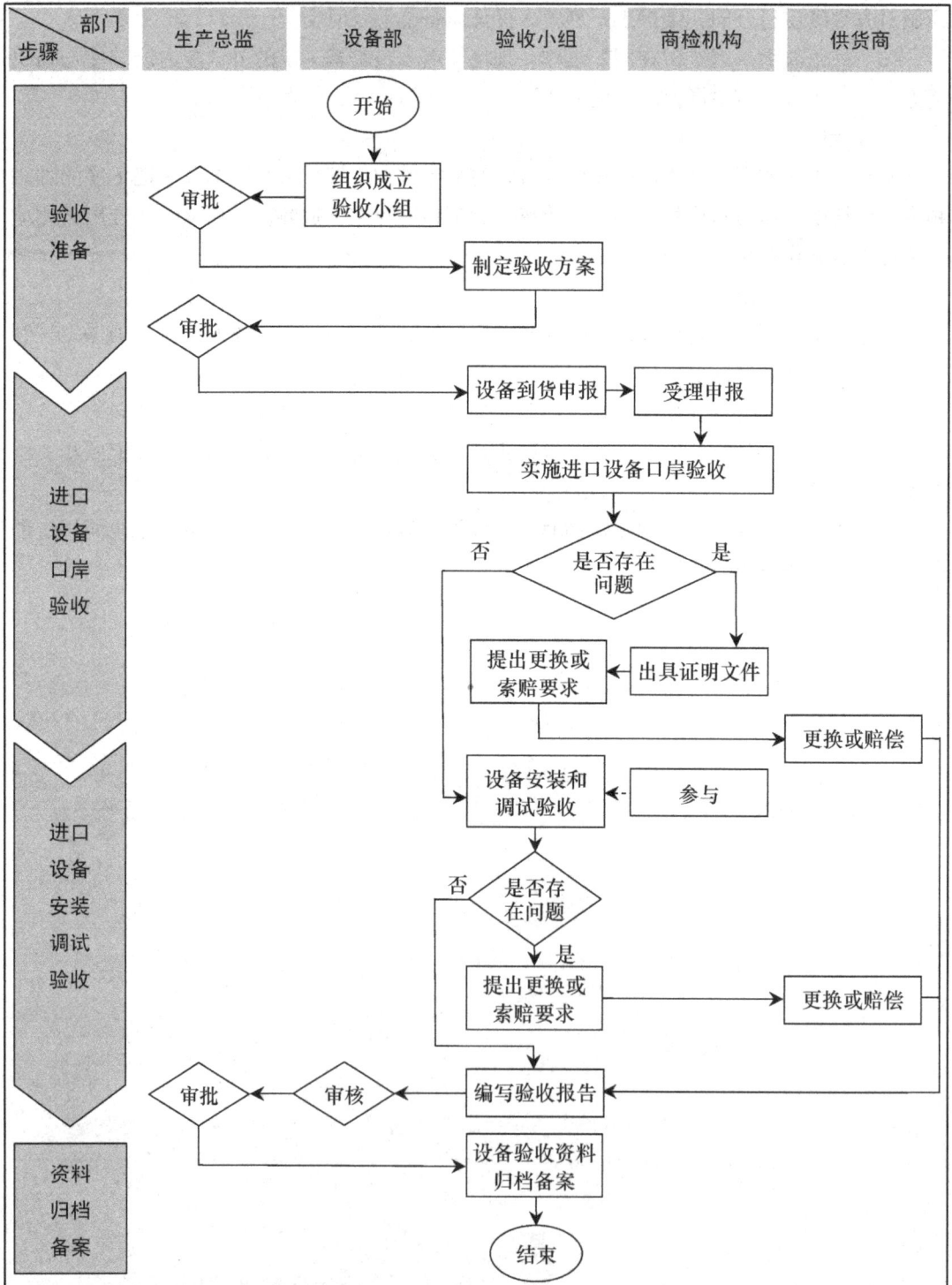

部门 步骤	生产总监	设备部	验收小组	商检机构	供货商

验收准备

开始

组织成立验收小组 → 审批

制定验收方案 → 审批

进口设备口岸验收

设备到货申报 → 受理申报

实施进口设备口岸验收

是否存在问题　否　是

提出更换或索赔要求　　出具证明文件

更换或赔偿

进口设备安装调试验收

设备安装和调试验收 ← 参与

是否存在问题　否　是

提出更换或索赔要求　　更换或赔偿

审批 ← 审核 ← 编写验收报告

资料归档备案

设备验收资料归档备案

结束

三、进口设备验收管理细则

制度名称	进口设备验收管理细则		受控状态	
			编　　号	
执行部门		监督部门	编修部门	

第1章　总则

第1条　目的

为强化对进口设备验收管理，减少因验收不力造成的损失，根据国家相关法律法规，结合本工厂实际情况，特制定本细则。

第2条　验收职责分配

1. 设备部负责组织设备使用部门、技术部门以及其他相关人员成立进口设备验收小组开展验收工作。

2. 生产总监负责监督和指导进口设备的验收工作，并对验收过程中出现的问题进行沟通、协调和处理。

第3条　验收要求

1. 对进口设备的验收必须在合同规定的索赔有效期内完成，未经验收的进口设备不得安装投产。

2. 进口设备合同规定的检验标准必须符合国家有关进口设备的标准化规定。

3. 进口设备需同时批量进口配套的原材料、备件等，合同中除应说明其检验标准与方法外，还应写明采用的抽样方法。

第2章　验收准备

第4条　成立验收小组

1. 设备部作为进口设备的归口管理部门，应组织成立与检验任务相适应的、由设备经理和专业技术人员组成的验收小组。

2. 验收小组成员名单及各项工作记录应根据相关要求抄报本地商检机构。

3. 验收小组成员必须熟悉合同及附件内容、技术标准和有关检验资料。

第5条　制定验收方案

验收小组负责制定设备的接运与验收的工作方案，以指导设备验收工作的开展。

第3章　验收实施

第6条　申报验收

进口设备到货后，验收小组应及时向本地商检机构申报。申报时，应详细填写申报单，并提供合同、发票、提单、装箱单及有关技术文件等证明资料。

第7条　口岸验收

1. 进口设备在口岸卸货须进行必要的查验，主管商检机构应进行登轮查勘和口岸验残工作，验收小组须对商检机构开展的查验工作提供支持。

2. 口岸验收的依据为双方签订的订货合同，如发现设备图纸和各种备件图纸等存在缺漏情况，须由商检机构人员出具证明。

（续）

第8条　安装和调试验收

1. 设备在按照说明书进行安装调试后，安装验收人员应测试设备性能是否达标。如果因质量或供货商原因达不到性能要求，安装验收人员应进行取证和记录并同供应商及时交涉。

2. 安装验收前，安装验收人员应对附属物进行验收，包括图纸资料与软件、备件、工具以及润滑油的油样等。

第9条　验收标准

1. 对进口设备应按合同规定的检验标准、检验方法进行检验和验收。合同中未规定的，应采用国家标准；国家现行标准不能满足检验要求或暂无相应标准的，可直接采用国际标准。

2. 验收中凡涉及安全、卫生方面的检验项目，须按国家有关标准和规定检验。

第10条　设备复检

凡需商检机构复验出证的进口设备，验收小组应在索赔期满前____天或质量保证期满前____个月，持检验报告向商检机构办理复验手续。

第11条　其他注意事项

1. 口岸验收和安装调试验收过程中，应避免在相关方不在场的情况下擅自验收，验收后应正确填写验收记录并确保相关人员验收记录签名的有效性。

2. 验收小组应针对口岸验收和安装调试验收的结果填写验收记录，验收记录应纳入设备档案进行管理。验收过程中形成的其他资料以及进口设备附带的技术资料等也一并纳入设备档案进行管理。

第4章　验收索赔

第12条　索赔情形

当在口岸验收或安装验收中出现以下问题时，验收小组应根据合同和招标文件及时请国家商检机构或国际商检机构进行检验和技术鉴定并办理公证手续，在填写有关资料和证明文件后，按照合同中确认的索赔和仲裁条件在索赔期内向供货商提出索赔。

1. 设备缺损的索赔，包括主机、附件、备件、材料等存在缺损情况或不配套。

2. 运输原因导致的设备缺损的索赔，适用于供货商承担运输责任的情况。

3. 质量索赔，指设备质量验收未达合同约定标准的索赔。

4. 误期索赔，指因到货延迟造成工厂在生产、价格或资金利息上的损失。

第13条　索赔依据

索赔应准备的凭证和清单，一般包括以下八类。

1. 卸货证明单。

2. 商检机构的检验报告。

3. 提单副本。

4. 供货商的发票。

5. 供货商的设备包装清单。

6. 运输部门证明的缺损明细表。

7. 应付赔款的清单。

（续）

8. 向保险公司索赔时的凭证和清单，包括保险单、提单副本、供货商的发票、供货商的设备包装清单、损失情况及损失原因与金额的证明文件。

第 14 条 报告索赔结果

索赔结果应根据要求及时向本地商检机构报告。

第 5 章 罚则及附则

第 15 条 惩罚措施

1. 由于设备验收人员责任心缺乏造成的验收结果错误，对责任人处以扣发奖金、罚款、降职等处罚。

2. 由于设备验收人员收受供货商贿赂导致设备验收结果出现错误的，直接给予其解聘的处罚，并根据给本厂造成的损失情况追究其赔偿责任。

第 16 条 本细则由设备部拟定，经工厂厂长签字后生效。

第 17 条 本细则解释权归设备部所有。

修订记录	修订标记	修订处数	修订日期	修订执行人	审批签字

设备维护保养
精细化管理

第一节　设备投入使用管理

一、编制设备使用操作规程

设备使用操作规程是工厂依据设备使用说明书和生产工艺要求并结合工厂实际生产情况制定的、指导生产人员掌握设备操作方法的规范。一般情况下，设备使用操作规程需包括如表5-1所示的内容。

表5-1　设备使用操作规程的具体内容

规程内容	具体说明
设备技术性能	设备使用操作规程应对生产设备的技术性能以及允许的极限数（如最大负荷、压力、温度、电压、电流等）做详细说明
交接使用规定	对于连续运转的设备，岗位人员在进行交接班时需对设备的运行状况进行交接，交接的内容主要包括设备运转时出现的异常情况、设备运行参数的变化、出现的故障以及处理情况等
操作步骤	设备的操作步骤是需要重点进行说明的内容，操作步骤的编写应尽量详细，内容包括操作前的准备工作以及操作顺序等
紧急情况处理	在设备使用操作规程中应加入对设备操作出现紧急情况时的处理规定，避免因紧急情况造成的设备停工
安全注意事项	在规程中应加入设备使用中存在的安全隐患及注意事项（如非本岗位操作人员未经批准不得操作本机器，任何生产人员非经允许不得随意拆除设备安全保护装置等）
故障排程规定	设备使用操作规程中应说明对设备操作过程中出现的故障的应对办法

二、设备使用培训管理办法

制度名称	设备使用培训管理办法		受控状态	
			编　　号	
执行部门		监督部门	编修部门	

第1条　目的
为规范对设备操作人员进行的设备使用培训，提高培训效果，特制定本办法。

（续）

第2条 适用范围

本办法适用于工厂进行设备使用培训的一切工作。

第3条 责任分配

1. 设备部主导培训工作。

2. 质检部参与设备安装的质量检验工作，包括对设备安装程序规范性和正确性的检验。

3. 人力资源部负责培训的组织、监督以及考核培训效果。

第4条 培训内容

设备使用培训的内容主要包括设备的正确操作方法、设备基本故障与不良状态的辨识与排除、设备安全知识以及相关岗位责任。

第5条 培训预算

1. 设备部应于开展培训的前一个月编制培训预算。

2. 设备部培训预算须经设备部主管审核后交财务部复核，最后由生产总监批准实施。

3. 培训预算费用主要包括培训场地的租赁费用、设备维护费用以及培训人员薪酬和相关奖励等费用。

第6条 培训地点

设备部可根据培训人员的多少具体选择培训地点。

第7条 培训前准备

1. 正式培训前，设备部应准备好培训时使用的设备（包括演示设备、练习设备和维修设备），人力资源部编制培训考勤表对培训人员进行考勤。

2. 人力资源部需提前一个星期公布培训课程、培训地点、培训讲师以及参训人员。

第8条 培训讲师

讲授设备专业知识、使用技能的讲师应具有职业资格证书____年以上，或专业技术职务任职____年以上。

第9条 培训形式

一般来说，培训可采用以下两种形式。

1. 集体授课。

2. 分工种授课。

第10条 培训步骤

1. 讲师讲述阶段，由培训讲师负责将设备设计结构、操作方法等设备使用技能以现场操作示范的形式教给培训人员。

2. 互动提问阶段，培训人员就示范过程中的问题进行提问并与讲师沟通。

3. 操作练习阶段，培训人员使用练习设备进行实操练习，操作中遇到问题时及时向讲师寻求帮助。

第11条 讲师奖励

培训结束后，设备部根据培训现场效果和培训人员掌握情况对讲师进行奖励。

第12条 员工培训奖励

完成设备使用培训的员工，在培训结束后由设备部根据培训效果给予一定奖励，奖励的方式视实际情况而定。

第13条 员工培训效果评估

培训结束后，由设备部组织对培训人员就培训内容进行考核，依据考核结果填写"设备使用培训

（续）

考核报告"。					

第 14 条　本办法由设备部负责拟定，经生产总监审批签字后施行。

第 15 条　本办法的解释权和修订权归设备部所有。

	修订标记	修订处数	修订日期	修订执行人	审批签字
修订记录					

第二节　拟订设备维护保养计划

一、编制设备维护操作规程

设备维护操作规程是工厂为规范生产设备日常维护工作而编写的制度文书，作用是指导生产操作人员、设备检验人员对设备的日常维护保养工作。设备维护操作规程必须包括以下七个方面的内容，具体如表5-2所示。

表5-2　设备维护操作规程的内容及说明

规程内容	具体说明
设备设计图纸	在编制设备维护操作规程时，规程编制人员需加入设备的相关设计图，主要包括设备结构图、设备传动示意图和设备电气原理图等
设备润滑要求	设备润滑是进行设备维护保养的有效手段，规程编制人员应在规程中加入设备润滑的"五定"图表和要求
设备清扫要求	设备清扫是指对生产设备进行表面清洁与打扫工作，设备维护操作规程中应加入此方面内容
设备检查要求	规程中应写明设备在使用过程中的各项检查要求，主要包括对线路、部位、标准状况参数、使用周期的检查，并注明负责人
故障排除	规程编制人员应在规程中就设备运行中出现的常见故障以及其排除方法进行说明，方便维护人员进行参照操作
易损件管理	易损件指在设备使用过程中因摩擦、传动、暴露等原因容易出现磨损的零件，规程中应对该类零件进行列举并说明其报废标准
安全注意事项	规程中应对在设备日常维护中存在的安全隐患与应对办法进行说明

二、设备维护保养计划编制流程

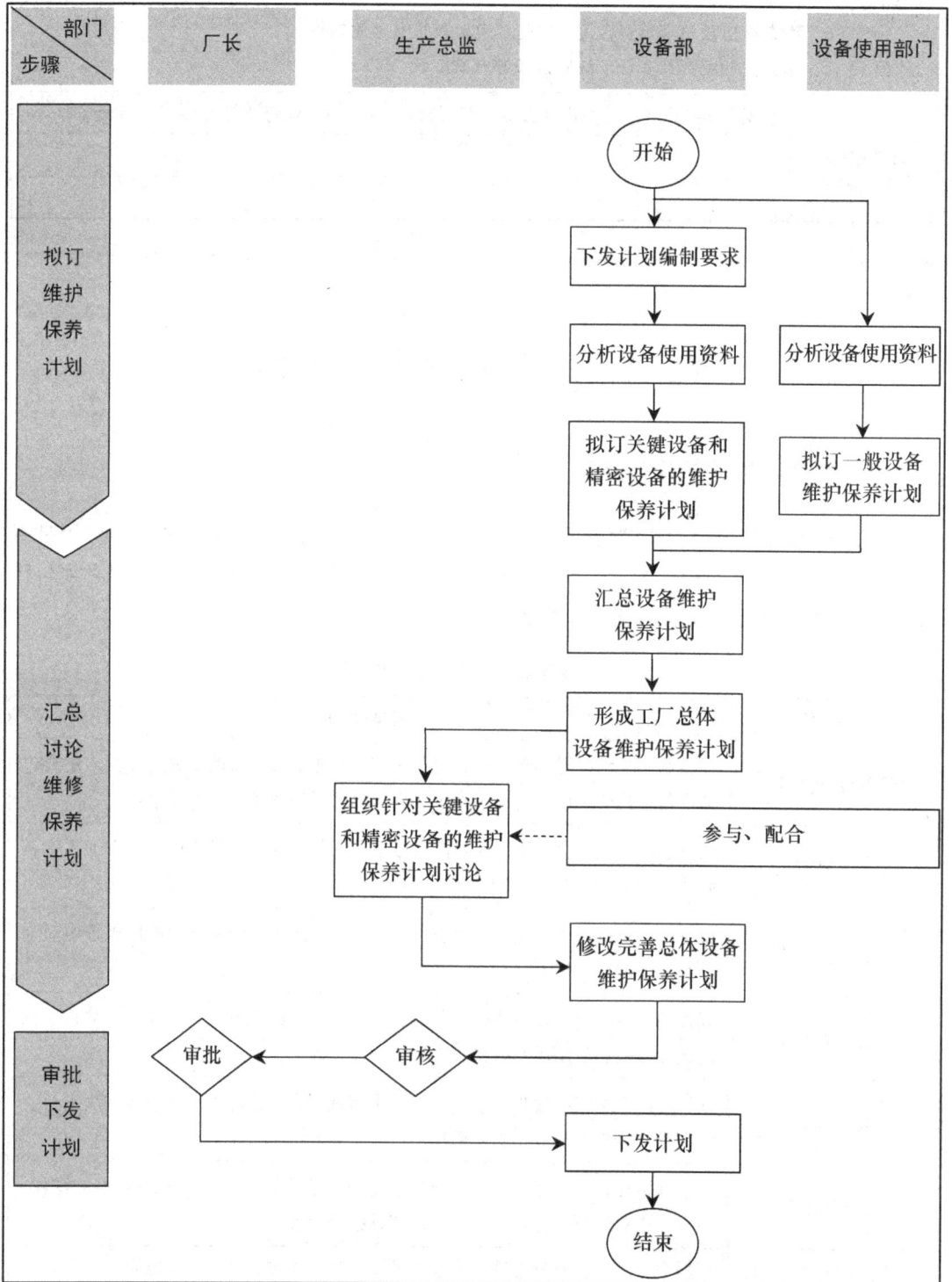

部门 步骤	厂长	生产总监	设备部	设备使用部门

拟订维护保养计划

开始 → 下发计划编制要求 → 分析设备使用资料 → 拟订关键设备和精密设备的维护保养计划

分析设备使用资料 → 拟订一般设备维护保养计划

汇总设备维护保养计划 → 形成工厂总体设备维护保养计划

汇总讨论维修保养计划

组织针对关键设备和精密设备的维护保养计划讨论 ← 参与、配合

修改完善总体设备维护保养计划

审批下发计划

审批 ← 审核 ← 修改完善总体设备维护保养计划

下发计划 → 结束

三、设备维护保养计划编制规范

制度名称	设备维护保养计划编制规范		受控状态	
			编　号	
执行部门		监督部门	编修部门	

第1条　目的

为指导设备维护保养计划的编制工作，保证设备维护保养计划的及时性和可行性，避免设备因维护保养不当造成损失，特制定本规范。

第2条　职责分配

1. 设备部为设备维护保养计划的统筹管理部门，负责指导和审核各类设备的维护保养计划。

2. 设备使用部门为设备维护保养计划的拟订部门，负责针对本部门使用的各类设备制订维护保养计划，报设备部审核。

3. 生产总监负责审批关键设备和精密设备的维护保养计划，并监督计划的编制过程。

第3条　设备维护保养计划的内容

1. 责任单位和责任人员。

2. 维护保养项目和具体要求。

3. 维护保养的期限和日期要求。

4. 维护保养的步骤和操作指南。

5. 维护保养的注意事项。

6. 委外维护保养设备的预算。

第4条　设备维护保养计划的种类

本工厂的设备维护保养计划包括以下两种。

1. 针对新增设备的维护保养计划。工厂各类新增的自制和外购设备在验收通过后需立即制订维护保养计划。

2. 针对所有设备的年度维护保养计划。在年底前制订下一年度所有设备的维护保养计划。

第5条　编制人员资格

设备维护保养计划的编制人员须为熟悉该设备的、具有三年以上设备操作和管理经验的人员。

第6条　编制依据

设备维护保养计划须依据设备供应商提供的相关技术资料以及设备的操作说明等制订。

第7条　新增设备维护保养计划的编制步骤

1. 编制人员根据设备说明书和相关技术资料拟订设备维护保养计划。

2. 编制人员将拟订的设备维护保养计划报直接上级审核，并根据直接上级的完善意见修改设备维护保养计划。

（续）

3. 修改后的设备维护保养计划报设备主管审核，审核通过后由设备经理签字确认。设备主管负责对签字确认的设备维护保养计划备案。

4. 工厂的关键设备和精密设备的维修保养计划经设备经理签字后，报生产总监进行最终审批，审批通过后，由设备主管负责备案。

第8条　年度设备维护保养计划的编制步骤

1. 每年12月中旬，设备部负责提出下一年度设备维修保养计划的编制要求并下发至各设备使用部门。

2. 各设备使用部门根据本部门所用设备的档案和其他资料，拟订年度设备维修保养计划，经部门经理签字后报设备主管。

3. 设备部负责拟订精密设备和关键设备的维护保养计划，并汇总各设备使用部门提交的设备维护保养计划，最终形成全厂下一年度总体的设备维护保养计划。

4. 生产总监负责组织召开会议对关键设备、精密设备的维护保养计划进行讨论。

5. 设备部根据讨论结果修订下一年度总体的设备维护保养计划，报生产总监审核。

6. 生产总监审核通过后，报工厂总经理审批，审批签字确认后予以执行。

7. 年度设备维护保养计划的公布时间不得晚于下一年度的1月15日。

第9条　委外维护规定

对于需要委外进行维护保养的设备，设备部相关人员应在设备维护保养计划中提出相关的预算并报财务部确认和总经理签字。

第10条　本规范由设备部负责制定并修订，解释权归设备部所有。

第11条　本规范自下发之日起施行。

	修订标记	修订处数	修订日期	修订执行人	审批签字
修订记录					

四、设备维护保养计划

文书名称	设备维护保养计划	编　　号	
		受控状态	

一、设备基本信息

（略）

二、设备维护保养具体安排

设备维护保养的具体安排如下表所示。

（续）

××设备维护保养的具体安排

保养类型	保养时间	保养项目	保养要求	保养步骤	保养责任人	备注
一级维护保养	每日下班前____分钟					
二级维护保养	定期（依设备操作及保养标准）					
特别维护保养	超出一、二级保养规定时间					
制定人		审核人			审查人	

三、设备维护保养情况记录

1. 各级维护保养的责任人应在每次维护保养结束后，及时、准确填写"维护保养记录表"，不得不填、漏填。由于特殊情况未及时填写的，须进行补填。"维护保养记录表"的格式如下所示。

××设备维护保养记录表

设备名称		设备编号		设备规格型号	
所在地点		投入使用时间		设备操作人员	
维护保养详细信息					
日期	开机时间	关机时间	运行状态	维护保养部位	维护保养时间	维护保养人
备注						

2. 一级维护保养记录和二级维护保养记录由设备使用部门主管在每月底汇总后报设备主管。

3. 设备部汇总设备维护保养记录，并根据归档要求归入设备档案。

四、维护保养情况的检查和监督

1. 设备使用部门主管负责对设备保养计划的执行情况进行跟踪监督，发现未按照维护保养计划进行维护保养的情况应责成相关人员改正；因维护保养不当造成损失的，应追究相关责任人责任并进行罚款。

（续）

2. 设备主管负责对设备保养计划的执行情况进行定期检查和控制，发现问题应及时予以纠正并及时向设备使用部门主管反映。					
编制人员		审核人员		审批人员	
编制时间		审核时间		审批时间	

第三节　实施设备日常维护保养

一、设备日常维护保养实施要点

设备使用人员需对生产设备进行必要的维护和保养，这是延长设备使用寿命、降低设备故障率的有效手段。一般来说，进行生产设备日常维护和保养时需要注意的要点如图5-1所示。

要点名称	内容说明
设备初期清洗	设备初期清洗是设备维护保养工作的首要环节，由设备使用人员对设备表面进行清洗（清洗时需注意避开设备电路部分）并检查设备是否存在螺丝松动、漏油、缝隙、晃动等异常情况
困难处清洗	设备困难处是指很难清洗的位置、很难检验的位置和很难加油的位置，设备使用人员在进行设备维护保养时需参照设备图纸与使用说明书对设备困难处进行特别清洗
发生源检查	发生源是指设备发生脏污、故障的根源，设备使用人员在进行设备维护保养时需检查造成设备问题的原因，对能够解决的及时进行解决，不能解决的问题及时上报
设备加油	生产设备在运转一段时间后需要对其易出现磨损、老化的部位进行润滑，设备润滑的加油点数、油种可参照设备使用说明书

图5-1　设备日常维护保养的实施要点

二、设备日常维护保养流程

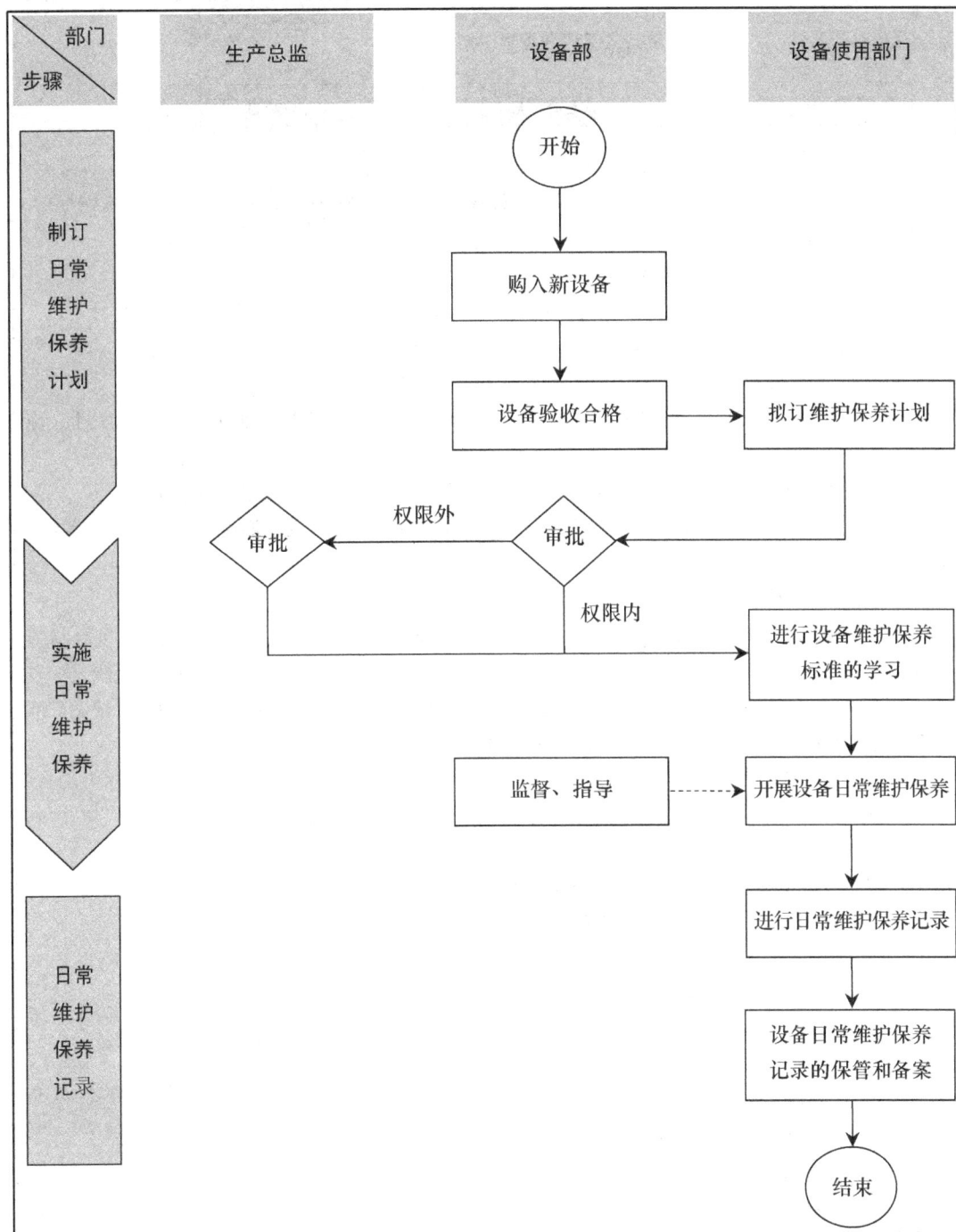

部门 步骤	生产总监	设备部	设备使用部门

制订日常维护保养计划

开始

购入新设备

设备验收合格 → 拟订维护保养计划

审批 ← 权限外 ← 审批 ←

实施日常维护保养

权限内

进行设备维护保养标准的学习

监督、指导 ┈┈→ 开展设备日常维护保养

日常维护保养记录

进行日常维护保养记录

设备日常维护保养记录的保管和备案

结束

三、设备三级保养管理细则

制度名称	设备三级保养管理细则		受控状态	
			编　　号	
执行部门		监督部门	编修部门	

第1条　目的

通过实施设备的三级保养，能够确保设备保持良好性能，提高设备大修间隔期内的设备完好率，保证设备正常运行。

第2条　三级保养工作内容

设备的三级保养包括日常保养、一级保养、二级保养共三级，设备部主导制订三级保养计划，具体保养工作由设备使用部门和设备部执行。

第3条　日常保养

设备的日常保养以预防性维护为主，按维护保养计划和相应的技术规定进行，预防事故发生，确保生产任务的完成。

1. 日保养。每天由操作人员进行保养，主要是上班前、上班时和下班后进行的保养。

（1）上班前。要求操作人员在上班前对设备各部位进行检查，按规定加润滑油，确认正常后才能使用。

（2）上班时。按设备操作规程正确操作设备，并保持周围环境清洁。

（3）下班后。每天下班后，操作人员需对设备周围地面进行清扫、擦拭设备表面并填写相关记录。

2. 周保养。每周周末，由操作人员根据设备特点安排1~3小时对设备的外观和内部系统进行维护和保养，主要包括对设备进行较彻底的清扫、擦拭和涂油维护。

第4条　一级保养

1. 设备的一级保养原则上以三个月为周期，干磨多尘的设备以一个月为周期。

2. 设备的一级保养以操作人员为主、维修人员为辅。

3. 设备一级保养的操作要点，如下所示。

（1）拆卸指定部件、箱盖及防尘罩等并对其进行彻底清洗。

（2）疏通油路、清洗过滤器，更换油线、油毡、滤油器、润滑油等。

（3）补齐手柄、手球、螺钉、螺帽、油嘴等机件，保持设备的完整。

（4）紧固设备的松动部位，调整设备的配合间隙，更换个别易损件及密封件。

（5）清洗导轨及各滑动面，清除毛刺及划痕。

第5条　二级保养

1. 设备的二级保养原则上每半年进行一次，也可在生产淡季进行。

2. 设备的二级保养以专业维修人员为主、操作人员为辅。

3. 设备二级保养的操作要点，如下所示。

（1）对设备的部分装置进行分解、检查和维修，更换和修复其中的磨损零部件。

（续）

（2）更换设备中的机械、零部件。

（3）清扫、检查、调整电气线路及装置。

（4）检查、调整、修复设备的精度、校验水平。

第6条　预期保养效果

设备通过三级维护保养后，应达到内外清洁、油路畅通、操作灵活、运转正常的标准。

第7条　填写设备维护保养记录

设备的各级维护保养均应当填写相应的维护保养记录，记录样单如下。

设备维护保养记录

设备名称		型号/规格		编号		使用人员	
维护保养时间		维护保养项目记录					
保养人		负责人					

第8条　设备保养事故

设备因维护保养原因而造成事故时，当班组长须填写事故报告，并按事故性质和损失程度对责任人进行处理、追究责任，报设备部备案。

第9条　设备维护保养的考核

1. 确定考核指标，主要指标如下。

（1）设备完好率：机械设备完好率达到____％以上，动力设备完好率达到____％以上。

（2）设备故障停机率，要求控制在____％以内。

2. 制定考核考核办法，具体内容如下所述。

（1）日常维护保养纳入设备操作人员的月度考核，考核比例占设备操作人员月度绩效考核总分的20％。

（2）一级保养和二级保养纳入年度考核，考核比例占相关人员年度绩效考核总分的10％。

第10条　本细则由设备部负责拟定，经厂长审批签字后，自颁发之日起生效实施。

修订记录	修订标记	修订处数	修订日期	修订执行人	审批签字

四、设备日常清扫工作方案

文书名称	设备日常清扫工作方案	编　　号	
		受控状态	

一、目的

1. 及时清除设备的灰尘、油污和泥垢等。

2. 确保××设备性能稳定，运作正常。

3. 减少设备故障发生几率。

二、清扫责任分配

设备部和设备使用部门应根据设备实际的使用情况，合理安排相关人员负责设备的日常清扫工作。清扫责任分配情况如下表所示。

××设备清扫责任分配表

责任人	清扫项目	清扫周期	清扫时间	清扫要求	备注
设备操作工		每天一次	下午＿＿＿点		
设备维护工		每周一次	每周五下午＿＿＿点		

三、清扫要求

1. 清扫人员在进行清扫工作时，必须做好安全保护措施，带防护绝缘手套和防尘罩。

2. 清扫人员在进行清扫工作时，严禁佩戴手表、戒指等金属饰物，女工严禁头发披散。

3. 清扫人员在清扫中发现异常时应停止清扫，查明原因并根据异常程度及时向上级汇报。

四、实施清扫

1. 设备清扫人员在进行设备清扫时，需要注意以下要点。

（1）不仅清扫设备本身，也要清扫附属设备和辅助设备。

（2）容易发生跑、冒、滴、漏的部位要重点检查确认。

（3）油管、气管、空气压缩机等看不到的内部结构要特别留心。

（4）核查注油门周围有无污垢和锈迹。

（5）注意表面部分有无磨损、污垢和异物。

（6）检查操作部分、旋转部分和螺丝连接部分有无松动和磨损。

2. 对清扫设备时发现的问题，清扫人员可采用以下方式进行处理。

（1）维修或更换难以读数的仪表装置。

（2）及时更换绝缘层已老化或损坏的导线。

（3）对需要防锈保护或润滑的部位，要按照规定及时加油保养。

（4）清理堵塞管道。

（5）调查跑、滴、冒、漏的原因，并及时处理和报告。

（续）

五、填写清扫记录
清扫完毕后，清扫人员应填写清扫记录表，并在上面签字。
六、清扫工作验收
值班人员应对其值班当日的设备清扫情况进行检查，并进行记录。
七、清扫工作奖惩
1. 每发现一次清扫未达到要求的情况，扣除该清扫人员绩效分 1 分，累计达到 3 次以上，扣除该清扫人员本月奖金。
2. 连续一个月清扫工作全部达到要求的，增发该清扫人员 5% 的绩效奖金。

编制人员		审核人员		审批人员	
编制时间		审核时间		审批时间	

五、设备日常加固工作方案

文书名称	设备日常加固工作方案	编　号	
		受控状态	

一、目的

为指导设备的日常加固工作，提高设备加固的质量，减少设备事故的发生，特制定本方案。

二、明确设备加固原因

一般来说，工厂选择对设备进行加固主要有以下三方面原因。

1. 厂房塌陷、飞掷物、火灾等意外情况造成的设备损毁。

2. 设备操作不当造成的设备损毁。

3. 长期磨损造成的设备损坏，影响设备正常性能的发挥。

三、分析实际可用的加固资源

1. 人力：能参加现场设备加固作业的人数，参加人员必须是非常熟悉生产过程和设备特性的人员。

2. 物力：分析开展加固工作可借用的施工设备、材料和工具。

3. 时间：可用于实施加固作业的时间。

四、选择加固地点和方法

1. 设备部根据开展加固工作的要求和设备本身的特点，可以选择以下三类加固地点。

（1）厂区外的安全地点。

（2）厂区内比较安全的地点。

（3）就地加固（适用于搬运困难的设备）。

2. 设备加固人员针对不同设备的损毁程度，可以选择焊补、挖补、变形矫正和局部换新四种常用加固方法。

3. 设备加固人员应在符合以下标准的前提下合理选择加固方法。

（续）

（1）加固资源容易获得，包括人力、设备、工具、材料以及作业时间等。

（2）满足加固需求的前提下，成本最低。

五、加固作业准备

1. 所有纳入加固对象的设备必须经过专项鉴定，未经鉴定不得开展设备加固工作。

2. 针对需加固的设备绘制设备加固图，报设备经理审核，生产总监签字确认。

3. 实施加固前，必须对设备加固图和针对加固设备开展的计算结果进行验证，未经验证不得直接用于加固工作的开展。

4. 配备作业人员并确定作业进度。

六、开展加固作业

（一）加固作业步骤

1. 打扫、清理设备加固现场，重点排除加固作业中存在的安全隐患。

2. 设备部按设备加固图对设备进行加固工作。

3. 对加固后的设备进行运行试验。

4. 设备使用部门对加固设备进行验收。

（二）加固作业要求

1. 加固作业人员必须严格按照设备加固图开展加固作业。

2. 加固作业人员应注意不要对设备造成新的损伤。

3. 加固作业人员在加固作业过程中遇到新的问题导致无法完成任务时，必须及时向设备主管反映，由设备主管进行及时处理。

4. 设备主管监督设备加固作业的实施，并对加固作业的过程进行记录。

七、设备加固检验

1. 设备加固完毕后，由设备经理组织设备工程师、设备使用部门人员以及其他相关人员对设备的加固效果进行检验，检验合格后，设备方可投入使用。

2. 检验结果应形成记录，并记入设备档案。

编制人员		审核人员		审批人员	
编制时间		审核时间		审批时间	

六、特殊设备日常维护管理办法

制度名称	特殊设备日常维护管理办法		受控状态	
			编　号	
执行部门		监督部门	编修部门	

第1条　目的

为了保证特殊设备的运行效率，稳定特殊设备性能，有效延长使用寿命，减少因日常维护不当带来的损失，特制定本办法。

（续）

第2条　特殊设备的界定

本办法所指的特殊设备包括纳入本厂固定资产管理的所有精密设备、大型设备和稀有设备等。

第3条　特殊设备日常维护责任分配

1. 操作人员按照设备操作规程操作并实施日常的清扫、擦拭、上油等工作。

2. 设备部设备维护人员针对特殊设备的特性定期进行专业维护。

3. 使用部门主管和设备主管对日常维护保养情况进行定期检查。

第4条　维护人员要求

所有参与特殊设备日常维护的人员必须接受过专门的关于特殊设备性能、参数和维护保养方法的培训，并拥有相关资格证书、具备丰富的维护保养经验。

第5条　编制日常维护保养计划

1. 所有特殊设备均需在验收通过后、正式投入运行前，由设备主管编制设备日常维护保养计划，报生产总监审核、工厂厂长签字后执行。

2. 日常维护保养计划应对维护项目、维护内容及频率等作出明确规定，明确设备维护备件的供应措施。

第6条　特殊设备日常维护的实施

1. 特殊设备操作人员在日常操作过程中，应履行对特殊设备的维护工作。具体工作内容和要求如下。

（1）设备开启前的检查、整理和上油等。

（2）设备关闭后的检查、整理和清扫等。

（3）发现运行异常应及时处理并向直接上级汇报。

（4）特殊设备运行状况和维护情况的记录。

2. 设备部设备维护人员对特殊设备的维护要求如下。

（1）每周五对设备实施专业的维护保养。

（2）维护保养完毕，及时记录维护保养情况。

第7条　特殊设备日常维护实施要求

1. 日常工作中，操作人员需整理和维护精密、大型、稀有设备的工作环境，使环境满足其运行要求。

2. 对精密、大型、稀有设备的日常保养应由专业的维修人员进行，不得随意拆卸部件，特别是光学部件。

3. 精密、大型、稀有设备保养中所使用的润滑品、擦拭材料及清洗剂等必须按照设备使用说明书中的规定使用，不得随意代替。

4. 精密、大型、稀有设备在运行中若出现异常现象应立即停机进行处理，不允许带病运行。

5. 精密、大型、稀有设备不工作时，应对整机或关键部位罩上护罩，如长期停用，也必须定期擦拭、润滑。

6. 精密、大型、稀有设备的附件及保养工具应设立专柜妥善保管并保持清洁，防止丢失和锈蚀。

（续）

7. 对精密、大型、稀有设备的维护保养，必须填写相应的日常维护保养记录，并将日常维护保养记录等相关资料纳入设备技术档案。

第8条　特殊设备日常维护工作检查

1. 设备操作人员所在班组的班组长每天定时或不定时地对设备操作人员的维护工作质量进行检查。

2. 设备部设备维护专员负责对设备操作人员的日常维护进行技术指导，并提出改进意见。

3. 车间主任每周至少对特殊设备的日常维护工作进行一次检查，及时指出发现的问题，责成相关人员及时改正。

4. 所有的检查工作均需进行记录，记录结果由车间班组长汇总后报设备部备案。

第9条　奖惩措施

1. 操作人员每出现一次没有按照维护要求及时、全面地进行维护的情况，扣2分，累计次数达到三次者扣发本月绩效奖金。

2. 设备维护人员每出现一次没有按照维护要求及时、全面地进行维护的情况，扣3分，累计次数达到三次扣发本月绩效奖金。

3. 由于维护不当导致设备故障的，追究设备操作人员和设备维护人员的责任，扣除其月度奖金并根据造成的损失承担赔偿责任。

4. 工作到位的人员，除发给其相应的绩效奖金外，增发5%的奖金。

第10条　设备部负责对特殊设备的日常维护工作进行监督、指导和协调。

第11条　本办法由设备部制定，自____年__月__日起施行。

修订记录	修订标记	修订处数	修订日期	修订执行人	审批签字

七、设备防腐防泄漏管理办法

制度名称	设备防腐防泄漏管理办法		受控状态	
			编　号	
执行部门		监督部门	编修部门	

第1章　总则

第1条　目的

为加强对工厂设备的防腐蚀、防泄漏管理，防止和减缓生产设备因受腐蚀损坏和因泄漏造成损失及安全事故，特制定本办法。

第2条　适用范围

本办法适用于设备部进行设备防腐防泄漏的各项管理工作。

（续）

第3条　职责分工

1. 设备维护主管负责制订设备防腐防泄漏计划。

2. 设备保养专员负责设备防腐防泄漏的具体实施工作。

3. 设备操作人员在日常使用中应注意设备的防腐防泄漏问题，并按照设备的防腐防泄漏要求进行操作。

第2章　设备防腐管理

第4条　防腐档案与技术

1. 设备保养专员负责建立设备的防腐档案和卡片，卡片上需注明设备的名称、型号、工作温度、压力、物料介质、安装日期、工艺和检修情况等内容。

2. 采用新防腐材料或防腐技术时，设备部须进行试验与鉴定。

3. 设备进行技术改造或零部件更换时需考虑耐腐蚀材料的应用。

第5条　设备防腐要求

1. 已进行防腐处理的设备，设备保养专员应定期检查并按计划进行检修。

2. 设备操作人员需检查设备的运行情况，防止出现"跑"、"冒"、"滴"、"漏"现象。对于检修过程中产生的废气、污液，应按规定进行处理，防止其对设备造成腐蚀。

3. 设备停止使用时，操作人员应进行必要的防腐处理，如倒空、吹洗、充氮等。

4. 严禁对带有防腐层的设备进行焊接构件操作。确需焊接时，需在焊接完成之后重新进行防腐处理。

5. 严禁锤击、敲打非金属设备和带有防腐层的金属设备。

6. 设备保养专员发现设备出现腐蚀现象，应及时上报情况，并研究其腐蚀原因与腐蚀速度，采取针对性防腐措施。

第6条　设备防腐检验

1. 设备保养专员每半年对设备的防腐措施与腐蚀情况进行统一检查和鉴定，并出具鉴定报告。

2. 设备腐蚀情况定期检查内容包括腐蚀类型、腐蚀深度、焊缝情况分析、设备防腐层老化磨损情况等。

第7条　设备防腐检查记录

1. 设备防腐检查结束后，设备保养专员将检查数据记入档案。档案一式两份，分别交生产车间与设备部进行存放。

2. 设备操作人员在设备日常维护中也应做好设备关键部件的防腐与受腐蚀情况记录。

第3章　设备防泄漏管理

第8条　泄漏分级

设备泄漏按其严重程度可分为轻微泄漏、一般泄漏、严重泄漏和不可控泄漏共四个等级。

第9条　设备检漏

生产车间应采用先进的检漏设备，对一般泄漏情况做好日常检查。在危险化学品存放点增加视频监视，必要时增加事故蒸汽、事故喷淋等应急措施，缩短从泄漏到处理的时间。

（续）

第10条　设备防漏要求

1. 生产准备过程中，设备部应组织人员对设备所有的动、静密封点进行检查，并做好记录。

2. 开始生产前，生产部应制定详细的方案，对升温、升压等操作进行规定，同时下发工艺卡片，避免设备因温度、压力等因素发生泄漏。

3. 设备部应加强设备防腐管理，明确设备易腐蚀部位并加强防腐措施，避免因设备腐蚀发生的泄漏。

4. 设备部应加强密封垫防泄漏管理，努力降低密封垫泄漏率。

第11条　设备泄漏应急处理

生产安全部应协同设备部制定泄漏应急处置预案，落实应急处置设备和物资，定期组织应急事故演练。

第12条　防漏记录

设备操作人员每日按时对设备的泄漏情况进行检查并填写现场检查表，各车间将以月为周期将检查表汇总并填写设备检漏记录。

第4章　附则

第13条　本办法由设备部负责制定，经设备总监审批签字下发后施行。

第14条　本办法的最终解释工作由设备部负责。

修订记录	修订标记	修订处数	修订日期	修订执行人	审批签字

八、设备维护单点课程（OPL）培训方案

文书名称	设备维护单点课程（OPL）培训方案	编　　号	
		受控状态	

一、编制目的

为规范工厂对设备维护单点课程（OPL）的管理，提高培训效果，确定相关人员权责，特制定本方案。

二、OPL 释义

OPL 即单点课程，是指工厂管理层鼓励基层员工将自身经验、工作心得体会或好的工作方法编写成简单教材，在生产现场对其他员工进行讲解的培训形式。

三、适用范围

本方案适用于设备维护 OPL 培训的所有讲解人员和参与人员。

四、OPL 教材来源

（一）基层员工

基层设备维护人员可将自己在实际工作中的经验、智慧、诀窍、心得记录下来，编制成 OPL 教材。

（续）

（二）基层管理人员

基层设备维护管理人员包括机械点检组长、设备润滑组长等，此类人员可针对一些较为复杂的攻关课题进行研究，并将结果编制成 OPL 教材。

（三）主管级管理者

对于一些有经验、有想法但不善于进行总结的员工，主管可给予其提示和引导，帮助其将经验、想法等总结提炼成 OPL 教材。

五、培训课程要求

（一）课程内容要求

1. 培训的项目只有一项，即培训讲授者就单个问题进行讲解与培训。

2. 课程内容要与设备维护工作相关，如设备清洗、润滑、备件更换等。

3. 课程内容必须具体，OPL 培训讲解的问题应是实际工作中经常出现的具体问题，主要包括如下表所示的四大类。

OPL 的具体种类

OPL 种类	具体内容
维护基础知识	主要包括对设备的基本结构、功能原理、维护注意事项、维护管理方法等内容的讲解
规范标准	主要包括对设备操作标准、清扫标准、检查标准、润滑标准等内容的讲解
故障案例	对设备故障案例中局部案例的讲解
改善提案	包括改善课题、改善效率、改善成本、改善安全环境及改善员工工作环境等

（二）教材编写要求

1. OPL 教材用纸需统一，一般采用单张 A4 纸进行编写，并最好配上简单的说明图。

2. 设备部可编制教材模板对教材编写格式进行统一管理。以下是 OPL 教材编写格式的参考模板。

OPL 教材编写格式

主题		编号		指导	
部门		工序		日期	
培训对象		审核	承认		做成
培训师					

（三）培训时间要求

培训时间需控制在 10 分钟以内，培训讲授者应在短时间内对课程内容进行精练讲解。

（四）培训参与人员要求

一般来说，OPL 培训的参与人员包括课程开发者、课程讲授者和参训人员，具体如下表所示。

（续）

<table>
<tr><td colspan="2" align="center">OPL 培训参与人员说明及要求</td></tr>
<tr><td>课程参与人员</td><td>说明及要求</td></tr>
<tr><td>课程开发者</td><td>开发者为工厂设备维护人员（一般员工，非专业讲师）和培训问题的发现者</td></tr>
<tr><td>课程讲授者</td><td>一般情况下，课程的开发者即是课程的讲授者，OPL 的特点是"谁开发、谁讲解"，如开发者确实不善于讲授，也可由熟悉该课程的其他员工代为讲授</td></tr>
<tr><td>参训人员</td><td>参与设备维护的一线员工</td></tr>
</table>

六、OPL 培训步骤

（一）OPL 发动

工厂领导进行动员，号召设备维护人员总结其工作中遇到的问题及解决经验编写 OPL 教材。领导可鼓励其中部分员工亲自讲解自己的心得体会，并对其进行表彰和奖励。

（二）OPL 教材编写

设备部经理负责指导、鼓励员工编写 OPL 教材。教材内容应该尽可能深入浅出、主题明确、简单易懂、逻辑清晰，以便于参训人员理解和实践运用。牵涉原理、理论内容以简单够用为主，避免长篇大论。

（三）OPL 教材评审

OPL 教材的评审工作主要注意以下两个方面。

1. 评审人员对教材的评判主要依据 OPL 的实际性与合理性。

2. 评审侧重于对工作改善和绩效提高所起到的积极作用和效果。

（四）培训实施

由课程讲授者根据其所编制的教材进行设备维护现场讲解，讲解时间应控制在 10 分钟之内。

七、培训效果评估

培训结束后，由设备主管组织相关人员对培训效果进行评估，评估的依据主要有参训人员培训后的工作效率、工作失误率等。

八、相关人员奖励

1. 对于采用的 OPL 一律给予编写费、培训讲师费等奖励，奖励金额为____元。

2. 评选优秀的 OPL 给予奖励，奖励金额为____元。

3. 定期评选出优秀 OPL 教材编写人、优秀 OPL 讲师，奖励金额为____元。

编制人员		审核人员		审批人员	
编制时间		审核时间		审批时间	

设备点检校验精细化管理

第六章

第一节　设备点检

一、设备点检类型

设备点检是工厂设备管理的一项基本制度，是指设备检验人员按照一定的周期和方法，对设备规定部位（点）进行预防性的周密检查，其目的是准确掌握设备状况、维持和改善设备工作性能、减少设备停机时间、预防安全事故、延长设备使用寿命、降低维修费用以及保证正常生产。

一般来说，设备点检可分为如表6-1所示的五种类型。

表6-1　设备点检类型

点检类型	相关说明
日常点检	由设备操作人员或维修人员进行，主要依靠相关人员的感观（视觉、听觉、嗅觉、触觉）进行检查并做好记录
短周期点检	一般以月作为周期，由专职点检员负责对较为重要的设备进行使用情况与性能的检测
长周期点检	由专职点检员提出、委托工厂检修部门实施，点检周期一般为半年，点检对象为所有使用中的设备
精密点检	由专业人员进行的设备检测和故障诊断，同时检验设备点检制的基本框架是否合理
重点点检	当重要设备发生故障时，由设备部派人员对设备进行解体检查或精密点检，并做好相关检测记录

二、设备点检手段和使用的工具

设备点检人员主要使用的点检手段包括感观点检与电子设备点检。

1. 感观点检

感观点检是设备操作人员进行设备日常运行情况检测时经常使用的手段，即不通过检测设备只凭借点检人的感观与经验对设备进行检测。该点检手段主要依靠点检人员的视觉、听觉、触觉和嗅觉。

（1）视觉。视觉点检的内容主要包括设备的外观、位置、颜色以及设备的异常现象，如腐蚀、松动、堵塞、脱落等。

（2）听觉。听觉点检是指点检人员通过耳朵听出设备的异常，其准确性取决于点检人员对设备正常状态的声音的熟悉程度。

（3）触觉。触觉点检是指点检人员靠手触摸设备，通过设备的震动与发热情况对设备的运行状况进行判断。

（4）嗅觉。点检人员通过嗅觉辨别设备的异常气味，包括烧焦的气味（如电线出现短接、虚接造成接触部分高温发热）、特殊气体气味（如汽油、煤油发生泄漏时挥发的特殊气体气味）等。

2. 电子设备点检

电子设备点检是指点检人员利用专业化的检测设备对生产设备进行高精度、全方位的检测。电子设备点检能够有效弥补感观点检的局限。一般来说，常用的电子点检工具包括测振仪、测温仪、转速表、轴承检测仪等，点检人员可根据设备特点选择合适的点检工具。

三、设备点检组织结构

设备点检组织是工厂点检工作的执行与管理机构，其目标是确保管辖区域内的主生产线设备能够正常运转。工厂可依据自身规模与点检工作的实际情况设置点检组织。以下是工厂常见点检组织的类型及其适用情况，如表6-2所示。

表6-2　设备点检组织的类型及其适用情况

点检组织类型	适用情况
设备部经理 — 设备维护主管 — 机械作业长／电器作业长／仪表作业长 — 点检工长 — 点检员（直线型点检组织）	适用于结构简单、小型化、管理层级较少、点检活动稳定的点检组织
设备部经理 — 设备维护主管 — 日常点检组／精密点检组／重点点检组 — 点检员（职能型点检组织）	大多数中小型工厂、设备类型较少的点检组织可采用此种组织结构

（续表）

点检组织类型	适用情况
矩阵式点检组织	适合于点检事务较多且突发事件频繁的点检组织

四、设备点检"五定"标准

精细化点检工作管理不但要求工厂建立"三位一点"的点检机制，还应制定点检的"五定"标准。遵循"五定"标准能够使工厂的点检工作更加规范和有效。"五定"标准主要包括如图6-1所示的内容。

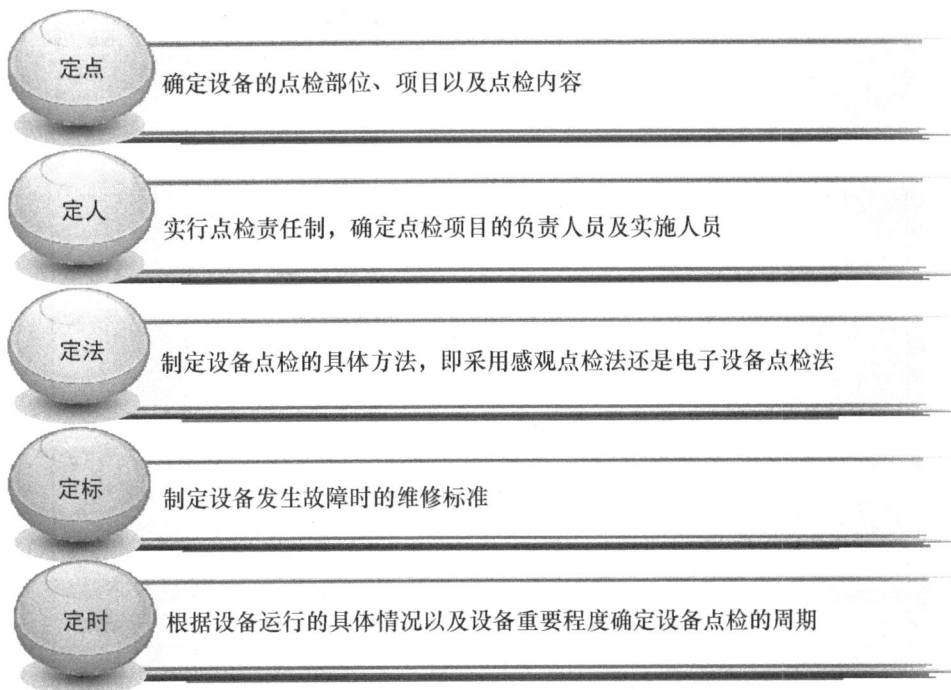

定点　确定设备的点检部位、项目以及点检内容

定人　实行点检责任制，确定点检项目的负责人员及实施人员

定法　制定设备点检的具体方法，即采用感观点检法还是电子设备点检法

定标　制定设备发生故障时的维修标准

定时　根据设备运行的具体情况以及设备重要程度确定设备点检的周期

图6-1　设备点检"五定"标准示意图

五、设备点检管理流程

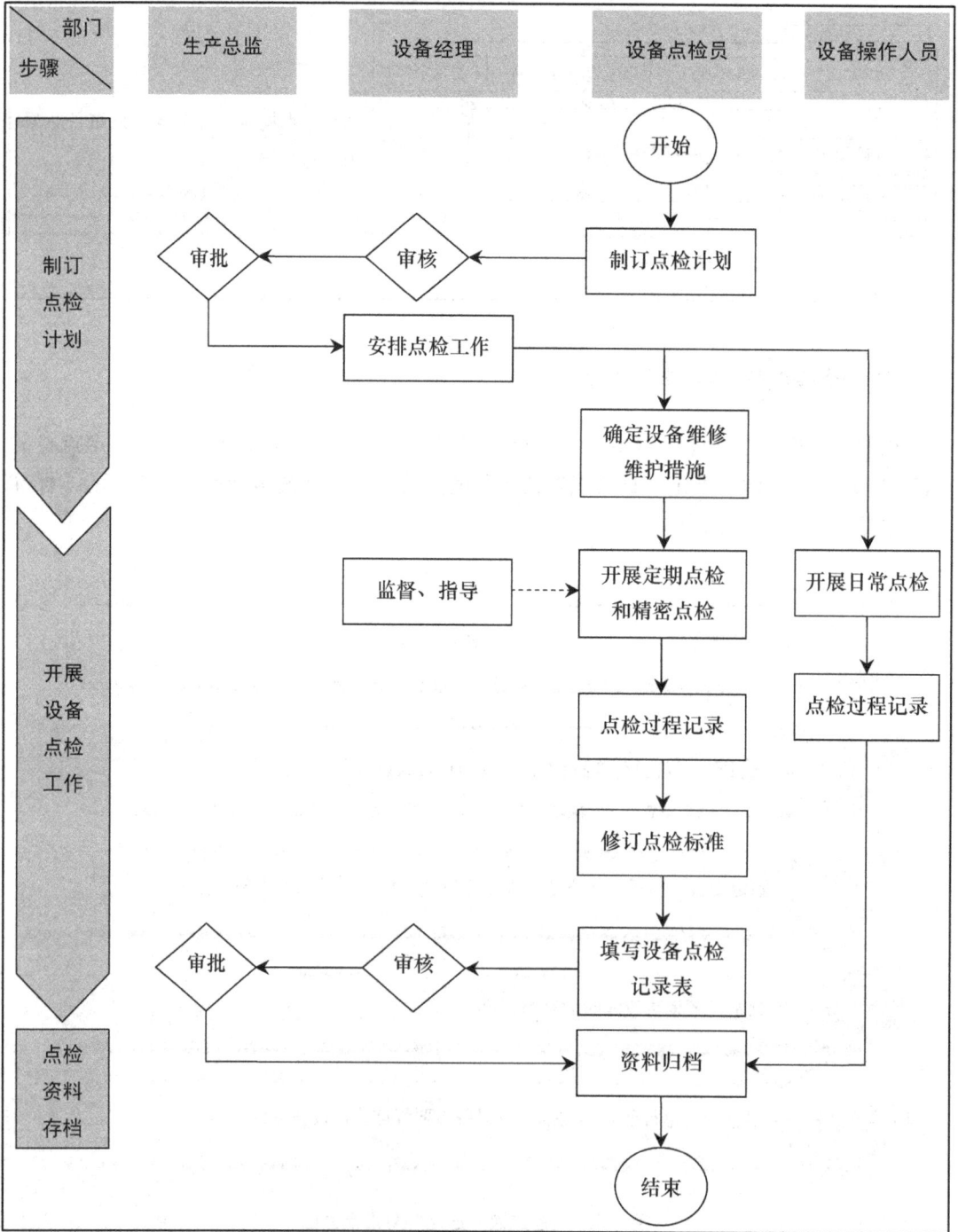

部门 步骤	生产总监	设备经理	设备点检员	设备操作人员
制订点检计划	审批 ← 审核		开始 → 制订点检计划	
		安排点检工作		
开展设备点检工作			确定设备维修维护措施	
		监督、指导 ┄┄▶	开展定期点检和精密点检	开展日常点检
			点检过程记录	点检过程记录
			修订点检标准	
	审批 ← 审核		填写设备点检记录表	
点检资料存档			资料归档	
			结束	

六、设备点检实施细则

制度名称	设备点检实施细则		受控状态	
			编　号	
执行部门		监督部门	编修部门	

第1章　总则

第1条　目的

为规范工厂设备的点检工作，通过设备点检掌握设备运行状态，维持并改善设备的工作性能，预防安全事故发生，延长设备的使用寿命，特制定本细则。

第2条　术语界定

设备点检是指工厂为维持设备功能，按规定标准和一定的周期对规定部位进行检查，以便早期发现设备的故障隐患和劣化现象并及时加以调整、修理，避免影响生产作业质量、增加维修费用、缩短设备使用寿命等。

第3条　适用范围

本细则适用于工厂对所有设备的点检管理。

第4条　点检种类

设备点检工作分为日常点检、定期点检、精密点检三种，具体点检工作说明如下表所示。

设备点检工作说明

点检种类	工作内容	对象	周期	目的	实施者
日常点检	修理、调整、清扫、给油、排水等	所有设备	每日	保证设备在日常生产过程中不发生故障	使用部门
定期点检	编制点检标准和计划、落实计划、掌握点检费用、分析与处理故障、改善设备故障的讨论、与操作人员进行的沟通等	重点设备	定期	保证设备达到规定水平	设备部
精密点检	设备故障调查分析、所购关键零部件管理、精密点检器具管理等	所有设备	不定期	保证设备达到规定的性能和精度	设备部

第2章　设备点检工作准备

第5条　设备点检的"八定"原则

点检员在进行点检工作时需遵守的"8定"原则如下表所示。

（续）

设备点检"八定"原则说明表

设备点检"八定"原则	内容说明
定人	工厂指定设备操作人员兼职作为设备的日常点检员，设备部专职点检员负责设备的定期点检与精密点检
定点	设备管理专员根据设备的运行状态及历史记录掌握设备的故障点及关键部位，并将其作为设备点检的要点
定量	对劣化倾向进行定量化测定，达到预知和维修的目的
定周期	在考虑到设备的安全运行、设备的生产制造工艺及设备的负荷、损耗等的基础上，尝试确定设备的点检周期，在经过多次点检后明确设备最佳点检周期
定标准	在综合考虑设备、生产工艺、生产环境等的基础上，确定设备每个点检部位在点检时需要达到的标准
定计划	"点检计划表"又称"点检作业卡"，作用是指导点检员开展点检作业
定记录	确定固定的记录格式，包括作业记录、异常记录、故障记录及倾向记录
定流程	明确点检作业流程和对点检结果的处理程序

第6条　配备点检人员

1. 日常点检员（即设备操作人员）

日常点检员应掌握较全面的工艺知识与操作技能，熟悉设备并能排除设备的简单故障。

2. 专职点检员

（1）具有扎实的专业知识和丰富的实践经验。

（2）能使用多种基本测试设备、诊断仪器仪表和各类特殊工具。

3. 精密点检员

一般由技术人员组成，必要时可邀请行业内的专业技术专家组成点检小组进行点检诊断。

第7条　制定点检标准

1. 标准划分

设备的点检标准分为设备给油标准、日常点检标准与定期点检标准，设备部应根据生产环境、设备使用时间、设备实际状态等的变化及时对点检标准进行更新。

2. 点检标准的内容

（1）设备列入点检管理的部位、项目和内容。

（2）点检时，设备正常数值的判定标准。

（3）设备点检周期、点检方法及点检作业工具。

（4）日常点检与定期点检的人员分工。

第8条　编制点检计划

1. 点检计划构成

（续）

设备点检计划主要包括日常点检计划和定期点检计划。

2. 点检计划的内容

（1）需点检设备的名称、点检部位及点检内容。

（2）需点检设备的点检标准与点检日期。

（3）需点检设备的点检员与点检方法。

第3章　点检作业实施

第9条　日常点检工作要求

1. 按时、保质完成任务

设备操作人员应按照设备的点检要求、点检计划及点检标准按时、高质量地完成点检任务并做好记录，记录不允许中断。

2. 及时编写设备缺陷改进报告

设备操作人员应在每周五下午和每月底各编写一份设备缺陷及改进报告，报告中若无好的解决办法也可只写设备目前存在的缺陷。

第10条　巡视设备

点检员不定时地巡视设备，对重要设备应亲自进行重复点检，确保设备的平稳运行。

第11条　故障处理

简单故障的修理工作由设备操作人员负责。如出现严重设备故障时应立即停机并通知设备维修人员，不允许设备带病运行，防止小故障升级为大故障。

第4章　点检工作检查与考核

第12条　点检记录检查

每周末及每月末，设备管理专员应收集设备点检记录并分析其中的问题，对存在隐患的设备要进行重点检查，防止出现故障而影响生产的正常运作。

第13条　临时处理事件复查

点检员在巡检过程中，对夜间紧急处理过的或临时处理过的设备部位进行详细检查，防止留下隐患。

第14条　点检工作考核

工厂对设备点检进行绩效考核，考核部门为人力资源部，内容可参照人力资源部的考核表。

第15条　考核内容

点检工作的考核内容主要包括点检工作的工作态度与服务；点检人员的出勤、遵守纪律、操作规范的状况；点检工作的技巧与方法、点检的能力与水平；点检工作的效率、效果、失误与差错状况等四个方面。

第5章　附则

第16条　本细则由设备部制定，其解释权和修改权归设备部所有。

第17条　本细则经厂长办公会议审议通过后，自下发之日起执行。

修订记录	修订标记	修订处数	修订日期	修订执行人	审批签字

七、设备点检实施方案

文书名称	设备点检实施方案	编　号	
		受控状态	

一、目的

为指导点检工作开展，减少设备维修费用支出，降低设备故障发生率并提高生产效率，特制定本方案。

二、适用范围

本方案适用于工厂对所有设备的点检管理，包括 A 类设备＿＿台/套，B 类设备＿＿台/套，C 类设备＿＿台/套。

三、点检责任分配

点检责任分配的详细情况如下表所示。

点检责任分配表

点检等级	人员	点检责任
一级点检	设备操作人员	在设备操作过程中履行点检责任
二级点检	生产班组长	监督、检查和指导一级点检工作，配合开展三级点检工作
三级点检	设备部点检员	承担专业点检责任，监督、检查、指导和考核一级、二级点检工作

四、点检工作执行

1. 一级点检

（1）接受点检培训

设备操作人员是一级点检的责任人，所有设备操作人员开展点检工作前均需接受设备点检知识的培训。

（2）开展点检工作

设备操作人员在点检中发现设备异常和设备隐患时，应及时向班组长汇报。

（3）填写点检表单

设备操作人员开展点检工作必须依据事先制定的点检标准，并在完成点检工作后及时、准确地填写"设备点检表"，点检表的内容要符合"三定"（定人员、定时间、定部位）要求。"设备点检表"如下所示。

设备点检表

车间名称：＿＿＿＿＿＿　　　　设备名称：＿＿＿＿＿＿　　　　设备编号：＿＿＿＿＿＿

部位	编号	点检项目	点检方法	判定基准	点检周期	点检实施记录	异常情况记录	备注

点检人：＿＿＿＿＿＿　　　　　　　　　　　　　　　　点检时间：＿＿＿年＿＿月＿＿日

（续）

2. 二级点检

各生产班组长是二级点检的责任人，主要工作内容如下所示。

（1）制定本班组所属设备的点检表，建立本班组设备的点检网络。

（2）针对本班组所属的 A 类设备建立设备管理台账。

（3）组织处理设备操作人员点检发现的设备隐患，对于不能及时处理的问题，应及时联系设备部解决并记录。

3. 三级点检

（1）设备部负责构建设备点检网络、确定点检路线和点检标准。

（2）每日检查一级点检人员填写的"设备点检表"，分析故障原因并制定相应的检修方案。

（3）设备部点检员负责专业点检工作。利用专业点检工具，记录测量数据，分析设备零件的磨损程度，达到维修目的。

（4）设备部点检员依据点检设备的分类，对 A 类设备每周进行两次巡检，B 类设备每周进行一次巡检，C 类设备每月进行一次抽查。发现问题及时向设备主管和设备经理汇报，并提出解决意见。

五、点检工作考核

1. 总体点检工作的考核指标

设备故障停机率控制在＿＿＿% 以下，设备开动率达到＿＿＿% 以上。

（1）设备故障停机率 =（设备故障停机台时/设备开动总台时）×100%

（2）设备开动率 =（合计作业时间 – 设备停机时间）/合计作业时间×100%

2. 一级、二级点检工作的考核指标

（1）点检及时率达到 100%。

（2）点检表未及时填写和正确填写的次数为 0。

（3）由于点检未到位导致设备停机或停产的次数为 0。

3. 考核工作的实施

（1）三级点检人员负责对一、二级点检人员的工作进行记录和考核，并向人力资源部提供考核依据。

（2）人力资源部负责对三级设备点检人员的工作进行考核。

编制人员		审核人员		审批人员	
编制时间		审核时间		审批时间	

八、点检不良处理方案

文书名称	点检不良处理方案	编　号	
		受控状态	

一、点检不良的界定

点检人员在实施设备点检的过程中，主要从以下五个方面界定点检不良的范围和程度。

（续）

1. 明确哪台设备、哪个部位、哪个零部件发生了问题。

2. 明确在什么时间发生了问题。

3. 明确在什么地方发生。

4. 明确什么原因导致问题的产生。

5. 明确哪些人发现问题或与问题发生有关。

二、点检不良的处理准则

1. 对于存在隐患和故障的设备，不能过夜处理，即便有备用机组，也应当作没有备用设备紧急看待。

2. 点检不良的处理必须保持设备的原貌，无论在什么情况下都严格禁止"拆东墙补西墙"。

3. 点检不良的处理，不能以降低设备的使用水平为代价，如将自动改为手动。

三、点检不良的处理程序

1. 日常点检不良处理

设备操作人员是日常点检的实施者，同时也是日常点检不良的处理者。对点检不良的处理程序如下图所示。

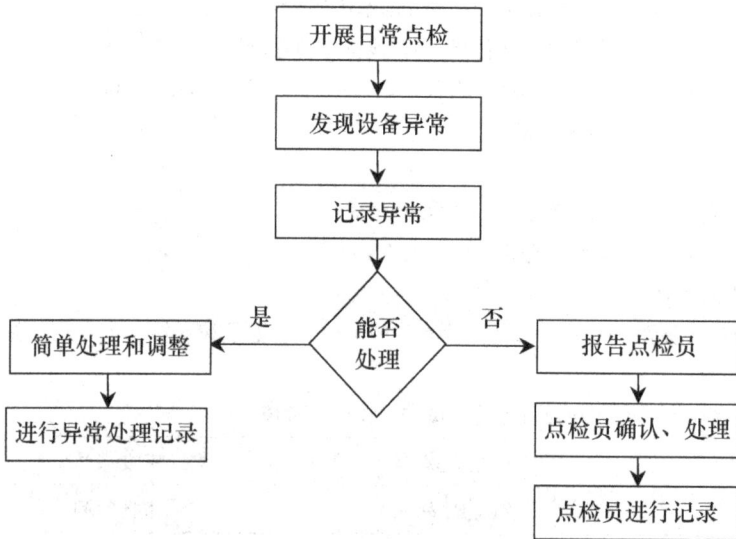

日常点检不良处理程序

点检员应将在点检中发现的问题以及对问题的处理结果及时、全面和准确地记入到点检日志中，能够当场处理的要进行当场处理，如松动零部件的紧固、简单定位的调整、有碍于保持设备性能的杂物的清除以及漏油处理等。

2. 定期点检和精密点检不良处理

点检员是发现定期点检不良和精密点检不良的责任人，同时也是处理定期点检不良和精密点检不良的主要人员。定期点检不良和精密点检不良的处理流程如下图所示。

（续）

```
                    ┌──────────────┐
                    │   编制点检标准   │
                    └──────┬───────┘
                           ↓
                    ┌──────────────┐
                    │   编制点检计划   │
                    └──────┬───────┘
                           ↓
                    ┌──────────────┐
                    │    实施点检    │
                    └──────┬───────┘
                           ↓
                    ┌──────────────┐
                    │  发现并记录异常  │
                    └──────┬───────┘
                           ↓
                         ◇ 是否
                是       紧急       否
  ┌──────────────┐  ←─────────────→  ┌──────────────┐
  │   安排检修抢修   │                    │  编制处理计划和预算 │
  └──────┬───────┘                    └──────┬───────┘
         ↓                                    ↓
  ┌──────────────┐                    ┌──────────────┐
  │  进行异常处理记录  │                    │  技术人员进行施工  │
  └──────────────┘                    └──────┬───────┘
                                              ↓
                                       ┌──────────────┐
                                       │  进行试运转和验收  │
                                       └──────┬───────┘
                                              ↓
                                       ┌──────────────┐
                                       │    进行记录    │
                                       └──────────────┘
```

定期点检和精密点检不良处理程序

点检员对点检中发现的点检标准和点检计划的明显不妥之处，应及时予以修订和改正。

编制人员		审核人员		审批人员	
编制时间		审核时间		审批时间	

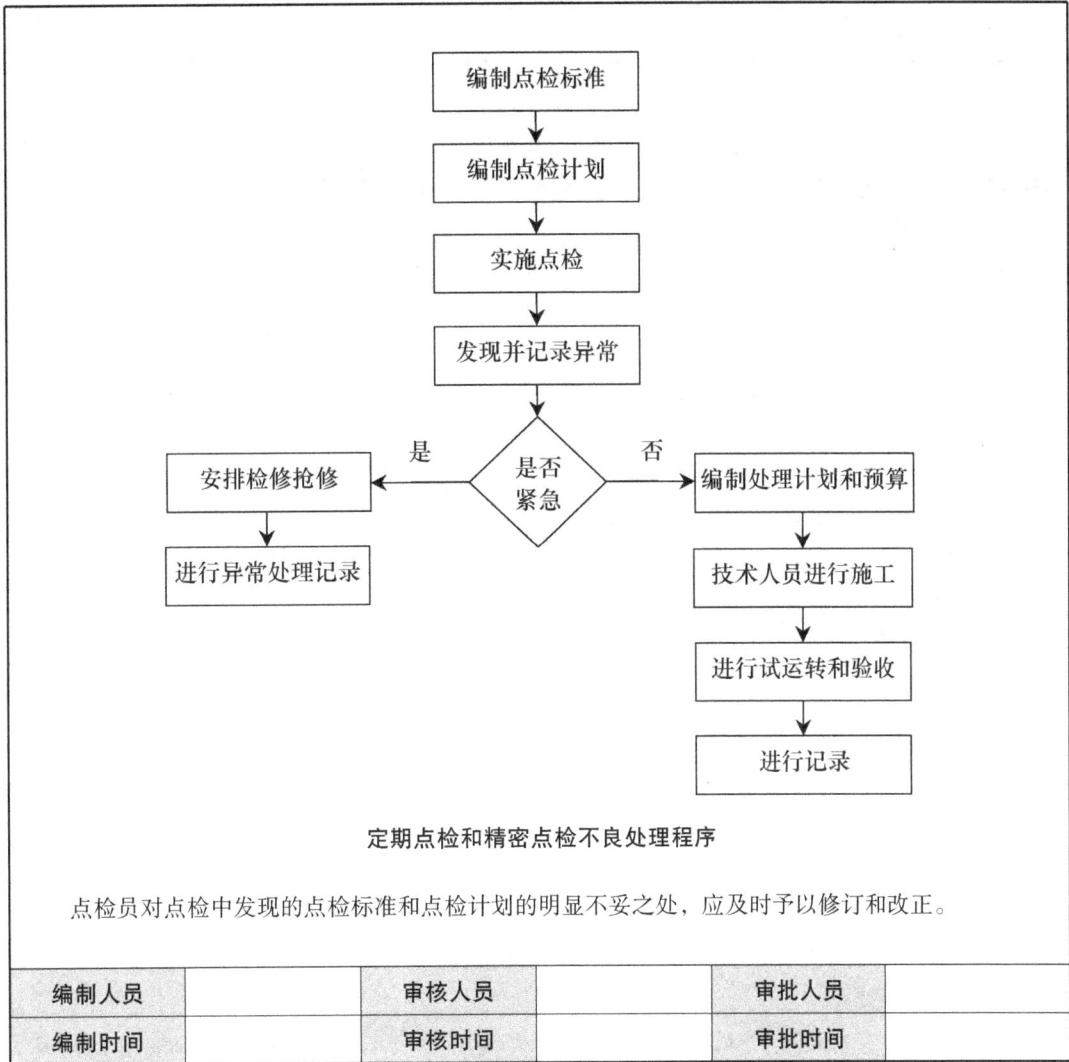

九、精密点检管理规定

制度名称	精密点检管理规定		受控状态	
			编　号	
执行部门		监督部门	编修部门	

第1章　总则

第1条　目的

为规范工厂精密点检相关工作，提高精密点检质量，减少设备故障，特制定本规定。

（续）

第2条 适用范围

本规定适用于对工厂所有设备精密点检的相关管理工作。

第3条 精密点检定义

精密点检是指依靠专业化的精密仪器，对设备的运行状态和故障发生几率进行专业化地准确分析与处理，其效果依赖于精密的点检设备与经过专业化培训的点检人员。

第4条 相关负责人

由专业工程技术人员负责设备精密点检工作，设备主管负责指导和监督。

第2章 精密点检常用方法

第5条 无损检测

该检测方法是指在不损伤设备构件金属性能和完整性的情况下，测定构件性能以及构件表面及内部的各种缺陷。一般来说，常用的无损检测技术如下表所示。

无损检测的相关技术

检测范围	相关技术
设备表面	磁粉、浸透、涡流
设备内部	射线、超声波、红外线

第6条 振动分析检测

该检测方法是点检人员对振源（如设备轴承、齿轮等）产生的振动通过专业设备进行振波记录和分析，以此对设备状况进行准确分析。一般来说，振动分析检测的步骤如下。

1. 判断振源：点检人员依靠经验和专业设备对振源进行定位。
2. 接收振动信号：振动传感器接收振源的振动信号，产生时域波形信号。
3. 信号转换：数据采集器将收集到的时域波形信号转换为振动频谱（反映振动水平的数据）。
4. 频谱分析：由专业人员对振动频谱进行数据读取和分析。

第7条 油液监测

点检人员对设备油液污染物进行分析，判断流体系统的污染性故障以及设备的磨损部位、磨损类型、磨损过程以磨损程度等。油液监测工作的内容如下表所示。

油液监测工作内容

监测内容	内容说明
油样成分分析	通过对油液样品进行分析，确定设备的磨损部位
磨粒浓度分析	因磨粒浓度与磨损量存在线性关系，可以由此判断设备零件的磨损程度
磨粒形态分析	预估磨损速度，预测设备的使用寿命

第8条 红外热像分析

红外热像分析是指根据设备发出的红外射线对设备状态进行分析，主要工具为热成像仪与红外线接收仪。

（续）

第3章 精密点检的实施与实绩管理

第9条 精密点检的实施步骤

1. 设备部应根据工厂下发的精密点检标准，结合部门设备的实际情况以及日常点检定期分析结果，制订具体的设备精密点检工作计划。

2. 由专业人员根据精密点检工作计划、精密点检作业指导书，使用专业、精密的仪器对设备进行精密点检和诊断。

3. 将精密点检项目的测试结果形成完整、规范的记录和报告，并定期整理。

4. 对于精密点检中发现运行状态超过检测标准的设备，点检人员应根据其发展情况及时制订非常规点检计划，进行重点跟踪检测。

5. 设备经检修和消缺后由所辖设备点检员和运行人员验收，并对处理结果进行确认。

第10条 精密点检的实绩管理

点检人员对点检结果做好记录并进行定量分析，掌握设备部件的劣化程度，有效实施设备维修。应收集的设备信息包括点检结果、设备运行信息、设备状态检测结果、设备异常及设备故障信息等。

第11条 精密点检不良处理

对点检人员因在工作中出现故障处理不当，致使设备出现二次损坏等点检不良情况，应扣发相关点检人员当月的绩效奖金。

第4章 附则

第12条 本规定由设备部制定，解释权和修订权归设备部所有。

第13条 本规定自下发之日起生效。

	修订标记	修订处数	修订日期	修订执行人	审批签字
修订记录					

十、设备点检员培训方案

文书名称	设备点检员培训方案	编　号	
		受控状态	

一、目的

1. 提高设备点检员的工作技能，丰富点检人员的专业知识。

2. 培养点检员后备人才，实现部门的良性发展。

二、培训人员安排

1. 培训组织者：设备部管理人员。

2. 培训讲师：由从事设备点检工作五年以上且具备较强理论知识与实际操作技能的资深点检员担任。

（续）

3. 参训人员：根据培训种类的不同，参训人员可分为新入职点检员和在职点检员等。

三、培训目标

通过培训，以达到如下表所示的目标。

设备点检员的培训目标

目标	目标说明
知识目标	◆ 掌握设备构造与设备点检的基本知识 ◆ 熟记设备点检的"七定"内容
技能目标	◆ 熟悉设备点检流程 ◆ 熟练使用各种点检工具 ◆ 熟悉各类设备问题与处理的方法
实践目标	点检员能够独立、准确的完成设备点检工作，排除设备隐患，保证设备正常运转

四、培训类别及内容

（一）点检员入职培训

点检员在进入点检岗位前需进行入职培训，培训主要有以下两方面内容。

1. 岗位制度和纪律培训，主要包括以下四方面内容。

（1）工厂相关规章制度，主要包括工厂考勤制度、安全制度和岗位操作制度等。

（2）工厂环境，主要包括工厂生产区域划分、设备的摆放位置等。

（3）岗位职责。

（4）点检工作流程。

2. 岗位技能培训，主要包括以下四方面内容。

（1）设备点检的相关理论、概念。

（2）点检操作，包括点检工具的使用和点检报告、点检表单的填写。

（3）点检方法，包括五感点检法与设备诊断点检法。

（4）设备知识以及电气原理，包括生产设备常见隐患、故障以及排除的方法。

（二）点检员在职培训

点检员在正式上岗工作后，设备部应每月组织对其进行在职培训以提高其点检水平。一般来说，在职培训包括以下三方面内容。

1. 对点检员点检技能进行提高，使其掌握更为高效和规范的点检操作。

2. 对点检员工作中出现的违规操作、不当的点检方法进行总结，帮助点检员进行纠正。

3. 通过事故说明、先进点检员范例来培养点检员对点检工作的热爱程度和责任心。

（三）委外辅助培训

委外辅助培训是指工厂委托外部专业培训机构对点检员进行培训，培训的内容如下。

（续）

1. 国内、国际上先进的点检理论知识。
2. 行业内领先的点检技术。
3. 优秀点检案例说明及事故案例解析。

五、培训实施

因培训类别的不同，培训的具体实施方式也不相同，具体如下表所示。

培训的实施方式

培训形式	参训人员	培训方式	培训时间
入职培训	新入职点检员	发放点检员手册及相关资料，组织集中学习	入职当日发放学习材料，一个月内组织集中学习
在职培训	在职点检员	宣讲，案例和实际操作相结合	根据培训内容由设备部确定
厂外培训	不定	专业讲师培训	半个月

六、培训课程安排

设备点检员培训课程的主要内容及课程安排如下表所示。

培训课程内容及课程安排

课程名称	主要内容		课时数
设备点检基础知识	◆ 设备构造 ◆ 设备点检计划编制	◆ 设备点检"七定"内容 ◆ 设备点检工作准备	4 课时
设备点检工作规范	◆ 设备点检流程 ◆ 设备点检路线图	◆ 设备点检操作规范	4 课时
点检工具管理	◆ 主要点检工具认识与使用	◆ 点检工具的养护	3 课时
设备点检常见问题	◆ 设备点检时设备的开停问题 ◆ 设备运行存在的常见安全隐患	◆ 点检工作交接问题	4 课时

七、培训课程评估

（一）评估内容

对培训课程效果的评估可从以下三个方面进行。

1. 培训人员培训效果评估。
2. 培训讲师授课效果评估。
3. 培训支持效果评估。

（二）评估方法

一般来说，人事部门可通过以下两种方法对培训课程效果进行评估。

（续）

1. 通过问卷调查的方式，了解设备点检员对培训的意见及收获。	
2. 通过观察记录的方式，记录点检员培训前后工作能力的改变。	

八、培训经费管理

点检员培训实施过程中，培训组织部门应严格按规定使用培训经费，发生经费严重超额或浪费的，除追究当事人责任外，还应追究审批人责任。

编制人员		审核人员		审批人员	
编制时间		审核时间		审批时间	

十一、设备点检技能评价方案

文书名称	设备点检技能评价方案	编　　号	
		受控状态	

一、目的

为更为合理、客观、公正、高效地对工厂现有点检人员的点检技能进行评价，促进点检人员技能的提高，特制定本方案。

二、评价人员

点检人员点检技能评价工作由设备主管组织相关人员进行。

三、点检技能类型

点检人员的专业技能由以下两个方面构成。

1. 前兆技能

前兆技能指点检人员通过点检，找出设备在运行中存在的不稳定因素，及时发现设备的劣化，跟踪劣化的发展并做好设备劣化异常处理，不让其发展为设备出现故障的影响因素。

2. 故障快速处理技能

故障快速处理技能指设备故障发生后，点检人员能够迅速分析和判断故障发生的部位，制定排除故障的方案并尽快排除故障使生产继续，或采用紧急措施让设备恢复工作的技能。

四、评价等级和标准

工厂可将点检人员按点检技能划分为九个等级，各等级评价标准如下表所示。

点检人员技能等级划分及评价标准

等级	评价标准
一级	◆ 能够向设备操作人员收集相关信息 ◆ 具备基本的点检技能 ◆ 能够参与设备问题诊断与事故讨论

（续）

等级	评价标准
二级	◆ 了解点检设备的结构和点检点的分布情况 ◆ 能够发现问题并及时讨论问题对策 ◆ 能够拟订设备维修计划
三级	◆ 能够通过设备操作人员与设备现场两个途径进行点检信息的收集 ◆ 可根据实际情况制定点检方案 ◆ 较为熟练的使用点检工具
四级	◆ 参与事故会议的讨论并能提出具有针对性的意见 ◆ 具备评定点检结果的能力
五级	◆ 精通所辖设备的结构、功能和易发生故障处 ◆ 能够对设备现场进行观察和分析并找出不常见的隐患 ◆ 能够适应情况变化进行点检工作
六级	◆ 熟悉所辖所有设备的操作特性及点检工作重点 ◆ 能够编写维修计划、点检预算计划和点检诊断计划
七级	◆ 精通所辖所有设备与检点工具 ◆ 具备快速诊断设备问题并处理一般问题的能力 ◆ 在点检讨论会议中能提出具有参考性的意见
八级	◆ 专业技能过硬，熟悉工厂所有设备，能够进行各类点检工作 ◆ 具备很强的专业技术
九级	◆ 专业技能过硬，熟悉工厂所有设备并能进行点检工作的设计与创新 ◆ 能对点检设备与工具进行技术改进

五、评价方法

评价人员可采用以下四种常见方法对点检人员的技能进行评价。

1. 工作记录法

评价人员可查阅点检人员的工作记录，依据其负责设备的故障发生率、设备点检任务完成率、设备故障修复率、设备点检保养记录准确率等数据对其进行技能评价。

2. 技能考核法

评价人员可按季度为周期对点检人员进行技能考核，根据其工作表现及成绩对其进行技能评价。

3. 追踪记录法

评价人员可对参加培训的点检人员在培训结束后一个月以来的工作情况进行记录，并与其之前的工作情况进行对比，依据对比结果进行能力评价。

（续）

4. 全方位评价法

全方位评价法指对点检人员的各项点检技能进行全方位的考核与评价。

六、评价步骤

1. 组建评价小组

由设备部、安全部选派专业技能较高的人员组成评价小组。

2. 收集相关资料

评价小组成立之后由小组成员进行相关资料、数据的收集工作。

3. 进行评价

评价小组将收集到的信息进行整理和归类后，填写"点检人员技能水平评价表"。

4. 结果反馈

评价结果下发后，评价小组应及时收集被评价人员的反馈信息，以便发现评价体系中存在的问题，改进评价工作。

编制人员		审核人员		审批人员	
编制时间		审核时间		审批时间	

十二、设备点检会议管理办法

制度名称	设备点检会议管理办法		受控状态	
			编　号	
执行部门		监督部门	编修部门	

第1章　总则

第1条　目的

为使工厂设备点检会议顺利召开，提升会议效果，特制定本办法。

第2条　适用范围

本办法适用于工厂召开的所有设备点检会议。

第3条　点检会议类别

本工厂的点检会议包括年终总结会议、月例会议和点检部门紧急会议。

第2章　会前准备

第4条　会议通知

人事部应在会议召开的前三天将会议时间、会议主要内容、会议参加人员在公告栏进行公示并通知参加人员。

第5条　会议参会人员及职责分工

设备点检会议的参会人员包括会议主持人、各级设备点检人员和会议记录员。参会人员的具体职责如下。

（续）

1. 会议主持人负责主持会议并维持会议现场秩序，使会议顺利进行。

2. 各级点检人员为会议的参与者，需积极参与会议讨论。

3. 会议记录员负责会议进程的记录工作和参会人员签到工作。

第6条　会议室准备

在会议开始前两小时内，后勤部应做好会议室的清空、打扫工作，并检查会议使用的设备和仪器是否正常。

第3章　会议要求

第7条　主持人要求

会议的主持人应遵守以下要求。

1. 主持人应不迟于会前15分钟到达会场，做好会议发言准备工作。

2. 主持人应在会议开始后将会议议题、议程以及讨论的问题向会议参与者进行说明。

3. 会议进行时，主持人应根据现场实际情况对会议进行控制，限定发言时间并中止和议题无关讨论。

第8条　参会人员要求

参加设备点检会议的人员应遵守以下要求。

1. 参会人员应准时到会，并由本人在会议签到表上签字。

2. 会议发言时应尽量简洁并注意礼貌，向主持人提问时需举手示意。

3. 遵守会议纪律，不在会议时私下讨论与接打电话。

4. 会议记录员应认真做好会议相关记录。

第9条　未达到会议要求的处罚

1. 无正当理由迟到、早退的人员，对其处以每次20元罚款。

2. 会议中私自接打电话、讨论或进行其他无关活动的人员，对其处以每次20元罚款。

第4章　会议内容及议程

第10条　会议内容

1. 年终设备点检会议的内容主要包括对上一年度设备点检工作的执行情况的总结、在设备点检中发现的问题与总结的经验等，并对表现突出的点检员进行表彰。

2. 月点检会议的内容主要包括该月点检工作总结、点检任务完成情况以及对点检员的工作评价。

3. 设备点检紧急会议的内容主要包括对点检工作中出现的紧急问题商讨解决办法，总结经验。

第11条　年终设备点检会议的会议议程

1. 会议主持人就会议相关事项、纪律进行说明。

2. 设备维修主管就上一年度的设备点检情况进行汇报、总结。

3. 会议讨论阶段。参会人员就点检工作中出现的问题、总结的经验进行交流讨论。

4. 表彰点检先进个人。

（续）

	修订标记	修订处数	修订日期	修订执行人	审批签字
修订记录					

第12条　会议记录

记录员应做好会议重要信息的记录工作，会议结束后及时将会议记录进行整理并存档。

第5章　附则

第13条　本办法由工厂设备部制定、修订权和解释权归设备部所有。

第14条　本办法报工厂办公会审议通过后，自下发之日起生效。

第二节　设备校验

一、设备校验相关法规

设备校验是指工厂对其生产设备进行技术指标的测量或计算其标准值，并与该性能的计量基准（国家基准或国际基准）进行比对，从而保证设备高效、安全地运作。

设备校验工作是规范工厂设备管理与安全生产的重要工作，设备管理人员应熟悉国家关于设备校验的相关法规。

1. 对于新安装锅炉的安全阀及检修后的安全阀，都应校验其整定压力和回座压力；控制式安全阀应分别进行控制回路可靠性检验和开启性能试验。（摘自《蒸汽锅炉安全技术监察规程》第145条）

2. 锅炉安装和大修完毕及安全阀经检修后，都应校验安全阀的起座压力；带电磁力辅助操作机构的电磁安全阀，除进行机械校验外，还应做电气回路的远方操作试验及自动回路压力继电器的操作试验。（摘自《电力工业锅炉压力容器监察规程》）

3. 除氧器和其他压力容器安全阀的总排放能力，应能满足其在最大进气情况下不超压。（摘自《电站压力式除氧器安全技术规定》）

4. 纯机械弹簧式安全阀及碟形弹簧安全阀可使用安全阀在线定压仪进行校验调整，校验调整可以在机组启动或带负荷运行的过程中（一般在60%～80%额定压力下）进行。（摘自《电站锅炉安全阀应用导则》）

二、设备校验管理流程

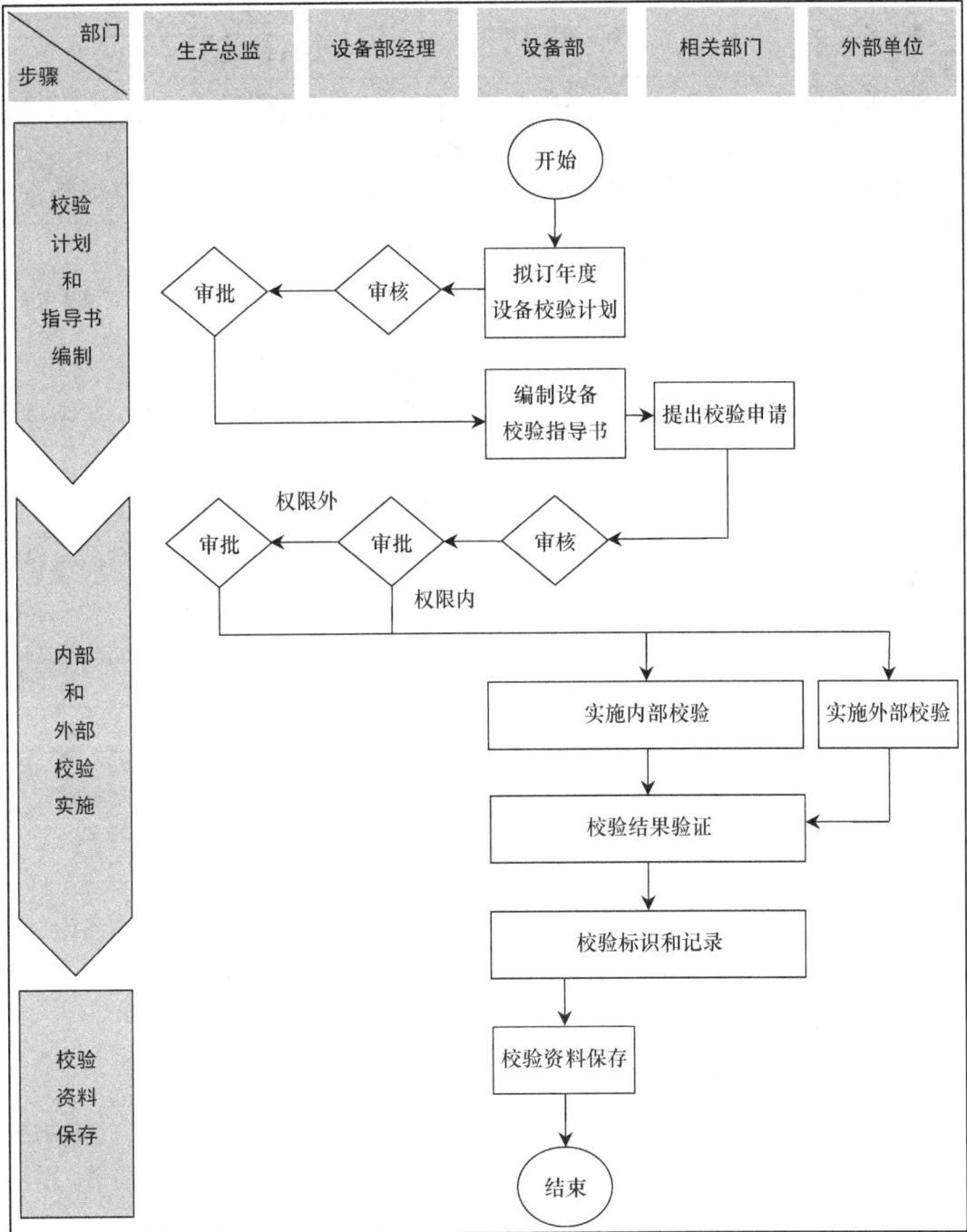

步骤＼部门	生产总监	设备部经理	设备部	相关部门	外部单位

校验计划和指导书编制

开始

拟订年度设备校验计划 → 审核 → 审批

编制设备校验指导书 → 提出校验申请

内部和外部校验实施

审批（权限外） ← 审批 ← 审核

权限内

实施内部校验　　实施外部校验

校验结果验证

校验标识和记录

校验资料保存

校验资料保存

结束

三、设备校验管理规定

制度名称	设备校验管理规定		受控状态	
			编　　号	
执行部门		监督部门	编修部门	

第1章　总则

第1条　为加强设备校验管理，指导工厂设备校验工作的规范开展，根据工厂设备管理制度，结合设备校验工作的实际，特制定本规定。

第2条　本规定适用于工厂设备校验所有相关工作。

第3条　设备校验分为外部校验和内部校验。其中，外部校验指将设备送国家质量技术监督局认可的校验机构进行的校验，内部校验指由工厂内部相关人员对设备进行的校验。

第2章　制订校验计划并编制校验作业指导书

第4条　设备部根据工厂现有设备的情况，拟定工厂下一年度的"设备校验计划表"，并提交至生产总监审批。"设备校验计划表"如下所示。

设备校验计划表

序号	设备名称	编号	型号/规格	所属类别	校验周期	上次校验日期	下次校验日期	备注

第5条　生产总监对设备部拟定的下一年度"设备校验计划表"进行审核，审核通过后签字确认。

第6条　新购入设备在验收合格后，设备部应立即根据设备的性能和维护要求拟定"设备校验指导书"，"校验指导书"的内容主要包括以下六个方面。

1. 设备的基本信息，包括设备名称、设备编号、设备规格型号等。

2. 设备校验类别，包括外部校验和内部校验。

3. 设备校验周期、时间和校验项目。

4. 设备内部校验和外部校验步骤。

5. 设备校验结果的判定和处理。

6. 设备校验参考资料。

第7条　设备的校验工作应严格根据"设备校验指导书"的要求开展，校验结果应与"设备校验指导书"的相关指标进行比较，确保校验结果符合校验要求。

第3章　通知与送校

第8条　设备部根据年度"设备校验计划表"在预定校验日期到期前12日填写"校验通知书"送至设备使用部门和管理部门。

（续）

第 9 条 各部门收到"校验通知书"后于 3 日内做好设备的校验准备。

第 10 条 需外校的设备应安排好送校部门和责任人员。设备部具体负责外校设备的送校、外校设备的运回和外校结果验收工作。

第 4 章 实施校验

第 11 条 设备内校由经过专业培训并考核合格的人员实施，并填写"内部校验记录表"，"内部校验记录表"如下。

设备内部校验记录表

使用单位：＿＿＿＿＿＿

名　　称		进厂日期		编　　号	
型号/规格		校验周期		使用部门	
内部校验记录					
日期	校验项目	标准值	实际值	误差	校验人	备注

第 12 条 内部校验无法达到设备的正常精度、温度等标准时，内校人员应向设备主管汇报，由设备主管根据设备的使用状况选择维修或作报废处理。

第 13 条 设备外校必须有精确的外校记录，外校单位应准确填写"设备外部校验记录表"，无法达到设备正常的范围值时，外校单位应在"设备外部校验记录表"中说明原因并签字确认。

设备外部校验记录表

使用单位：＿＿＿＿＿＿

名　　称		进厂日期		编　　号	
型号/规格		外校单位		使用部门	
送校日期		送校人		设备取回日期	
具体记录					
项目/部位	校验值	界限值	校验结论	校验人	备注

第 14 条 临时校验的实施办法如下所示。

（续）

1. 设备使用部门在设备运行过程中发现设备存在异常需要进行校验时，应填写"校验申请表"并报设备部审核。"校验申请表"如下所示。

校验申请表

设备名称		校验依据	
供应商名称		设备负责人	
申请校验原因	□ 设备异常，需内部检修校验 □ 设备异常，需外部检修校验 □ 其他原因：_____		
申请校验类别	□ 自行校验 □ 外部校验，受托机构名称与代码：_____		
校验执行日期	预定校验日期：_____ 　　　　　　　　申请人：_____　　　　核准人：_____		

2. 设备主管收到校验申请后，应会同设备技术人员对设备的校验需求进行分析和判断，提出内部校验或外部校验的建议并报设备经理审批。

3. 设备经理同意实施内部校验或外部校验后，设备主管应及时通知设备使用部门做好内部校验或外部校验准备。

第15条　校验合格的，以标签形式加以标识；对于校验结果无法达到校验要求的，应分析其原因，若需进行维修的，应由设备部具体负责维修事宜；经验证无法维修的，应由设备部提出"报废申请单"，报生产总监审核、经总经理签字确认即可实行报废。

第16条　维修后的设备需要进行再次校验。

第17条　设备的校验过程应在设备档案中予以记录。

第18条　校验结果的标识规定及相关要求如下。

1. 校验完毕后，应将校验标签清楚地贴在设备正面，以方便使用者查看。

2. 标签粘贴后，应加贴透明胶于标签表面，以防止标签损坏。

第5章　附则

第19条　本规定由设备部负责拟定，解释权和修订权归设备部所有。

第20条　本规定自____年__月__日起施行。

	修订标记	修订处数	修订日期	修订执行人	审批签字
修订记录					

第三节　关键设备的"三检"制和"特护"制

一、关键设备"三检"组织结构

因关键设备的特殊性,设备检修人员应对其实行"三检",也就是对设备的巡检、点检与专检。关键设备"三检"组织结构如图6-2所示。

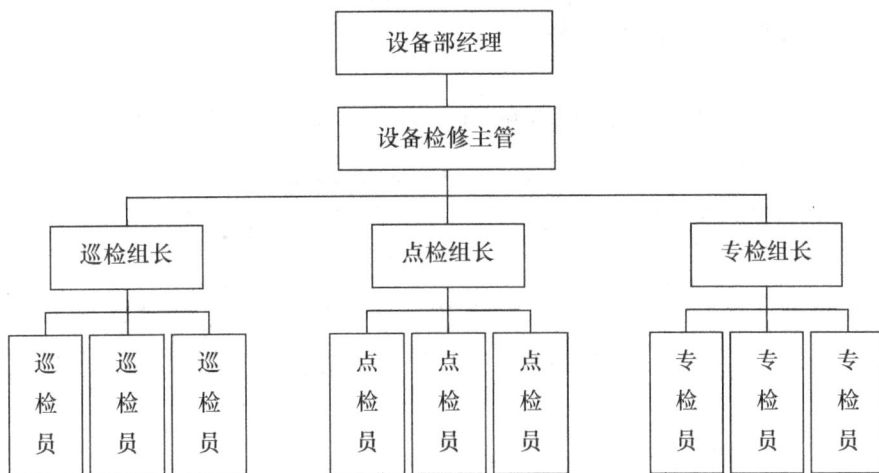

图6-2　关键设备"三检"组织结构图

二、关键设备"三检"实施办法

制度名称	关键设备"三检"实施办法		受控状态	
			编　号	
执行部门		监督部门	编修部门	

第1章　总则

第1条　目的

为加强对关键设备的检修工作,提高检修人员的检测水平,保证工厂关键设备的正常、安全运转,特制定本办法。

第2条　术语界定

1. 关键设备是指在生产中承担关键工序,对产量、产值影响较大的设备。

2. 设备"三检"是指对设备进行"点检"、"巡检"、"专检"共三项检查。

第3条　相关人员权责

为了确保关键设备的正常、持久运行,工厂对关键设备"三检"工作权责进行如下划分。

（续）

1. 设备检修主管，主要负责检修计划的制订与检修人员的培训工作。

2. 设备点检员，负责对关键设备的检验点进行点检工作，并做好相关记录。

3. 设备巡检员，负责关键设备的巡检工作，并做好相关记录。

4. 设备专检员，负责关键设备的专检工作，并做好相关记录。

第2章　关键设备点检

第4条　点检准备

1. 点检人员查看关键设备的点检作业卡和点检计划表。

2. 根据作业卡和计划表的内容准备相关点检工具及备品、备件。

3. 点检人员检查自身工作服及防护装备。

第5条　点检时间安排

关键设备因其特殊性需保证其检查时间和质量，以下是关键设备点检员的工作时间安排表。

关键设备点检员工作时间安排表

时间		工作安排
上午	8:30~9:00	点检工作准备
	9:00~9:15	进行设备清扫
	9:15~11:00	进行点检，并做好点检记录
下午	15:30~17:00	进行点检，并做好点检记录
	17:00~17:30	整理工作信息，编写工作日志

第6条　点检内容

1. 根据点检作业卡和点检计划表对关键设备的点检部位进行仔细检查，发现并排除设备隐患。

2. 对关键设备经常出现故障的部位重点和反复点检。

3. 对上一班次发现的设备问题进行重点检查。

第3章　关键设备巡检

第7条　巡检周期

巡检人员应每隔三小时对关键设备进行一次巡检，如遇生产情况不稳定、气候异常等特殊情况应增加巡检次数，以保证生产安全。

第8条　巡检路线

巡检人员按规定线路、巡检点进行巡检，并在规定的位置放置巡检牌。

第9条　巡检内容

关键设备的巡检主要包括以下四个方面内容。

1. 关键设备润滑情况。检查设备油箱油量并目测油质情况。

2. 设备仪表参数。检查关键设备的各仪表指数是否处在正常范围内。

3. 设备所处环境。检查关键设备周围环境的卫生情况。

4. 设备异常情况。主要检查关键设备在声音、振动、温度方面的异常。

（续）

第 10 条　巡检处理
巡检人员对巡检中发现的问题应尽可能及时处理，确实无法处理的应通知维修人员进行处理，但无论是否处理，都应详细填写巡检记录。

第 4 章　设备专检

第 11 条　专检周期

工厂可根据关键设备检测需要确定专检周期，一般以月作为周期。

第 12 条　专检内容

一般来说，关键设备的专检主要包括以下两方面内容。

1. 对关键设备进行缺陷分析、状态分析和检修总结。

2. 对关键设备各性能指标比照国家标准与设备设计要求进行检测。

第 13 条　专检实施步骤

1. 明确专检内容。

2. 选择专检工具与手段。

3. 进行设备专检。

4. 专检效果评估。

第 5 章　附则

第 14 条　本办法由设备部制定，解释权与修订权归设备部所有。

第 15 条　本办法自下发之日起施行

修订记录	修订标记	修订处数	修订日期	修订执行人	审批签字

三、关键设备"特护"组织结构

设备"特护"即特级维护，是指将生产中起关键作用的一台或几台设备按工艺流程划分单元，对其进行特殊维护。关键设备"特护"组织结构如图6-3所示。

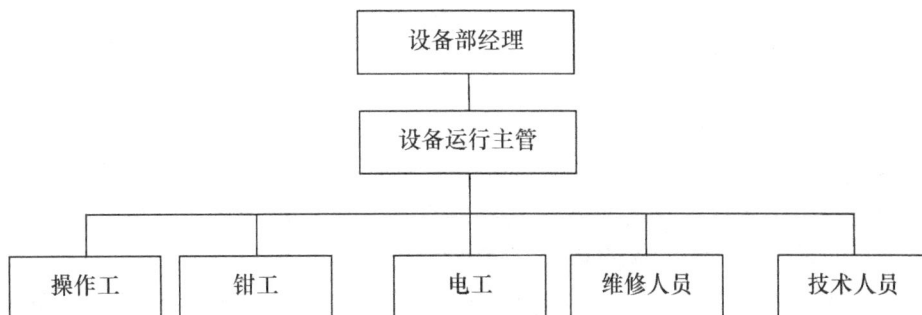

图6-3　关键设备"特护"组织结构图

四、关键设备"特护"管理制度

制度名称	关键设备"特护"管理制度		受控状态	
			编　号	
执行部门		监督部门	编修部门	

第1条　目的

为加强对工厂关键设备的维护管理，使设备能够安、稳、长、满、优运转，保证生产顺利完成，特制定本制度。

第2条　关键设备类别

一般情况下，工厂将满足下列特点（至少一项）的设备称为关键设备。

（1）承担关键工序、设备负荷较高。

（2）台时价值高，消耗动能大，停机修理对产量、产值影响较大。

（3）安全方面出现故障后严重影响人身安全、对环境保护及生产作业有严重影响的设备。

（4）维修复杂，维修难度系数高，备件供应困难。

第3条　适用范围

本制度适用于工厂关键设备"特护"所有相关管理工作。

第4条　相关部门职责

1. 设备部职责

（1）负责工厂关键设备特级维护归口管理，贯彻执行工厂有关规定和标准，并组织"特护"工作的具体实施。

（2）负责特护机组的在线状态监测及数据分析。

（3）负责特殊阀门的更换、更新。

（4）负责督促各生产车间做好关键设备的特级维护管理工作，检查和考核有关单位对本制度的执行情况。

2. 特护设备所在部门职责

（1）制定部门特级维护设备巡回检查工作标准，规定特护检查的内容和要求并报设备部备案，安排本部门人员按要求参加特级维护工作。

（2）加强技术培训，提高有关人员的相关知识和业务技能。

（3）负责所属特护设备牌的管理和维护。

（4）负责所属特殊阀门的管理。

第5条　关键设备"特护"执行要求

1. 日检要求

（1）每天由钳工、电工、仪器仪表维修等专业岗位特护人员对特护设备按工作标准进行巡回检查，并在特护设备上挂牌，将检查情况填入"关键机组特护巡检记录本"。

（2）设备所属单位主管技术人员应按规定内容对特护设备每天巡检一次并在特护设备上挂牌，检查情况填入"关键机组特护巡检记录本"。还应检查作业人员特护日检工作情况。

（续）

（3）"关键机组特护巡检记录本"每月一本，放置在指定位置，由特护设备所在单位负责管理、设备部负责更新。

2. 周检要求

（1）各关键设备所在部门和设备部周检人员应注意设备运行动态，于设备部主管通知时间在指定地点集合对特护设备进行特护检查，检查结束后在特护设备上挂牌，并将检查情况填入"特护设备周检会签记录本"。

（2）检查结束后，由设备部技术人员组织对周检期间的特护设备运行情况、缺陷处理情况进行讲评，明确特护设备缺陷的处理方法和责任单位，并由机动设备处主管技术人员填入"特护周检记录本"。

3. 特护月总结要求

在日检、周检的基础上，设备部每月组织一次特护月度总结并做好记录。月度总结要求如下。

（1）各部门在特护总结前应做好本月设备运行情况和上月布置任务完成情况的收集工作，并指派人员按时参加总结会议。

（2）月总结的主要内容包括讲评特护设备在运行和管理中出现的共性问题，特护工作中值得推广的新经验，特护设备需要多专业协同解决的关键技术问题，特护设备的主要运行、检修状况，特护设备重要缺陷及其整改情况和特护设备重大技术改造及新技术应用情况。

（3）对本月特护工作进行总结，布置下月特护工作重点。

第6条　特护工作考核

1. 考核部门

设备部对特护工作和特阀使用情况进行检查和考核。

2. 考核形式

考核形式包括设备月度检查、各类设备安全大检查、日常检查以及不定期的专项检查等。

3. 处罚办法

（1）特护人员不按时、按地点巡检，扣该部门设备考核＿＿分/次。

（2）集中联检时无故缺勤、迟到，扣该巡检人员所在部门设备考核＿＿分/次。

（3）对特护设备问题不能及时整改完成或不能按期反馈整改情况的，扣相关部门＿＿分/次。

（4）特护巡检牌如有丢失，扣责任者部门＿＿分/次。

（5）特护小组不按规定活动，扣组长所在部门设备考核＿＿分/次。

第7条　特护记录管理

"关键机组特护巡检记录本"在设备部存放，保存期为一年；"关键特护设备月讲评记录本"由设备部保存，记录本保存期为一年。

第8条　本制度由设备部负责制定，修订权和解释权归设备部所有。

第9条　本制度生效日期为＿＿＿年＿＿月＿＿日。

修订记录	修订标记	修订处数	修订日期	修订执行人	审批签字

设备检修维修
精细化管理

第七章

第一节 设备检修

一、设备检修管理流程

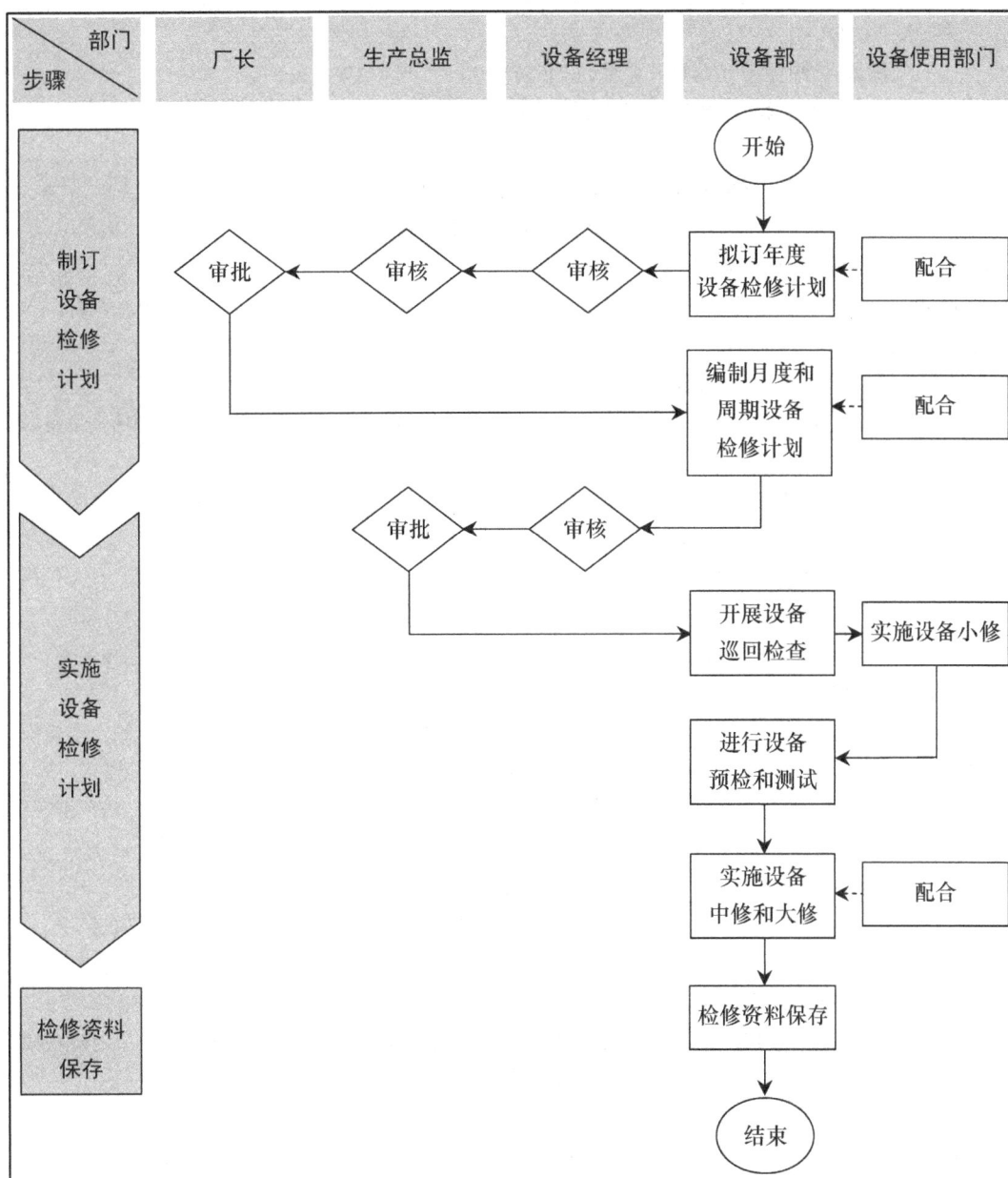

步骤＼部门	厂长	生产总监	设备经理	设备部	设备使用部门

制订设备检修计划：
开始 → 拟订年度设备检修计划 ← 配合
审批 ← 审核 ← 审核 ← 拟订年度设备检修计划

编制月度和周期设备检修计划 ← 配合
审批 ← 审核 ← 编制月度和周期设备检修计划

实施设备检修计划：
开展设备巡回检查 → 实施设备小修
进行设备预检和测试 ← 实施设备小修
实施设备中修和大修 ← 配合
检修资料保存
结束

二、设备检修管理办法

制度名称	设备检修管理办法		受控状态	
			编　　号	
执行部门		监督部门	编修部门	

第1章　总则

第1条　目的

1. 查找设备运行中存在的隐患并及时解决设备存在的问题，确保设备平稳正常运行。

2. 避免或减少因设备突发故障或事故给工厂带来的经济损失。

第2条　适用范围

本办法适用于对工厂所有在用设备和备用设备的检修管理工作。

第2章　编制检修计划

第3条　编制设备年度检修计划

1. 设备部每年一月份编制设备年度检修计划，由设备维修主管负责，维修人员及设备使用部门人员协助。

2. 编制人员应在对工厂设备整体状况进行分析调查的基础上编制设备年度检修计划。

3. 生产总监负责审批设备年度检修计划，并根据需要组织相关部门讨论对关键设备和精密设备的检修计划。

4. 最终的设备年度检修计划须由厂长签字确认。

第4条　编制设备周期检修计划

1. 设备部负责根据设备年度检修计划制订设备周期检修计划，并制定出检修方案细则，具体包括小修、中修和大修的内容。

2. 周期设备检修计划需经设备经理审核、生产总监签字后生效。

第5条　编制设备月度检修计划

1. 设备部负责根据设备年度检修计划和设备周期检修计划制订设备月度检修计划，并制定出检修方案细则。

2. 设备月度检修计划需经设备经理审核、生产总监签字后生效。

第6条　其他注意事项

1. 设备技术改造相关要求及内容应纳入年度设备检修计划，由设备部技术人员负责执行。

2. 对工厂内主要设备的检修要制定检修规程、检修技术标准并严格执行，以保证检修质量。

第3章　设备巡回检查

第7条　建立巡回检查规程

建立设备巡回检查规程，可以随时掌握设备情况，及时发现并解决问题。根据巡检结果对设备故障的部位、原因、周期进行系统分析，为设备维修保养提供依据。

第8条　设备巡回检查要求

1. 设备的巡回检查以主体设备为主，完成各项检查项目的规定内容，并遵循最短路线原则。

（续）

2. 巡回检查应直观地反映出巡检执行情况，如采用挂牌、挂卡登记等表示检查是否已进行。

第9条 检查评比办法

制定检查评比办法，明确检查评比的时间、形式和评比标准并与奖惩规定挂钩，鼓励先进，促进设备巡回检查水平的提高。

第4章 设备周期检修管理

第10条 检修工作依据

1. 设备部和设备使用部门根据设备周期检修计划和设备月度检修计划，按质按时完成检修工作。

2. 各车间在进行设备检修时，必须填写"设备检修日记卡"。

第11条 检修计划变更

车间可根据生产实际对设备检修周期、检修内容做一定的修改和变更，但应经车间主任审核并报设备部审批通过后执行。

第12条 连续生产型设备的检修

对于不能进行周期检修的连续生产型设备，可采用状态维修的方式，即利用临时的停机时间进行维修。如需停机的，应事先编报临时停机检修计划，经车间主管领导审查、报技质办审批通过后执行。

第5章 设备检修工作的实施

第13条 填写检修单

在日常工作中，设备使用部门无法排除的故障，可以填写"设备检修单"申请设备部检修。

第14条 检修牌放置

检修人员应在正在进行检修的设备周围放置红色检修牌，提醒生产人员该设备正在检修，暂时无法使用。

第15条 检修工作确认

检修后的设备在使用前，需要由使用部门负责人签名认可。设备部将设备检修的情况记录于"设备检修单"及相应的"设备管理卡"上。

第16条 特殊设备调校

设备部应依照相关规定，对压力容器、空气压缩机、起重设备及各类安全阀等（委托有资格的单位）进行检查或调校控制。

第17条 检修工作改进

检修要逐步采用状态监测和现代故障诊断等技术，尝试采用新技术、新工艺、新材料和新设备。

第18条 整理检修材料

检修结束后，设备部要进行检修项目统计，编写检修工作总结，并及时将检修技术资料归档。

第19条 重大检修项目分析

对于重大的检修项目，设备部要组织相关部门和人员进行技术经济分析。

第6章 检修工作的考核和奖惩

第20条 检修质量要求

1. 检修项目全部达到合格标准，不存在不合格项目。

2. 检修任务完成后，设备运转三个月内不发生因漏检引起的设备事故。

（续）

3. 检修项目施工未出现人身伤亡和重大设备事故。

第21条　计奖办法

1. 检修时间考核，通过核算检修工期计奖时间的长短考核检修工作的效率，计奖时间最多不超过计划检修时间的＿＿＿％。

其中，计奖时间（小时）＝计划检修时间（小时）－实际检修时间（小时）。

2. 检修质量考核，通过计算检修带来的设备产出增加量和所实现的利润考核检修工作所获得的收益。

其中，增加产量（吨）＝单产（吨/小时）×计奖时间（小时）。设备实现利润如能按设备单独计算利润的，可以按设备单独计算利润；若不能按设备单独计算利润的，可根据被检修设备的固定资产原值占全厂固定资产原值的比重计算。

第22条　奖金发放

根据对检修时间和检修质量的考核结果，每月将奖金发放给直接实施检修的人员。针对不同的设备，要设立不同的计奖比例。奖金具体额度的计算公式如下。

$$奖金额度 = \frac{某台设备的实现利润 \times 该设备缩短的检修天数 \times 奖金提取比例}{365}$$

第23条　惩罚措施

1. 由于检修人员的原因导致设备未能在计划检修时间内完成，根据其拖延时间的长短扣除责任人当月一定比例的奖金。

2. 由于检修人员的原因导致设备不但未能修复反而损坏更严重并给设备产出造成影响的，视严重程度对责任人处以罚款或扣除全部奖金的处分。

3. 在设备检修过程中，因检修人员失误造成安全事故的，视事故严重程度对责任人处以罚款或扣除全部奖金的处分，造成特大安全事故的需追究责任人的法律责任。

第7章　附则

第24条　本办法由设备部负责拟定，报厂长批准后施行。

第25条　本办法解释权和修订权归设备部所有。

修订记录	修订标记	修订处数	修订日期	修订执行人	审批签字

三、检修周期结构计算方案

文书名称	检修周期结构计算方案	编　号	
		受控状态	

一、目的

检修周期是检修计划的重要内容，检修周期结构计算的结果是编制检修计划的重要依据。

（续）

二、定义

检修周期结构，指同一设备在一个检修周期中，所有各种检修（大修、中修、小修）的次数和排列的顺序，由设备的结构特性、工作条件、零件允许的磨损量和设备勿需修理开动的台时数确定。

上述定义中的检修周期，对于已经使用的设备是指相邻两次大修之间的时间间隔；对新设备是指从开始使用到第一次大修的时间间隔。检修周期根据设备的构造、工艺特性、使用条件、环境和生产性质决定，主要同零部件以及其他基础零件的磨损、腐蚀程度及使用年限有关。

三、检修周期结构确定步骤

1. 收集系统的检测资料。

2. 分析原始统计资料。

3. 估算零部件的平均寿命。

4. 分析设备日常维护保养情况。

5. 确定最终的检修周期结构。

四、计算检修周期结构

在已知检修周期 T、检修间隔期 t 的情况下，即可确定该设备的检修周期结构。在整个检修周期中，已知大修次数为一次，其余的中修和小修次数可采用下列公式进行计算。

公式 1：$M_{中} = \dfrac{T}{t_{中}} - 1$

公式 2：$M_{小} = \dfrac{T}{t_{小}} - (1 + M_{中})$

两个公式中，$M_{中}$，$M_{小}$ 分别表示检修周期中须开展的中、小修次数；$t_{中}$，$t_{小}$ 分别表示中、小修间隔期；T 表示检修周期。

五、计算结果的使用

1. 各类设备由于类型和生产条件存在差异，其设备检修周期也不同，相关部门应根据计算所得的检修周期结构编制各类设备的"检修周期结构表"，如下所示。

设备检修周期结构表

设备名称	设备编号	设备型号/规格	检修周期（单位：月）			备注
			大修	中修	小修	

2. 对各类设备的检修周期及检修情况应进行及时、准确的记录，并记入设备的技术档案妥善保管。

编制人员		审核人员		审批人员	
编制时间		审核时间		审批时间	

四、设备检修定额确定方案

文书名称	设备检修定额确定方案	编　　号	
		受控状态	

一、目的

为保证设备检修计划的顺利进行，做好检修前的准备工作，确定检修定额是实施设备检修的主要依据。

二、检修间隔期定额

检修间隔期定额取决于生产的性质、设备的构造、操作工艺、工作班次和设备的安装地点等，其中主要取决于使用期间零部件的磨损和腐蚀程度，即设备的老化程度。检修间隔期分大修、中修、小修三种。

三、检修工时定额

1. 工时定额影响因素

工时定额是指完成一次检修工作所需的工时。影响检修工时的主要因素如下所示。

（1）设备的结构和设备检修的复杂程度。

（2）检修工艺的特点。

（3）检修工的技术水平。

（4）工具、机具及施工管理技术等。

2. 检修工时定额计算方法

比较常用的检修工时定额计算方法包括经验估算法、统计分析法、类推比较法、技术测定法及三点估算法。各方法的使用说明如下表所示。

检修定额计算方法使用说明

方法名称	方法说明	适用范围
经验估算法	以积累的实际经验为基础，结合实际检修施工要求、材料供应、技术工艺装备、工人技术等条件，进行分析研究、综合平衡，估算出某一检修工序的检修工时定额	一般适用于零星施工项目和新的施工方法等第一次估计工时定额
统计分析法（经验统计法）	通过对同类工序实际工时消耗统计资料的整理和分析，综合考虑技术条件来确定检修定额的方法	一般适用于施工条件稳定、工艺变化较小且原始统计资料较齐全的施工项目
类推比较法	根据同类型工序的定额，经过分析对比推算出另一工序的定额。采用类推比较法，要有过程定额和实耗工时记录及相应的定额标准作为资料	一般适用于工序多、工艺变化大的施工项目

（续）

方法名称	方法说明	适用范围
技术测定法（技术定额法或计算定额法）	在分析施工技术条件、分析计算定额时间的组成和实地观察测定的基础上制定定额的方法	一般适用于施工技术条件比较正常和稳定的施工项目
三点估算法	通过估算三种有代表性的工时定额，运用下式进行计算：$$Q = \frac{a + 4b + c}{6}$$上式中：Q 代表确定的估计工时；a 代表可能完成的最快估计工时；b 代表最有可能完成的估计工时；c 代表可能完成的最慢估计工时	适用于无法确定可靠工时定额的情况

四、设备停歇时间定额

设备停歇时间是指设备在交检修前所进行的清洗、置换、分析及交工后试压、查漏、置换、吹净所需要的时间。

工厂应根据设备情况和生产装置的工艺条件，制定设备停歇时间定额。

五、检修停车时间定额

检修停车时间定额，是指设备从停机检修开始，到修理完毕、经质量检查验收合格可以投产使用所经历的全部时间。可根据检修工时定额、按不同类型设备的检修类别（大、中、小修），参照下列公式计算：

$$T = \frac{Q}{NDSK} + T_L$$

上式中：

T——设备检修停车时间定额，单位为小时；Q——设备检修工时定额，单位为小时；

N——每班参加检修的人数，单位为小时；D——每班工作小时数；S——每昼夜参加检修的班数；

K——完成定额系数；T_L——其他辅助时间，单位为小时。

需要说明的是，在确定停机时间定额时，还需加上附加停机时间，主要包括现场清理、切接电源、地基校正、浇灌地基、修后涂漆干燥、鉴定验收等时间。

六、维修材料定额

维修材料定额是指设备一次大修所需的材料消耗定额。维修材料包括钢材、小五金材料、润滑油（脂）等，不包括备件和低值易耗品。工厂在制定维修材料定额时，应根据不同的设备结构、不同的施工条件进行。

七、检修费用定额

检修费用分为大修费用和中小修费用两种，其定额确定方法如下表所示。

（续）

检修费用定额确定方法	
费用分类	定额确定方法
大修费用	◆ 大修费用定额可分为年度大修费用定额、月度维修费用定额、单台设备大修费用定额三种 ◆ 定额确定方法以设备的原值为基础，根据一定的比例按月提取，用于支付设备的大修费用
中小修费用	工厂制定每月指标，按月计入成本

编制人员		审核人员		审批人员	
编制时间		审核时间		审批时间	

五、设备检修工作复核方案

文书名称	设备检修工作复核方案	编　　号	
		受控状态	

一、目的

为了督促检修人员按时完成检修任务并保证检修质量，特制定本方案。

二、检修复核依据

1. 相关国家标准和行业规范。

2. 工厂的检修工艺规程。

3. 设备出厂的技术资料。

三、检修复核的内容和标准

（一）复核内容

1. 设备质量是否达到规定标准。

2. 设备检修是否存在遗漏项目。

3. 设备缺陷是否消除。

4. 检修记录和技术资料是否正确齐全。

5. 设备现场卫生是否清洁，工具零件是否堆放整齐。

（二）复核的标准

复核人员需依照"设备检修工作复核标准表"中的相关内容对设备检修工作进行复核。"设备检修工作复核标准表"如下所示。

（续）

设备检修工作复核标准表

复核标准等级	等级说明
优秀	1. 完成规定的全部检修项目 2. 设备的全部缺陷已全部消除 3. 检修项目达到质量标准 4. 未发生任何人身事故及设备事故 5. 检修进度提前完成 6. 检修记录、技术报告齐全、正确，文字清晰 7. 检修场地清洁，设备整洁，铭牌和标识清晰
良好	1. 完成规定的全部检修项目 2. 设备的主要缺陷得到消除 3. 检修工作虽有返工，但检修质量达到标准 4. 未发生任何人身及设备事故 5. 检修进度按期完成 6. 检修记录、技术报告齐全、正确 7. 检修场地清洁、设备整洁
合格	1. 基本完成规定的检修项目，虽有漏项，但不影响设备安全、经济运行 2. 检修后，设备仍有部分主要缺陷未彻底消除，但不影响设备的安全运行 3. 检修质量未能达到标准，但不影响设备的安全运行 4. 未发生任何人身及设备事故 5. 检修进度按期完成或经上级同意延期完成 6. 检修记录、技术报告齐全、正确 7. 检修场地基本干净，设备比较整洁

四、小修和中修复核的实施

1. 小修的复核由日常检修人员即设备操作人员的直接上级（如班组长）实施，在复核过程中发现的问题应及时责成小修实施人员进行处理。

2. 中修实行车间复核。对于复核中发现的问题，应责成检修人员在规定的时间内进行修复，并由原复核者进行再次检查，直至合格。

3. 小修和中修的复核必须编写"检修复核表"。

五、大修复核的实施

相对于小修与中修的复核，大修的复核工作更为复杂，要求也更高。大修复核的具体工作内容如下。

1. 初验：检修后的设备，由各车间提出申请，经设备部批准后，试车（包括空试车、联动试车、实物试车）生产。

（续）

2. 查看期：初验后的设备，在查看期内（72 小时）考察设备性能是否满足生产要求。 3. 终验：在初验后的 10 天内，由设备部牵头，组织由生产总监、检修车间主任等参加的最终验收，并在"交接验收报告表"上签字。 4. 大修设备验收工作结束后，除"交接验收报告表"在设备部和设备所在车间各存一份外，其余资料均收集归档。

编制人员		审核人员		审批人员	
编制时间		审核时间		审批时间	

第二节　设备维修

一、设备维修组织管理

建立优秀的设备维修组织有助于工厂实现提高维修效率和减少维修成本的目标。设备部应根据维修组织管理的一般要求，结合工厂的实际特点对维修组织进行有效管理。以下分别是工厂在建立设备维修组织时需要遵守的原则和对组织结构的介绍。

1. 设备维修组织设置原则

为建立执行力强、管理层级清晰的维修组织，工厂应遵循如图 7-1 所示的各项原则。

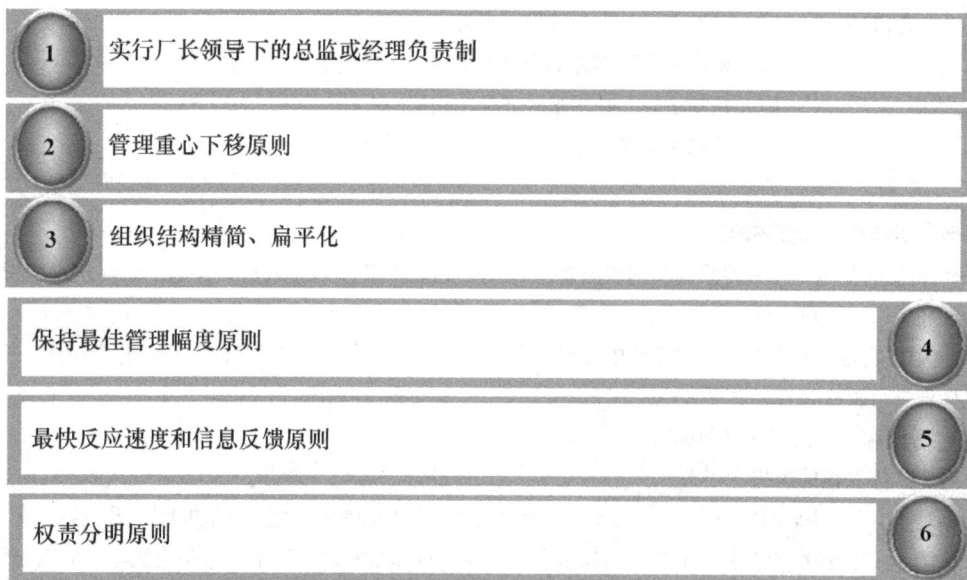

1　实行厂长领导下的总监或经理负责制

2　管理重心下移原则

3　组织结构精简、扁平化

4　保持最佳管理幅度原则

5　最快反应速度和信息反馈原则

6　权责分明原则

图 7-1　设备维修组织设置原则

2. 设备维修组织结构

设备维修组织主要可以分为集中式、分散式及矩阵式三种，三种结构各有优势与不足，具体说明如表7-1所示。

表7-1　设备维修组织结构说明表

结构	优势	不足
集中式	有利于资源共享	对生产现场响应速度较为缓慢
分散式	对现场问题有较快的反应速度	可能会出现资源无法共享的情况
矩阵式	既可以避免资源浪费，又可以解决响应速度问题	如果各维修职能部门协调管理不到位，可能产生大项目的系统配合协调问题

二、设备维修管理机制

为保证设备处于最佳技术状态，能够以良好的效能保证工厂生产目标的实现，工厂应做好设备维修管理工作。建立完善的设备维修管理机制是实现这一目的的有效手段，设备维修管理机制可分为计划预修机制、保养修理机制及点检修理机制。

1. 计划预修机制

（1）设备维修计划由工厂各车间负责编制，分为年度计划（设备大修计划）和月度计划（设备中、小修计划）。

（2）车间主任作为维修工作的第一责任人，根据年度维修计划与月度维修计划，并结合生产实际情况，合理安排时间确保维修计划任务的完成。执行计划时，车间主任应对设备的性能状况进行检测判定，确保设备达到应有的技术要求。

2. 保养修理机制

依据设备类别、工作量大小和难易程度，设备保养分为日常保养及一、二、三级保养。

（1）设备日常保养是指由设备操作员每天必须进行的保养工作，主要内容包括对设备的清洁、加油、调整、检查润滑等。

（2）设备一级保养是指对设备进行定期检修维护，一般以周为周期，以检查为主，辅以维护性检修。

（3）设备二级保养是对设备进行的定期检修维护，一般以月为周期，以维持设备的技术状况为主，主要对设备易损零部件进行修复或更换。

（4）设备三级保养是对设备进行的定期检修维护，一般每年两次，应列入年度维修计划。

3. 点巡检修机制

完善的设备点巡检修机制主要包括设备点巡检修工作的原则、要求以及相关的方案、制度，其目的是通过对设备进行预防性检查，提出消除故障的措施，保持设备性能的高度稳定，延长设备零部件的使用寿命，提高设备效率。

三、设备维修管理流程

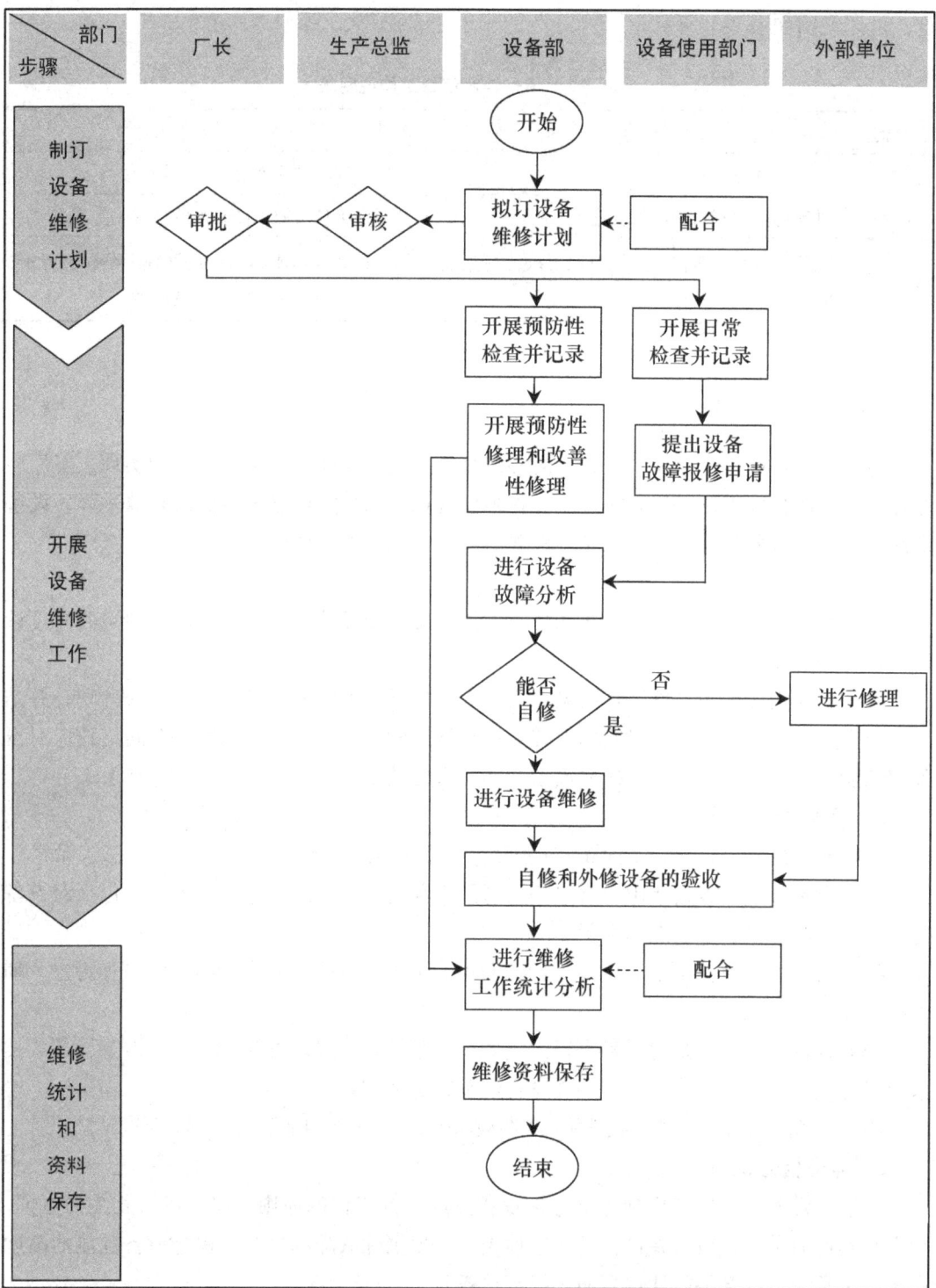

步骤 ＼ 部门	厂长	生产总监	设备部	设备使用部门	外部单位

制订设备维修计划

开始 → 拟订设备维修计划 ← 配合

拟订设备维修计划 → 审核 → 审批

开展设备维修工作

开展预防性检查并记录　　开展日常检查并记录

开展预防性修理和改善性修理　　提出设备故障报修申请

进行设备故障分析

能否自修 —— 否 → 进行修理

是 → 进行设备维修

自修和外修设备的验收

进行维修工作统计分析 ← 配合

维修统计和资料保存

维修资料保存

结束

164

四、设备维修作业办法

制度名称	设备维修作业办法		受控状态	
			编　号	
执行部门		监督部门	编修部门	

第1章　总则

第1条　目的

为规范设备维修工作，延长设备的使用寿命，控制维修成本，确保维修质量，保证工厂生产经营的顺利进行，特制定本办法。

第2条　适用范围

本办法适用于工厂所有设备的维修工作，包括自修与外修。

第3条　部门职责

设备部是设备维修工作的归口管理部门，负责各项维修工作；设备使用部门须配合设备部工作。

第4条　维修原则

1. 设备维修必须严格执行维修管理制度和规范的操作办法，坚持"质量第一，应修必修，修必修好"的原则，努力减少非计划停机和计划停机时间。

2. 设备维修应遵守"适度维修"原则，即防止设备失修，同时避免过剩维修，倡导开展设备的状态检测维修，进而不断优化设备性能。

第2章　设备维修准备

第5条　设备调查

1. 设备部在进行设备维修前应掌握设备的具体劣化程度与产品的技术要求，准确把握设备的磨损程度及需要的更换件和修复件。

2. 调查人员应根据工厂实际情况选择合适的设备调查方法，常用的调查方法如下。

（1）查阅设备档案。

（2）向设备操作人员了解情况。

（3）按设备的出厂精度标准检验设备的精度并进行记录。

（4）实测设备磨损部位的磨损量及可视部件的磨损。

（5）检查设备的状况，包括油路、润滑、电气等。

第6条　编制设备维修的技术文件

设备部根据所调查了解的设备状况编制设备维修技术文件，技术文件主要有以下两种。

1. 维修说明书，主要包括维修内容、维修部件明细、所需材料明细及维修的质量标准。

2. 维修工艺说明。

第7条　编制维修作业计划

设备部所编制的维修作业计划应包括以下八项内容。

1. 设备名称、规格型号和维修地点。

（续）

2. 设备的维修性质（小修、中修、大修）。

3. 设备维修施工作业的内容和质量标准。

4. 设备维修施工计划工期。

5. 设备维修材料、耗用配件清单。

6. 设备维修施工的专用工具、量具、仪器等的清单。

7. 作业人员配置，包括工种、人数及分工等。

8. 设备维修施工的详细方案和安全技术措施。

第8条　大型关键设备的维修

对大型关键设备进行中修及以上的维修，还应编制施工组织设计。

第9条　维修用具、材料准备

1. 设备部在维修之前须核对维修时所用到的物料、工具及零部件是否准备齐全，根据维修技术文件中的清单进行逐项核对并办理所需用具和材料的出库手续。若工厂无库存，则应填制"申购单"递交采购部，由采购部购买。

2. 采购部应合理储备设备维修的配件，确保设备维修用具和配件的及时供应。

第3章　设备预防维修作业

第10条　设备交修

1. 设备使用部门应在规定日期将设备移交给维修人员，并填制"设备交修单"，双方确认无误后完成交接。

2. 如果在生产现场进行维修，设备使用部门在移交设备前应将生产现场清理干净，准备出维修所需要的场地。

第11条　配件准备

1. 设备维修人员在检查设备后，应尽快提出需要进行临时加工的配件清单，交相关部门进行准备。

2. 对于本工厂能够生产的临时配件，生产部应安排专人进行配件生产，满足维修作业的需要。

第12条　生产调整

各生产车间的车间主任应根据设备维修作业状况进行生产调整并积极配合维修作业，防止发生窝工、怠工现象。

第13条　设备维修安全规定

1. 设备维修时，首先必须切断设备电源，并在电源处的醒目位置张贴"正在维修"字样，防止不知情人员开动设备。

2. 设备维修人员应严格按照设备维修要求穿戴安全防护用品。

3. 需动用电焊、气焊等明火进行作业时，现场周围严禁堆放易燃易爆物品。

4. 设备维修期间需拆除设备部件时，应将拆下的部件放于合适的位置并固定好，防止砸伤人员。

5. 需要维修的设备部件若过大或过重，应使用起重设备进行操作，禁止人员手工搬运。

6. 维修作业中，当维修人员中途必须离开且现场无人看守时，一定要设立警示标志，防止他人误操作发生事故。

（续）

7. 设备的修理期限超过一个工作日时，应在存在危险的设备周围用隔离带进行隔离，防止人员进入。

8. 维修工作完成时，维修人员要认真检查，确认无误后方可通电试运行。

第14条　设备维修验收

1. 设备维修完毕后，维修人员应进行空转试验及精度检验的自测，发现问题及时调整。

2. 负责设备验收的部门应在设备进行空运转试验、负荷试验、精度验证后方可办理验收手续。

3. 设备维修验收通过后，维修人员与设备使用部门办理设备交接手续，并编制"设备维修报告"。

第15条　维修费用核算

设备维修完成后，设备部应核算设备维修费用并报财务部进行账务处理。

第4章　设备事后维修作业

第16条　接收"维修通知单"

设备在使用过程中发生故障停机或无法正常运转时，设备使用部门须填写"维修通知单"，经车间主任签字后交设备部，若车间主任不在，可由值班人员代为签字。

第17条　维修项目登记

设备部接到通知后，应在"日常维修工作记录簿"上登记接单时间，并根据故障的轻重缓急程度及时安排有关人员处理，同时登记派工时间。

第18条　维修工作记录

1. 维修工作完毕，维修作业人员应在"维修通知单"中填写有关内容，经设备使用部门主管验收签字后，将"维修通知单"交回设备部。

2. 设备部在"日常维修工作记录簿"中登记维修完工时间，及时将维修内容登记入设备卡片，审核维修中记载的用料数量并计算出用料金额填入卡片内。

3. 将处理完毕的"维修通知单"依次贴在"日常维修工作记录簿"的扉页上。

第19条　紧急维修处理

紧急设备维修，由设备使用部门的主管用电话通知设备部，由设备部值班人员先派人员维修，同时让设备使用部门补交"维修通知单"，值班人员补齐各项记录，其他程序均同。

第20条　维修延期处理

维修部门在接单后两日内不能修复的，由值班主管负责在"日常维修工作记录簿"上注明原因，应采取特别措施，尽快修复。

第5章　附则

第21条　本办法由设备部制定，解释权和修改权归设备部所有。

第22条　本办法自发布之日起执行。

修订记录	修订标记	修订处数	修订日期	修订执行人	审批签字

五、设备日常监测方案

文书名称	设备日常监测方案	编　　号	
		受控状态	

一、目的

1. 及时掌握设备技术状况和劣化规律。

2. 提高设备运行可靠度，延长设备使用寿命。

3. 保障设备的安全、稳定运行。

4. 防止设备发生故障，降低维修成本，提高经济效益。

二、选择被监测设备

危险性高、发生故障损失大的设备将被纳入日常监测范围。在选择具体的被监测设备时，应满足以下条件。

1. 机器停机损失及由其引发的生产损失。

2. 设备的故障率和维修成本。

3. 备件获取的难易程度。

4. 发生故障对人身安全的威胁程度。

三、确定监测等级

针对不同设备的重要程度将被监测设备划分为关键设备、重要设备和一般设备，针对三级分类建立不同的监测等级。具体内容如下表所示。

设备的监测等级及监测措施

监测等级	检测对象	监测措施
1 级	关键设备	实施 24 小时的网络监测，及时记录监测到的数据；针对异常情况实施小组讨论形成对策
2 级	重要设备	离线定期监测；出现异常运行时，由设备工程师进行分析并提出专项对策，实行"趋向管理"
3 级	一般设备	离线简易监测，出现异常状态时进行"趋向管理"
说明	◆ 趋向管理是将测得的设备表征状态数据，按时间顺序画出曲线，比较数据的实测值与容许值、数据的实测值与标准值、各点的斜率与其参考值，计算其增量，以确定趋向 ◆ 通过趋向管理，可以找出时间与设备劣化的关系，通过对各个劣化点的监测，运用回归法预测设备损坏时间	

四、制定监测标准

监测标准是对设备状况进行检查、判断、分析、评价的技术准则，也是对监测进行管理的工作标准。监测标准包含下列五个方面。

1. 定部位，明确指定设备的被监测部位，按部位规定相应的监测项目和内容。

（续）

2. 定方法，对每项内容都有确定的方法和相应的器具。

3. 定标准，对每项内容都明确劣化判定标准和状态极限。

4. 定人员，对每项内容都有固定的人员负责。

5. 定周期，对每项内容都有规定的监测间隔时间。

五、实施日常监测

（一）记录监测数据

日常监测人员分别记录针对关键设备、重要设备和一般设备所收集的监测数据。

（二）汇报异常数据

日常监测人员将记录到的数据同标准值和容许值进行对比，发现异常及时向设备工程师汇报。

（三）处理异常数据

对设备异常数据的处理，因设备类别的不同，处理方法也不同，具体如下表所示。

设备异常数据处理分类表

设备类型	处理办法
关键设备	◆ 设备工程师进行异常数据诊断，对设备劣化程度进行判断，提出解决措施，编制设备劣化程度分析报告，并将报告提交至设备经理 ◆ 设备经理召集设备部技术人员和设备使用部门的相关人员对设备工程师提交的分析报告进行讨论，确定最终措施，报生产总监审批通过后予以执行
重要设备	设备工程师进行异常数据诊断，对设备劣化程度进行分析，提出解决措施，编制设备劣化程度分析报告，并将报告提交给设备经理审核、生产总监审批

（四）汇总日常监测数据

设备工程师每月汇总关键设备、重要设备和一般设备的日常监测数据，并进行数据分析，对总体设备的运行状态进行评估。

编制人员		审核人员		审批人员	
编制时间		审核时间		审批时间	

六、设备自修验收规范

制度名称	设备自修验收规范		受控状态	
			编　号	
执行部门		监督部门		编修部门	

第1条　为规范工厂设备维修管理，确保设备自修质量，控制维修成本，根据工厂相关维修管理制度，特制定本规范。

（续）

第2条　所有自修设备未经验收合格，不得投入使用。私自投入使用造成损失的，要追究相关人员的责任。

第3条　设备自修验收是设备维修费用报销的依据，未经验收合格，工厂不支付相关的维修费用。

第4条　出现下列情况不予验收，并追究相关人员责任。

1. 未提出维修申请而私自维修的。

2. 不具备维修资格的人员进行的维修。

第5条　设备部进行自修验收的依据如下所示。

1. 自修设备的安装、使用说明书和相关图纸。

2. 自修设备运行性能指标和参数。

3. 自修设备档案和日常维护保养的记录。

4. 其他相关资料。

第6条　自修验收人员主要由设备使用部门人员和设备部人员构成。

1. 设备使用部门验收。设备维修完毕后，设备使用部门首先进行验收，并对验收获得的数据进行详细记录，验收合格后通知设备部进行二次验收。

2. 设备部接到设备使用部门的验收要求后，组成验收小组。若为一般设备，验收小组人员包括设备主管、设备工程师、设备点检员等；若为大型、精密或关键设备，则由设备经理、设备主管、设备工程师、设备点检员组成验收小组。

第7条　自修设备验收通过后，使用部门验收负责人和设备部验收小组负责人需填写"设备维修验收单"中的相关内容并签字确认。"设备维修验收单"如下所示。

设备维修验收单

设备名称		设备编号		故障时间	
报修部门		报修人		报修时间	
报修类型	□ 特急　□ 急　□ 一般	希望故障排除时间			
接单人		接单时间		预计完成时间	
故障描述和排除记录					
验收记录					
报修部门意见	验收人：_____　　　验收日期：____年__月__日				
设备部意见	验收人：_____　　　验收日期：____年__月__日				

说明：本单一式两份，一份由设备报修部门留存，另一份由设备部留存。

（续）

修订记录	修订标记	修订处数	修订日期	修订执行人	审批签字

第8条 设备部负责做好维修验收后的资料档案保管工作，并配合财务部完成相关维修账目的处理。

第9条 针对大型、精密和关键设备的维修，除填写"设备维修验收单"外，还应编制"设备维修验收报告"。验收报告主要包括如下内容。

1. 设备名称、型号、报修类别（小修、中修、大修）。

2. 维修单位和维修时间。

3. 维修费用。

4. 主要修理项目和对维修结果的评价（优秀、良好、合格）。

第10条 验收不合格的自修设备不填写维修记录，需继续进行维修，直至验收合格。

第11条 本规范由设备部会同生产部共同制定，自生产总监审批通过后执行。

七、设备外修管理办法

制度名称	设备外修管理办法		受控状态	
			编　号	
执行部门		监督部门	编修部门	

第1条 为加强对设备外修的管理，控制外修费用支出，确保设备交期与质量，特制定本办法。

第2条 凡能通过本厂自行维修并达到使用要求的设备，不得送外维修，所有送外维修的设备需在年度维修计划中进行记录。

第3条 所有送外维修的设备均需由送修部门提出外修申请，并办理相关手续。

第4条 设备部需对纳入本工厂外修委托机构名单的外修机构进行资质认证和年度审验，确保其具备相应资质，能够满足设备外修要求。严禁委托超资质、超级别的机构进行设备外修工作。

第5条 送修部门需向设备部提出设备外修申请。申请须符合以下要求。

1. 各车间送外维修的设备，设备操作人员需认真检查故障，对需维修、更换的配件或总成件报班组长和车间主任依次核实，核实准确后，由车间技术员填报"设备外修申请表"，上报设备主管。

2. 申请表必须注明申请维修的项目和需更换的配件名称，并由设备操作人员和所在班组长签字并加盖公章。

第6条 外修申请的审核

设备主管接到"设备外修申请表"后，应及时到现场对所报修的项目及需更换的配件进行检查核实。若情况属实，报设备经理签字，最后由生产总监审核批准方可外出维修。若报修情况不实，需报设备经理重新核查并履行重新申报程序。

（续）

第7条　设备部应派出人员对外修过程进行监督，主要监督内容如下。

1. 设备操作人员在设备外修过程中，需要到现场监督修理过程，判断是否按审批的维修项目维修或更换配件。

2. 对大修或大总成件的维修或更换，设备主管必须到现场监督。

第8条　外修设备维修完毕后，设备操作人员和设备主管要共同对外修设备进行检验，达到要求后，方可办理接收手续。

第9条　如需增加或变更维修项目，需要由设备操作人员在"设备外修申请表"的"增加变更"项目栏中填写清楚，报班组长签字，经车间主任和生产总监审核签字批准后，方可增加或变更维修项目。

第10条　外修项目完成后，双方需要就设备外修的费用进行结算和付款，具体说明如下。

1. 设备维修完后，设备操作人员和班组长要对维修项目、更换配件的详细清单进行认真核实并签字确认，然后由设备主管按维修收费标准及时办理结算手续。

2. 结算时要填写"设备外修付款申请表"，并附"设备外修申请表"、实际设备维修项目清单和发票一起报财务总监审批和签字确认，然后到财务部报销付款。

第11条　设备使用部门和设备部要对设备的维修项目和更换的大总成件及时进行登记，并将外修工作纳入对设备操作人员和设备主管的绩效考核中。

第12条　"设备外修申请表"一式三份，一份用作财务报销，一份交外修委托机构，一份留设备操作班组考核时使用。

修订记录	修订标记	修订处数	修订日期	修订执行人	审批签字

设备润滑
精细化管理

第八章

第一节　设备润滑作业

一、设备润滑组织管理

设备润滑是设备维护工作的重要内容。为保证润滑工作的正常实施，工厂应合理地设置各级润滑管理组织并调配好相关人员。

润滑管理组织的具体组织机构如表8-1所示。

表8-1　工厂设备润滑组织组织机构说明表

机构名称	负责人员	机构职能
供应处	油料计划员	负责工厂润滑油料的供应工作
油库	油库管理员	负责工厂油料的储存和过滤工作
润滑设备处	专职润滑管理员	主管工厂润滑技术的管理
油品检测室	油品检测人员	负责工厂在用油品和库存油品的质检以及重点设备的状态检测和故障分析工作

一般来说，工厂的润滑管理可分为集中式和分散式两种管理模式，具体如表8-2所示。

表8-2　工厂润滑管理模式表

管理模式	模式说明	优缺点		适用情况
		优点	缺点	
集中式管理	指在工厂设备部下，建立润滑油站和润滑油再生组，直接管理车间的设备润滑工作	◆ 利于提高润滑人员的专业化程度 ◆ 有助于工厂合理调配生产人员	与生产的配合较差	适合于中小型工厂
分散式管理	设备润滑工作在厂长领导下，由设备部负责。各车间建立润滑组，直接领导润滑站的工作	能够充分调动车间积极性，有助于生产配合	润滑技术力量较分散	适合于大型工厂

二、设备润滑作业流程

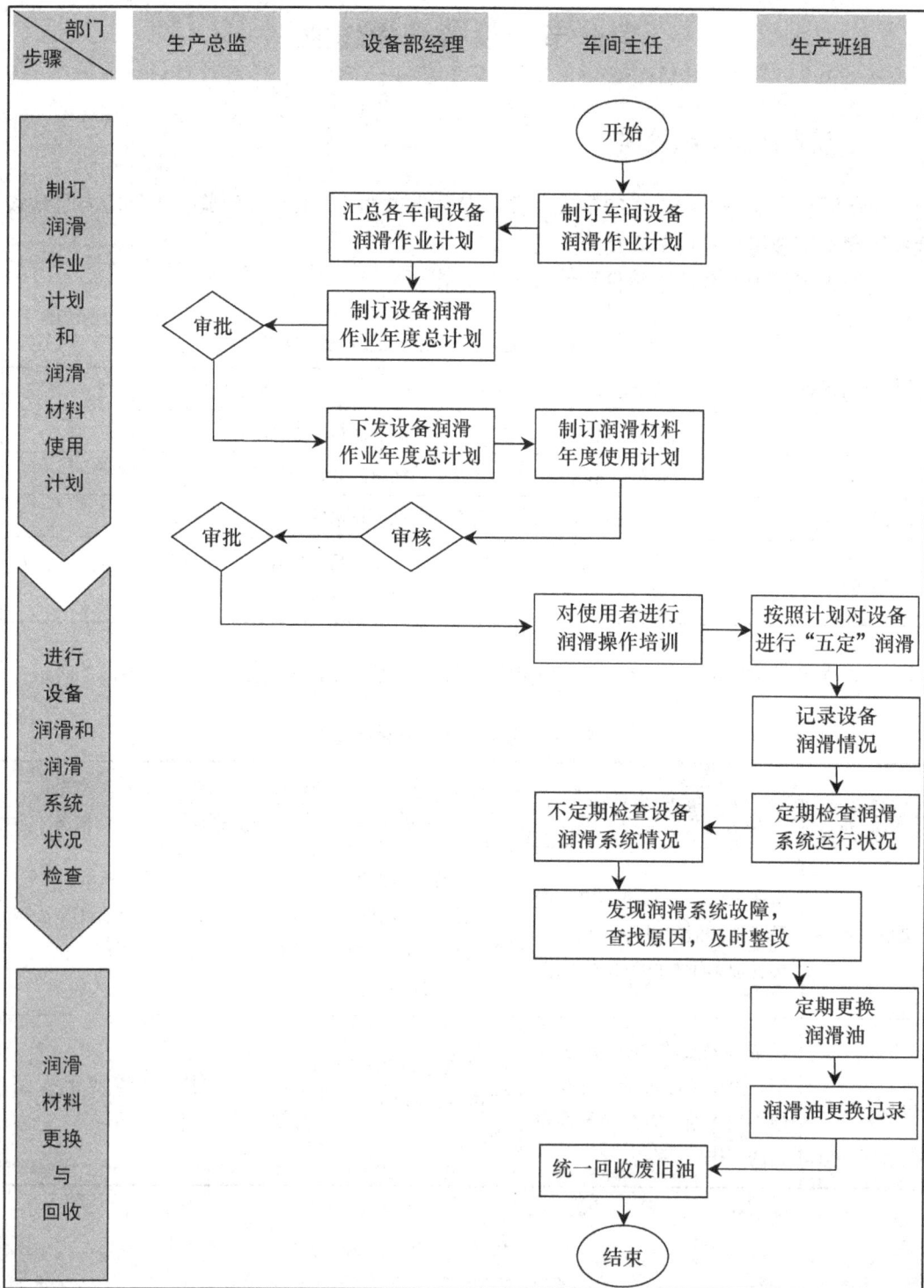

部门 步骤	生产总监	设备部经理	车间主任	生产班组

制订润滑作业计划和润滑材料使用计划

开始

制订车间设备润滑作业计划

汇总各车间设备润滑作业计划

制订设备润滑作业年度总计划

审批

下发设备润滑作业年度总计划 → 制订润滑材料年度使用计划

审批 ← 审核

进行设备润滑和润滑系统状况检查

对使用者进行润滑操作培训 → 按照计划对设备进行"五定"润滑

记录设备润滑情况

不定期检查设备润滑系统情况 ← 定期检查润滑系统运行状况

发现润滑系统故障，查找原因，及时整改

润滑材料更换与回收

定期更换润滑油

润滑油更换记录

统一回收废旧油

结束

三、设备润滑管理制度

制度名称	设备润滑管理制度		受控状态	
			编　号	
执行部门		监督部门	编修部门	

第1章　总则

第1条　目的

为加强对工厂设备润滑工作的管理，减少设备故障和机件磨损，保持设备良好的性能和精度，延长其使用寿命，结合工厂的实际情况，特制定本制度。

第2条　适用范围

本制度适用于与本工厂设备润滑相关的各项工作。

第3条　设备润滑实施原则

1. 适油原则，选用适当规格的润滑油剂。

2. 适时原则，按规定的时间加油、检查及换油。

3. 适量原则，加适当份量的润滑油剂。

4. 适位原则，加润滑剂到需要润滑的部位。

5. 适人原则，选择合适的人进行加油、换油和检查。

第2章　设备润滑的管理、组织与分工

第4条　设备润滑管理的内容

1. 制定润滑工作制度。

2. 开展润滑工作与定额管理。

3. 强化润滑状态的技术检查。

4. 废油的再生利用。

第5条　归口管理部门

设备部是设备润滑的归口管理部门，其主要职责如下所述。

1. 建立并完善设备润滑管理制度和工作细则。

2. 组织收集和整理润滑工作所需各种技术资料，建立润滑技术档案，编制设备的润滑图表及卡片，指导操作工、润滑工和维修工等搞好设备润滑工作。

3. 核定设备润滑材料及其消耗定额，按时编制年度、季度润滑材料计划，并按月份把消耗定额指标分解落实到各使用部门。

4. 实施润滑材料的质量检验，做好润滑材料入库、保管和发放的管理工作。

5. 确定设备清洗换油周期，编制年度、季度和月份设备清洗换油计划，组织废油回收和再生利用工作。

6. 做好设备润滑状态的定期检查与监测，及时采取改善措施，更换缺损润滑元件、装置和加油工具，改进润滑方法。

7. 采取积极措施治理漏油，消除油料浪费并防止污染环境。

（续）

8. 组织对润滑工作人员的技术培训，研究国内外润滑管理的先进经验，推广应用润滑新技术和新材料，实现设备润滑工作的科学管理。

第6条　设备润滑工作人员分工

1. 操作工的具体工作职责如下所示。

（1）每班、每周、定期或经常用手动润滑泵为润滑点加油。

（2）开关滴油杯，旋拧加脂杯，并通过油窗监视油位等。

2. 润滑工的具体工作职责如下所示。

（1）为储油箱定期添油，清洗换油。

（2）为手动润滑泵内添加油脂。

（3）为输送链条、装配带等共用设备定期加油。

（4）按计划提取油样送检等。

3. 维修工的具体工作职责如下所示。

（1）润滑装置与滤油器的修理、清理与更换。

（2）在大修与检修中，负责拆卸部位的清洗换油。

（3）治理漏油等。

第3章　润滑材料的采购、验收、储存与发放

第7条　润滑材料的采购

润滑材料的采购应通过正当渠道，到正规的油品生产厂家或销售公司购买，以防假冒伪劣产品混入。

第8条　润滑材料的验收

1. 质检部相关人员负责对购入的润滑材料进行检测和验收，防止不合格产品流入。

2. 质检专员对润滑材料进行化验之前，应要求采购部出具生产厂商的厂名、厂址、电话、油品出厂合格证、油品主要指标、入库化验申请单等资料。

3. 质检专员依据工厂规定的润滑介质检验标准进行化验。

4. 质检专员应及时出具化验结果和检验报告，确定油品是否合格并上报设备部相关人员。

5. 油品质量不合格，设备部相关人员应与采购部人员共同商议解决方案。

6. 油品质量合格，设备部相关人员负责入库工作。

第9条　润滑材料的储存

1. 润滑材料应储存在温度适宜的油品仓库内。

2. 盛装石油产品所用的容器，必须保证不泄漏、干净、没有异味、压力表和阀门开关灵活好用。

3. 润滑材料入库应按以下五个要求操作。

（1）盛装器皿清洁无异味。

（2）分类存放，避免潮湿环境。

（3）润滑材料的名称和型号应有清楚标识。

（4）根据润滑材料的特性定期进行化验，如有变质，应立即处理。

（5）器皿口应使用专门材料密封，以防水分或灰尘进入，影响油品使用性能或导致油品变质。

（续）

第10条　润滑材料的发放

1. 润滑材料发放前应进行过滤处理。

2. 仓储部相关人员应准确记录收发情况。

3. 领用部门应严格按照计划规定的牌号和数量领用润滑材料，不得多领、错领。

4. 仓储部相关人员应根据润滑材料领用单、年度/季度/月度换油计划表进行油品发放。

第4章　废油回收

第11条　回收定义

废油回收是将废油重新收集起来，避免环境污染。

第12条　回收方法

废油应采用分类回收的方法，对不同油种的废油分开包装，不能混装。

第13条　器皿要求

盛装废油的器皿应保证清洁，器皿外应贴有标签，对废油的名称、来源和收集时间等进行说明。

第14条　其他

废油收集后应及时送交废油再生部门。

第5章　润滑技术管理

第15条　技术资料管理

设备部对相关技术资料进行管理主要通过以下两种途径。

1. 编制设备润滑卡片。

2. 建立润滑技术档案。

第16条　技术管理内容

润滑技术管理的重点是对设备的润滑故障采取早期预防和对已发生的润滑故障采取科学的处置对策，主要内容如下。

1. 编制设备清洗换油计划和油量需求计划。

2. 制定油料消耗定额。

3. 对用油状态进行监测，分析设备润滑故障的表现形式和原因，对设备润滑故障从摩擦副材质、润滑材料的质量分析、润滑方法和装置、润滑系统等多方面综合采取对策。

4. 防止润滑材料泄漏。

5. 加强技术人员与操作人员的教育培训工作。

第17条　开展设备润滑技术活动

工厂不定期开展设备润滑技术活动，具体活动主要有以下三类。

1. 技术润滑示范、培训活动。

2. 防止设备润滑材料的泄漏活动。

3. 油液净化活动。

第6章　设备润滑安全操作

第18条　严禁事项

1. 严禁在设备运转时加油、换油。

2. 恶劣天气时，严禁对室外设备进行润滑作业。

（续）

第19条　服装要求

检查、清洗或换油工作必须穿工作服、戴安全帽。

第20条　其他注意事项

1. 清洗或换油之前应切断设备动力开关，并在开关处挂上"正在保养，严禁合闸"的标牌。

2. 在开动设备之前应检查设备周围有无操作人员，确定无人才能开动电闸。

3. 润滑操作结束后应及时将溅落的油污擦洗干净，保持现场卫生。

第7章　附则

第21条　本制度由设备部编制，解释权归设备部所有。

第22条　本制度自颁布之日起执行。

	修订标记	修订处数	修订日期	修订执行人	审批签字
修订记录					

四、设备润滑系统检查方案

文书名称	设备润滑五定方案	编　号	
		受控状态	

一、检查内容

（一）设备启动前的检查

设备启动前应检查以下六个方面内容。

1. 检查设备整体的整洁程度，润滑部位是否存在跑、冒、滴、漏现象，防腐、防火、防冻、保温设施是否完整有效。

2. 查看润滑油油位指示针位置，液面应保持在最高油量符号附近。

3. 发现润滑油变质或乳化时，应立即换油。

4. 检查油位指示针的显示是否有误差。

5. 检查润滑油温度是否在正常范围内。

6. 检查压力表是否正常。设备停止运转时，压力表的指针应指向0MPa处。

（二）设备启动后的检查

设备启动后应检查以下六个方面内容。

1. 用耳听的方法判断设备启动声音是否正常。

2. 操作溢流阀使压力升降几次，观察压力变化是否与操作方向一致。

3. 耳听泵的声音是否随压力变化而变化。

（续）

4. 检查过滤网是否堵塞。

5. 观察滴油的速度和油滴大小是否正常。

6. 查看油池中是否有杂质、异物。

（三）设备运转中的检查

设备运转中应检查以下五方面内容。

1. 检查油池是否漏油。

2. 检查管道连接处是否漏油。

3. 检查油位指示针是否失灵。

4. 检查管路和阀门的震动情况是否正常。

5. 检查设备操作压力、温度等，是否超负荷运行。

（四）设备停止后的检查

设备停止后应检查以下三方面内容。

1. 测试油箱温度是否正常。

2. 检查阀门的磨损情况。

3. 检查螺栓是否松动。

二、检查时间

（一）设备操作人员检查时间安排

1. 每次开动设备之前检查。

2. 接班后检查。

3. 交班前检查。

4. 设备运行异常时检查。

5. 加油前后检查。

6. 按设备巡检路线定时检查设备运行情况。

（二）班组长检查时间安排

1. 每天常规检查一次。

2. 重点设备、润滑重点部位每周检查两次。

3. 不定期检查保养即将到期的设备。

（三）车间主任检查时间安排

1. 每周常规检查一次。

2. 故障已修复设备每天检查一次。

3. 负荷过重设备每天检查一次。

4. 长期不用设备每周检查一次。

（四）设备部保养主管/负责人检查时间安排

1. 每周常规检查一次。

2. 每月开展设备润滑系统大检查活动一次。

3. 重点设备不定期检查。

（续）

三、检查记录

1. 检查人员应在每次检查后填写如下所示的"设备润滑系统检查表"。

设备润滑系统检查表

车　　间		检　查　人		检查时间	
设备名称		型　　号		已运行时长	
大修时间		上次维修时间		上次保养时间	

检查项目										
序号	检查部位	油品清洁程度	油位状态	油温	过滤装置情况	储油装置情况	供油装置情况	阀门情况	漏油情况	其他
1										
2										
3										

采取措施		
序号	内容	备注
1		
2		
3		

审核：_____　　审批：_____　　制表：_____　　填写：_____

注：本表一式三份，生产班组一份，生产车间一份，设备部一份。

2. 生产班组、生产车间和设备部应妥善保存"设备润滑系统检查表"并定期汇总。

四、检查结果处理

1. 当润滑油出现颜色异常、黏度变化、乳化、有异味等情况时，必须立即换油并更换过滤器，查明原因，及时上报。

2. 设备发生污损、异声、漏油（电）等情况时，检查人员应进行应急处理，并立即上报设备部进行维修。

3. 设备部应定期组织人员进行设备润滑故障分析，对润滑系统存在的问题进行总结。

编制人员		审核人员		审批人员	
编制时间		审核时间		审批时间	

五、设备润滑五定方案

文书名称	设备润滑五定方案	编　　号	
		受控状态	

一、目的

为使设备润滑人员按"五定"要求进行润滑工作，特制定本方案。

二、"五定"的含义

（一）定点

确定每台设备的润滑部位和润滑点，保持其清洁与完好无损，实施定点给油。

1. 设备的润滑部位和润滑点最好进行标识。

2. 参与润滑工作的操作人员、保养人员必须熟悉设备的润滑部位和润滑点。

3. 润滑加油时，要按润滑点标识的部位加换润滑油。

（二）定质

按照润滑图表规定的油脂牌号用油，润滑材料及掺配油品必须经检验合格，润滑装置和加油器具应保持清洁。

1. 必须按照润滑卡片和图表规定的润滑油种类和牌号加换润滑油。

2. 加换润滑油的器具必须清洁，不能被污染，以免污染设备内部润滑部位。

3. 加油口、加油部位必须清洁，不能有脏污，以免将污染物带入设备内部，影响甚至破坏润滑效果。

（三）定量

在保证良好润滑的基础上，实行日常耗油量定额和定量换油，做好废油回收工作，治理设备漏油现象，防止浪费。

1. 设备油量最好能够可视化，以便清楚地知道加油量是否合适。

2. 日常加油点要按照加油定额数量或显示的数量限度进行加油，不能过多也不能过少，既要做到保证润滑，又要避免浪费。

3. 换油时，循环系统要开机运行，确认油位不再下降后补充至油位。

4. 做好废油回收退库工作，治理设备漏油现象，防止浪费。

（四）定时

按照润滑图表或卡片规定的周期加油、添油和清油，对储油量大的油箱应按规定时间抽样化验，视油质状况确定清洗换油，循环过滤及抽验周期。

1. 开展润滑工作前，操作人员须按润滑卡片的要求检查设备润滑系统，对需要日常加油的润滑点进行注油。

2. 设备的加油、换油要按规定时间检查和补充，按润滑卡片的计划加油、换油。

3. 对于大型油池，要按规定的检验周期进行取样检验。

4. 对于关键设备或关键部位，要按规定的监测周期对油液取样分析。

（五）定人

按照润滑图表的规定，明确操作工、维修工、润滑工对设备日常加油、添油和清洗换油的分工，各负其责，互相监督，并确定取样送检人员。

（续）

1. 操作人员对设备润滑系统进行润滑点检，确认润滑系统正常后方能开机。

2. 操作人员或保养人员负责对设备的加油部位实施加油润滑，对润滑油池的油位进行检查，不足时及时补充。

3. 保养人员对设备油池按计划进行清洗换油；对机器轴承部位的润滑进行定期检查，及时更换润滑脂。

4. 维修或保养人员对整个设备润滑系统进行定期检查，对跑、冒、滴、漏问题进行改善。

三、"五定"的执行

1. 每台设备的"五定"内容都不同，设备部应根据设备使用说明书制定具体的"设备润滑执行表"，"设备润滑执行表"如下所示。

设备润滑执行表

定点	定质	定时	定量	定人
起重机走轮、滑轮轴承；天车传动轴承	3号钙基润滑脂	每班拧进2~3转	——	操作工
冲压设备的齿轮和导轨	12号气缸油	每班1次	——	

2. 设备部应将设备润滑"五定"图表和使用维护规程发至设备责任人。

3. 设备润滑"五定"的具体内容如下所示。

设备润滑"五定"内容

"五定"	内容
定点	规定润滑部位、名称及加油点数
定质	规定每个加油点润滑油脂牌号
定时	规定加、换油时间
定量	规定每次加、换油数量
定人	规定每个加、换油点的负责人

4. 生产部设备操作人员及设备维护人员应认真执行设备润滑"五定"图表的规定，随时注意设备各部位的润滑状况，做好运行记录，发现问题及时报告和处理。

5. 设备部润滑工和维修工应定期检查和不定期抽查润滑"五定"图表执行情况，发现问题及时处理。

编制人员		审核人员		审批人员	
编制时间		审核时间		审批时间	

六、设备润滑"五定"表

设备名称：_____   所属单位：_____   ___年_月_日

定点		定质		定时	定量	定人
润滑点名称	加油点数	油种	油脂牌号	加油时间	加、换油点数	负责人

七、设备润滑岗位责任制

工厂设备部通过对设备润滑的不同岗位实行责任制管理，可以确保对各润滑岗位人员进行有效管理。

1. 设备润滑管理员的岗位责任

（1）制订设备润滑计划，确定技术标准以及各项润滑操作规章制度。

（2）编制润滑材料（润滑油料、润滑工具）的采购发放计划，并监督计划的执行情况。

（3）定期检查设备润滑油箱，制订设备加、换油计划，并组织对废油进行回收与再生。

（4）指导并监督其他润滑岗位人员的工作。

（5）对设备润滑事故进行分析，防止此类事故的发生。

2. 润滑站人员岗位责任

（1）做好润滑站的防火、安全、清洁工作。

（2）协助设备操作人员进行润滑保养，及时提供润滑员及设备操作人员所需润滑剂和润滑工具。

（3）协助管理人员进行设备油箱定期检查工作。

3. 设备润滑员岗位责任

（1）执行设备润滑"五定"规范，正确进行润滑操作，防止设备磨损事故的发生。

（2）执行设备换油计划，防止漏油现象发生。

（3）严格控制加油点数，防止油料浪费与污染。

4. 操作者岗位责任

（1）做好设备日常保养，参加设备清洗换油工作，防止设备漏油并保持油箱清洁。

（2）定期清洗并补齐油线、油杯、过滤器等装置，调整润滑系统油压、油量以及加油位置。

（3）保管好加油工具，执行定量滴油。

第二节　设备润滑装置管理

一、润滑装置分类管理

润滑装置是指构成工厂整个设备润滑系统的单体润滑元件（如油杯、油环等），设备部应对润滑装置进行分类管理，以提高装置的使用效率。

一般来说，润滑装置可分为给进装置、过滤装置、储油装置、供油装置、热转换装置、检查保护装置以及油路控制装置七大类，有关的装置说明及管理要点如表8-3所示。

表8-3　润滑装置分类管理说明表

润滑装置类别	举例	管理要点
给进装置	手注加油装置（油壶、油枪） 滴油润滑装置（针阀油杯） 飞溅润滑装置（减速器） 传动润滑装置（油链、油轮）	◆ 此类装置需在密闭、低温（5℃左右）的环境中保存，以防止因表面油膜造成粉尘污染进而污染润滑油 ◆ 润滑人员在取用润滑装置时需将装置容器带至润滑现场进行取用，使用后将装置及时放回，减少其与空气的接触
过滤装置	网式过滤器 线隙式过滤器 圆盘式过滤器 磁铁过滤器	◆ 润滑人员需定期对过滤器滤芯进行检查，确定其堵塞程度，对滤芯严重堵塞的过滤器进行清洗或更换滤芯 ◆ 润滑人员进行润滑材料过滤工作时需考虑每种过滤装置的过滤精度和过滤面积，并依此进行装置选择
储油装置	油池 油箱	◆ 对油池中结块的油液以及杂质要定期清理，并对油液进行油水分离、冷却等处理 ◆ 油箱需按其规格进行存放，以免混用
供油装置 （复杂给进装置）	齿轮油泵 叶片油泵	◆ 在使用油泵前需对其泵体密封性和油压承受度进行检测 ◆ 装置管理人员需定期检查油泵中齿轮、吸/压油腔的完好程度

（续表）

润滑装置类别	举例	管理要点
热转换装置	冷却器（润滑油冷却） 加热器（润滑油加热）	◆ 冷却器应在低压低温的环境中存放，管理人员需定期对装置中管道进行清理，防止管孔堵死 ◆ 加热器使用时应防止加热管全部浸入油液中
检查保护装置	油标 油流指示器	◆ 此类装置在存放时需保持清洁 ◆ 装置管理人员需定期校准油流指示器的示数
油路控制装置	溢流阀 单向阀 压力操纵阀	◆ 阀门类装置在存放时需注意按规格分类存放，方便拿取 ◆ 装置管理人员需定期检查阀门的密封性

二、润滑装置管理工作流程

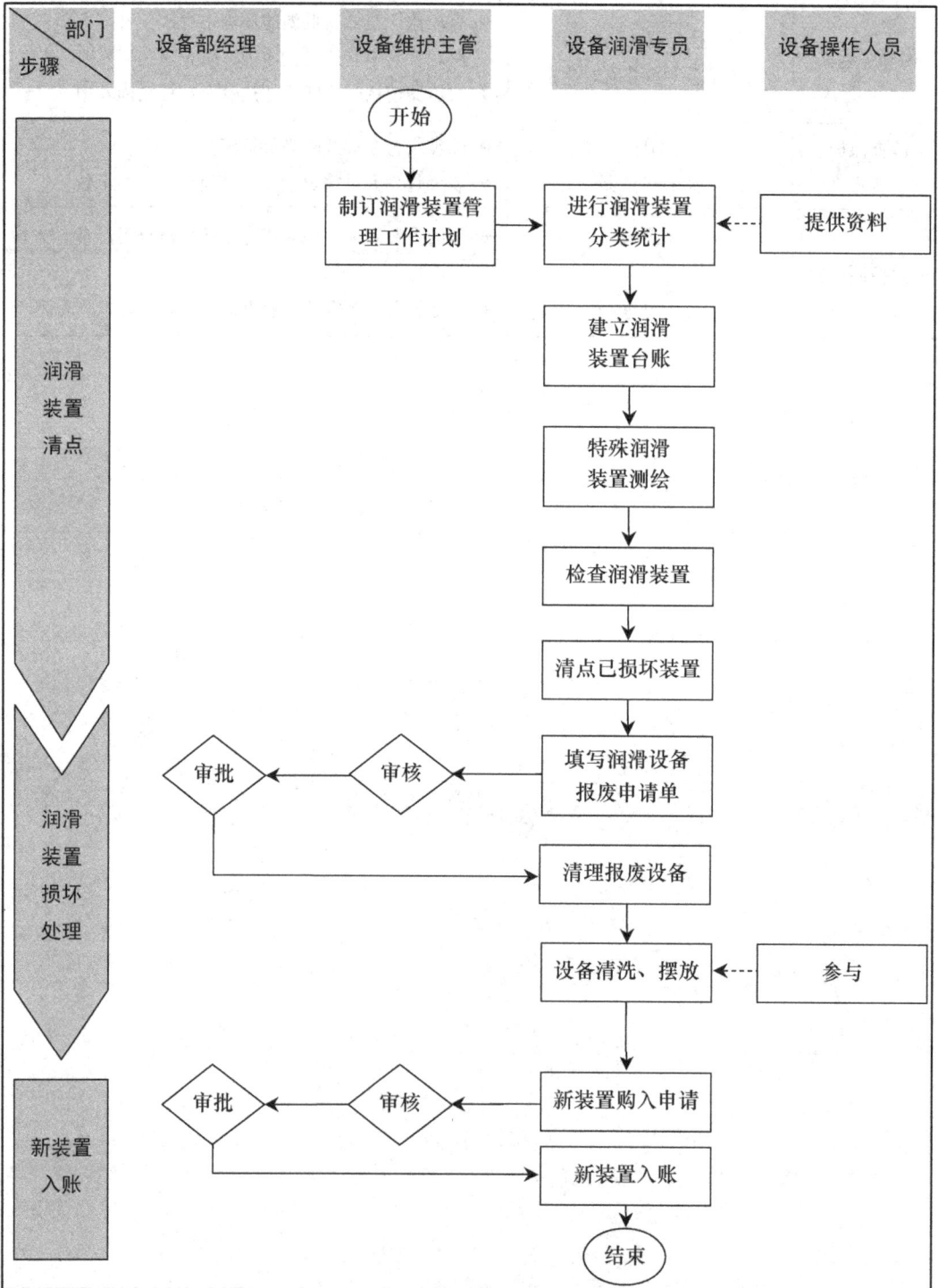

部门 步骤	设备部经理	设备维护主管	设备润滑专员	设备操作人员

润滑装置清点

润滑装置损坏处理

新装置入账

开始 → 制订润滑装置管理工作计划 → 进行润滑装置分类统计 ← 提供资料

进行润滑装置分类统计 → 建立润滑装置台账 → 特殊润滑装置测绘 → 检查润滑装置 → 清点已损坏装置 → 填写润滑设备报废申请单

填写润滑设备报废申请单 → 审核 → 审批 → 清理报废设备 → 设备清洗、摆放 ← 参与

设备清洗、摆放 → 新装置购入申请 → 审核 → 审批 → 新装置入账 → 结束

三、润滑装置管理制度

制度名称	润滑装置管理制度		受控状态	
			编　号	
执行部门		监督部门	编修部门	

第 1 条　目的

为加强对工厂设备部润滑装置的管理工作，规范润滑装置的使用、维护、修理等工作，特制定本制度。

第 2 条　术语解释

润滑装置指构成设备润滑系统的单个润滑元件。按装置功能可分为给进装置、过滤装置、储油装置和供油装置等。

第 3 条　适用范围

本制度适用于设备部对所有润滑装置管理的相关工作。

第 4 条　管理方式

润滑装置在设备中用量较大、品种较多，容易丢失和损坏，由设备部实行统一归口管理。

第 5 条　装置使用管理

1. 装置管理人员需对同类的润滑装置进行编号，指定润滑装置的使用人员。

2. 因润滑装置种类较多，润滑人员在选用时需充分考虑润滑部位的类型与结构，并结合润滑装置的特点进行选择。

3. 润滑人员需严格按照润滑装置使用说明书和工厂润滑操作手册中的相关内容使用润滑装置，禁止一些会造成装置或设备损坏或易引起安全事故的操作。

4. 润滑人员在取用润滑装置时需填写"润滑装置取用单"，归还装置时需在润滑装置登记簿上签字。

5. 润滑人员在装置取用时需检查装置的完好程度。

第 6 条　装置维护管理

润滑装置在存放时，由装置管理员按装置的使用说明书与工厂润滑装置维护的相关规定对其进行维护，润滑人员在使用时也需按说明对其进行维护。

第 7 条　装置的报废与维修

装置管理人员需每月对仓库中的润滑装置进行检查，为达到报废标准的装置填写"润滑装置报废申请表"上交设备主管，审批通过后方可对装置进行报废处理。未达到报废标准的润滑装置需派专业技术人员对其进行维修，使其达到使用水平。

第 8 条　润滑装置台账的建立

装置管理人员应对全厂各类设备润滑装置的种类、规格、数量进行统计，建立设备润滑装置台账，便于对润滑装置进行检查与管理。

第 9 条　特殊润滑装置管理

对于特殊的润滑装置，设备部应进行装置测绘，以便于装置的制造与储备。

（续）

	修订标记	修订处数	修订日期	修订执行人	审批签字
修订记录					

第10条　常用易损装置管理

对于经常使用且容易损耗的润滑装置，装置管理人员应做好检查和维修工作，并准备同类润滑装置以便进行及时更换。

第11条　改进不合理润滑装置

装置管理人员应定期对现有润滑装置进行检查，对一些存在油料泄漏、浪费、润滑不到位现象的润滑装置及时改进或更换。

第12条　本制度由设备部负责制定，修订权归设备部所有。

第13条　本制度____年__月__日起施行。

第三节　设备润滑材料管理

一、润滑材料分类管理

润滑材料是指能起到减少设备备件表面摩擦阻力、减低备件磨损的物质。因品种众多，所以分类标准不一，常见的分类方法是按润滑材料的物理状态将其分为液体润滑剂、半固体润滑剂、固体润滑剂和气体润滑剂四类，对每类材料的说明及管理要点如下表8-4所示。

表8-4　设备润滑材料分类管理表

材料大类	材料特点	示例	管理要点
液体润滑剂（润滑油）	用量最大、品种最多的一类润滑剂，具有较广的黏度范围且成本较低	◆ 动植物油 ◆ 矿物油 ◆ 合成油 ◆ 水基液体	需注意润滑液的过滤与密封，防止液体因挥发和泄漏造成的浪费和污染
半固体润滑剂	在常温常压下呈现半流动固体状态的润滑材料，其特点是不易挥发、工作持续时间长，可长时间不进行更换	◆ 皂基脂 ◆ 无机脂 ◆ 烃基脂 ◆ 有机脂	因此类材料在高温下易发生分解，应选择阴凉处进行存放

（续表）

材料大类	材料特点	示例	管理要点
固体润滑剂	突出特点是受温度影响较小，可在辐射、污染、尘土的环境中使用	◆ 软金属 ◆ 金属化合物 ◆ 无机物（石墨） ◆ 有机物（酚醛树脂、聚四氟乙烯）	价格高，需单独进行存放
气体润滑剂	摩擦系数很小，形成的润滑膜比液体润滑剂薄，一般适用于精度高的设备	◆ 氢气 ◆ 氦气 ◆ 氮气	密封高压存放，搬运时减少对其的摩擦和振动

二、润滑材料性能比较

四类润滑材料因组成物质不同，在性能上也是各具差异与特色。润滑人员应熟知各类润滑材料的性能和特点，才能根据需要正确选择合适的润滑材料。表 8-5 是对四大类润滑材料基本性能的比较说明。

表 8-5　四大类润滑材料的性能比较

性能　　　排名　　　类别	液体润滑材料	半固体润滑材料	固体润滑材料	气体润滑材料
液体动力润滑	1	3	4	2
降低摩擦程度	2	3	4	1
轴承中持久度	4	3	1	2
密封性	4	1	3	2
冷却性	1	3	4	2
蒸发性	2	3	4	1
闪火性	4	3	1	2
相容性	4	3	1	2
购买价格（由高到低）	4	2	1	3
润滑部位复杂性要求（由高到低）	4	3	2	1
润滑材料寿命（由长到短）	4	3	1	2

注：表中数字代表材料的该项性能在四类材料中的排名，"1"代表第一名，以此类推。

191

三、润滑剂质量检测流程

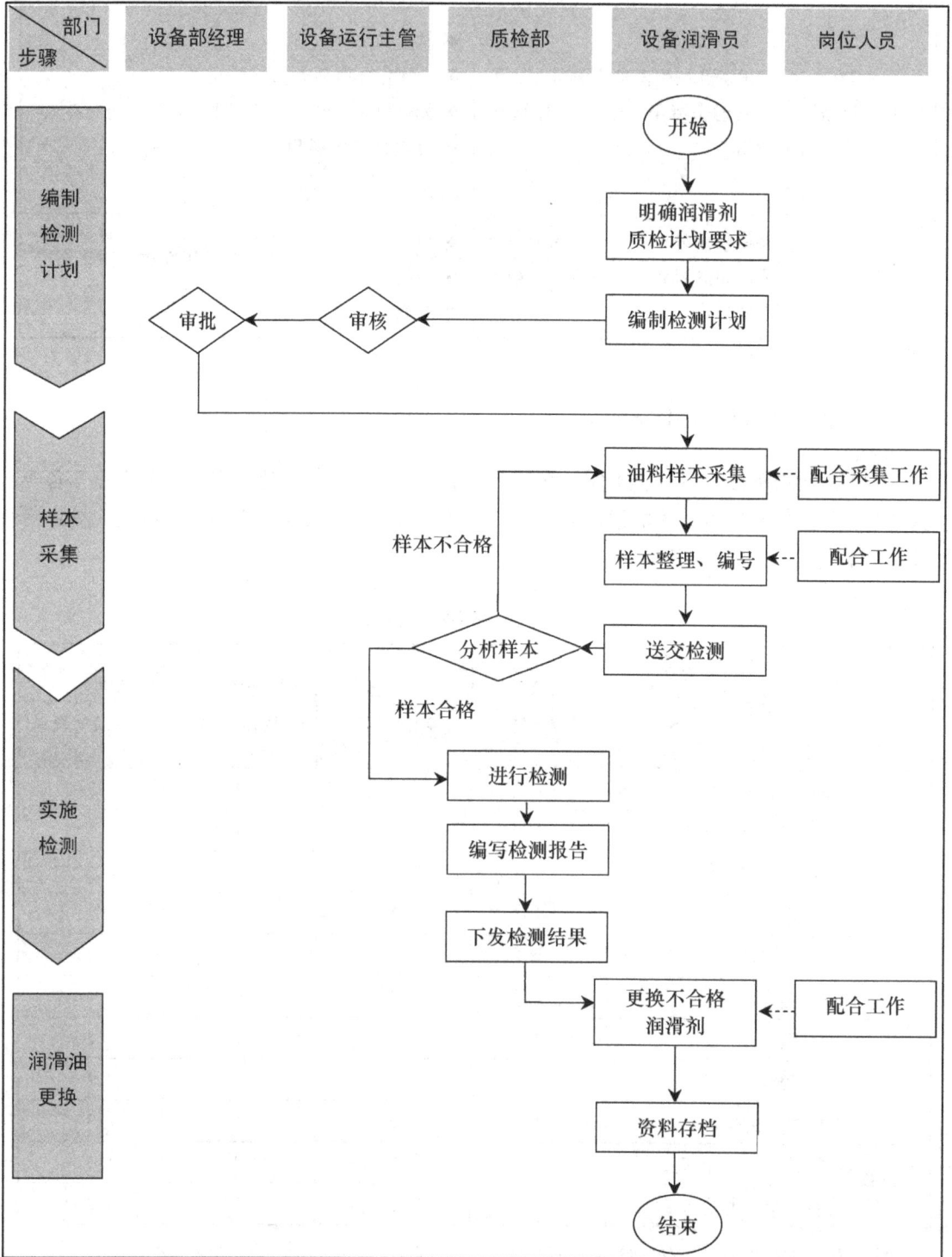

部门\步骤	设备部经理	设备运行主管	质检部	设备润滑员	岗位人员

编制检测计划

开始 → 明确润滑剂质检计划要求 → 编制检测计划 → 审核 → 审批

样本采集

油料样本采集 ← → 配合采集工作

样本整理、编号 ← → 配合工作

送交检测 → 分析样本

样本不合格

实施检测

样本合格 → 进行检测 → 编写检测报告 → 下发检测结果

润滑油更换

更换不合格润滑剂 ← → 配合工作

资料存档 → 结束

四、设备清洗换油管理办法

制度名称	设备清洗换油管理办法		受控状态	
			编　　号	
执行部门		监督部门	编修部门	

第 1 条　目的

为加强对设备清洗换油的管理工作，规范相关人员的工作行为，延长设备的使用寿命，特制定本办法。

第 2 条　适用范围

本办法适用于工厂进行设备清洗换油的所有工作。

第 3 条　编制"设备清洗换油计划表"

1. 储油量在一公斤以上的储油部位，均需编制清洗换油计划；具有多个储油部位的单台机器，应分别对储油部位和用油品种编制清洗换油计划。

2. 设备清洗换油计划应尽量结合设备检修计划编制，如时间相隔两个月以上，可按清洗换油间隔期单独编制。

（1）配合设备检修计划清洗换油的情况下，在表中用"＋"号表示，定期清洗换油在表中用"－"号表示。

（2）设备中 200 公斤以上的储油，于两次清洗换油间隔中间，用精细滤油机过滤一次，在表中用"◇"表示，并在备注栏中用"※"表示，作为换油前取样化验的标记。

3. "设备清洗换油计划表"编制完成后，设备运行主管按月汇总清洗换油台数和换油数量制表，上报设备部经理进行审批。

第 4 条　清洗换油间隔期要求

由于受到各种物理和化学因素的影响，润滑油料在使用过程中会发生老化和变质，影响润滑性能。一般来说，确定设备清洗换油的间隔期应从以下四个方面进行考虑。

1. 新安装及大修后设备需在内部防锈油脂彻底清洗干净、新加润滑油料经过饱合磨损后，方可进行第一次清洗换油；第二次清洗换油在设备正常运行一个月后进行，之后的清洗换油时间按照油质的变化情况进行。

2. 设备的清洗换油间隔期应根据设备的使用时间、润滑部位结构、用油量的多少、造成油料变质的条件以及油料老化变质的程度等因素具体分析确定。储油量在 200 公斤以上的设备，在清洗换油前两周内取样化验，根据油质变化程度决定是否进行清洗换油。

3. 凡需拆卸后加脂的部位，需配合设备检修进行清洗换油。

4. 国外进口的大型稀有设备，应参照设备说明书及油质变化情况决定清洗换油间隔期。

第 5 条　设备各部位加油间隔期要求

设备在使用过程中，由于正常消耗、飞溅、挥发、渗漏等原因会使油量减少从而影响润滑效果，因此需经常补充加油。一般来说，设备各部位加油间隔期的确定有以下四个方面要点。

1. 设备各储油部位（如床头箱、变速箱、液压油箱等）应每天进行巡回检查，及时补充消耗油料，以保持油位应有的高度。

（续）

2. 机床各润滑部位（如油眼、油嘴、油杯、手动油泵、导轨、丝光杠等）应按照设备说明书、润滑图表或有关规定，定期加油润滑。

3. 润滑脂杯每班旋进一扣，脂杯旋到底后，应及时向脂杯中补充润滑脂。

4. 润滑脂泵应根据消耗量定期添加补充润滑脂。

第6条　设备清洗换油的工艺要求

一般来说，对设备进行设备清洗换油有以下五方面工艺要求。

1. 放油要求：将设备各油箱内脏油排放干净。

2. 清洗要求：用洗油将油箱内部清洗干净，并将洗油排放干净，然后用塑料泡沫或干净棉布试净，不得残留有油污及棉纤维。

3. 检查要求：用白纱布擦试清洗过的油箱，无黑迹者为合格，并拧紧各放油出口的油盖。

4. 加油要求：加油人员按规定的油品、油质为油箱加足新油。

5. 擦试要求：检查油箱盖及防护罩是否清洁完毕，并拭净油箱表面及设备周围地面，不留有油污。

第7条　设备清洗换油注意事项

1. 对设备进行清洗换油时，必须将总电源关闭，洗涤齿轮箱需空运转时，应通知在场的工作人员停止清洗和擦试。

2. 设备油箱必须使用煤油或轻柴油进行清洗，一律不准使用汽油清洗。

3. 设备清洗后更换的新油，必须经过过滤处理，特别是精密机床主轴用油、静压装置用油、伺服液压系统用油等更应严格过滤。

4. 精密机床液压、伺服系统等，一律不准使用再生油料。

第8条　本办法由设备部制定，修订权归设备部所有。自下发之日起施行。

修订记录	修订标记	修订处数	修订日期	修订执行人	审批签字

五、润滑材料消耗定额管理方案

文书名称	润滑材料消耗定额管理方案	编　　号	
		受控状态	

一、目的

为制定出更为合理的润滑材料消耗定额，减少润滑材料的浪费进而节约设备润滑成本，特制定本方案。

二、润滑材料消耗定额的内容

润滑材料消耗定额包括以下三项内容。

1. 设备各油箱和油池一次换油量定额。

2. 设备正常添油量定额。

3. 设备日常维护浇油定额。

（续）

使用润滑材料消耗定额可以计算油箱换油量、正常添油量、日常维护用油量，在此基础上计算出单台设备全年耗油量及车间、工厂的月、年设备用油量，作为编制润滑材料需用申请表的主要依据，也是润滑材料实行定额管理的基础。

三、润滑油的消耗定额

（一）油箱一次换油量定额

油箱一次换油量定额是设备部人员通过查阅设备说明书和实际测定，汇编出的各种型号设备的各储油部位的标准储油量，是设备润滑图表和换油卡片中相应数据的根据。

计算某设备全年油箱换油量 $Q_{换}$（kg）的公式为：$Q_{换} = \sum_{i=1}^{n} C_i Q_i$

其中：n——储油部位数量；i——某一储油部位（从 1 到 n）；

C_i——第 i 储油部位当年换油次数；Q_i——第 i 储油部位的标准储油量（kg）。

（二）油箱正常添油量定额

油箱正常添油量指油料因正常消耗而需要定期添补的油料数量，通过以油箱每月正常添油系数 K 计算出机台油箱全年正常添油量 $Q_{添}$，公式为：$Q_{添} = 12T \sum_{i=1}^{n} Q_i$

设备油箱每月正常添油系数如下表所示。

设备油箱每月正常添油系数

月添油系数	开动班制	箱内封闭润滑	箱外泵送循环润滑
T	一班制	0.02 ~ 0.03	0.03 ~ 0.04
	两班制以上	0.03 ~ 0.05	0.05 ~ 0.07

（三）设备日常维护注油定额

设备日常维护注油定额是按设备类别分别制定的每个机械修理复杂系数 $F_{机}$ 每班的平均消耗量（作为定额的范围），确定具体机台的消耗定额时，还应通过测定使之符合实际。下表为供参考的设备日常维护表面加注润滑油定额。

设备日常维护表面加注润滑油定额

设备类别	每个修理复杂系数或每班次消耗定额（G）
拉床、立钻、摇臂钻、液压刨、外圆磨、万能磨、各型工具磨、台式机床	10 ~ 15
卧式车床、转塔车床、立车、端车、铲齿车床、深孔钻、锯、圆锯、各类铣床、平磨、无心磨、螺纹磨、花键磨、曲线磨、单臂刨、龙门刨	15 ~ 20
卧式镗床、落地镗床、牛头刨床、插床、各类齿轮加工机床、自动和半自动车床	15 ~ 25

（续）

设备类别	每个修理复杂系数或每班次消耗定额（G）
木工机床类	8～10
传送机械类、卷扬机、天车、材料试验机类	5～10
鼓风机、排送机、电动泵	5～10
造型机、抛砂机、混砂机、落砂机、清砂机、球磨机、滚动烘窑	10～15
摩镇压力机等各种机械冲压设备、剪断机	15～25
各种空气锤	30～40
各种蒸汽锤	40～50
空气压缩机（压力在 400N/cm² 以下）	60～70
各种电机轴承	0.5～1.0

用定额计算出机台全年日常维护注油量 $Q_{注}$ 的公式为：$Q_{注} = CP_y F_{机} R \frac{1}{1000}$

其中：C——该机台年平均开动班次；P_y——日常维护注油定额（克/$F_{机}$·班）；$F_{机}$——机台的修复复杂系数；R——全年的工作日数。

（四）计算单台设备润滑材料年定额用量

单台设备润滑材料年定额用量 $Q_{总}$ 由油箱换油量 $Q_{换}$、油箱正常添油量 $Q_{添}$ 和日常维护注油量 $Q_{注}$ 三部分组成，公式为：$Q_{总} = Q_{换} + Q_{添} + Q_{注}$，式中的 $Q_{换}$、$Q_{添}$、$Q_{注}$ 根据上述对各个值的计算得出并代入公式中。

编制人员		审核人员		审批人员	
编制时间		审核时间		审批时间	

六、润滑材料使用管理规定

制度名称	润滑材料使用管理规定		受控状态	
			编　号	
执行部门		监督部门	编修部门	

第 1 章　总则

第 1 条　目的

为规范对工厂润滑材料的取用工作，减少材料浪费，提高其利用率，特制定本规定。

第 2 条　适用范围

本规定适用于工厂润滑材料的使用管理工作。

（续）

第3条　相关人员权责

1. 设备润滑专员负责润滑材料的领取、使用工作。

2. 设备运行主管负责对润滑材料使用的监督、指导工作。

第2章　润滑材料的选择及购入

第4条　润滑材料的选用方法

1. 根据设备工作条件选择合适的润滑油品。

2. 根据设备使用说明书选择设备生产厂家推荐的油品。

第5条　润滑材料的采购

应通过正当渠道、到正规的油品生产厂家或销售公司购买润滑材料，以防假冒伪劣产品混入。

第6条　润滑材料的验收

工厂对购入的润滑材料要进行检测验收，防止不合格产品流入。

第7条　润滑材料的正确保管与发放

润滑材料应分类存放，避免潮湿环境，以防水分或灰尘进入，影响其使用性能或导致油品变质。

第3章　润滑材料的使用

第8条　润滑材料领取

领取润滑材料时，需由领取人员填写"润滑材料领用单"经设备润滑主管签字后方可领用。

第9条　润滑材料使用注意事项

1. 温度控制

设备润滑材料的有效温度一般在30℃~60℃的范围内，润滑人员在进行润滑工作时需将材料温度控制在此范围内，避免温度过高造成对润滑系统的不良影响。

2. 防止空气进入润滑系统

空气的混入会对润滑剂的黏度、体积弹性系数造成重大影响。润滑人员在进行润滑工作时需注意防止空气混入润滑材料或润滑系统中，防护的主要措施如下。

（1）排除润滑元件、管路中存在的空气。

（2）在润滑系统中设置排气装置，用来排出润滑系统中的空气。

3. 油面高度控制

向设备油箱注入润滑油时，润滑人员应检查油箱中的油量是否正常，避免发生吸空现象。油箱中油面的高度应保持在油标刻度线下，同时必须用隔板进行分隔。

第10条　润滑材料使用"五定"原则

1. "定人"：每台设备由操作人员、润滑人员分别对各自负责的润滑部位进行润滑。

2. "定点"：每种润滑材料的润滑点都是确定的。

3. "定质"：润滑材料的容器上必须标有此材料的检验合格证明，润滑剂中如掺入代用油料需在容器上进行标注。

4. "定时"：润滑材料的注入时间、更换时间必须是确定的。

5. "定量"：润滑材料需实行定量消耗制，避免材料的浪费。

（续）

第11条 润滑材料使用"三级过滤"

润滑材料在注入设备润滑部位前需要经过三道过滤程序，以保证润滑材料的质量符合要求。三道过滤程序是指从油桶至油箱进行一级过滤、从油箱至油壶进行二级过滤、从油壶至润滑点进行三级过滤。

第4章 润滑材料更换与回收

第12条 润滑材料更换

润滑人员应根据每类润滑材料的特点确定其使用周期，对设备油箱中的润滑材料进行定期更换。更换后的润滑材料经过滤处理后可再次使用，对超过使用寿命的润滑材料进行集中收集、集中处理。

第13条 废油回收

废油回收是将废油重新收集起来，避免环境污染，且废油再生可带来较好的经济效益。

第14条 废油再利用

对于超过其使用寿命的润滑油，工厂可将其进行过滤后作为设备维护用油。

第5章 附则

第15条 本规定由设备部编制，解释权归设备部所有。

第16条 本规定自颁布之日起执行。

修订记录	修订标记	修订处数	修订日期	修订执行人	审批签字

七、润滑油料取样管理办法

制度名称	润滑油料取样管理办法		受控状态	
			编 号	
执行部门		监督部门	编修部门	

第1章 总则

第1条 目的

为加强对设备润滑油取样工作的管理，保证润滑油的质量，特制定本办法。

第2条 术语解释

润滑油取样指设备润滑专员从储油罐、油桶、设备油箱中采取少量具有代表性的油料样本进行化验，以判定该批油料的质量是否达到要求。

第3条 适用范围

本办法适用于所有润滑油料取样工作。

第4条 相关人员权责

1. 润滑专员负责样本油料的提取、送检工作，并做好相关样本记录。

（续）

2. 质检员负责对送检的油料样本进行化验，并填写化验报告。

3. 设备经理负责对油料取样工作的监督与指导，并处理造成油料污染的相关责任人。

第 5 条　取样器具要求

设备部对进行润滑油油料取样的器具有以下四点要求。

1. 进行油料取样所使用的玻璃管、玻璃瓶、取样器、铲子等器具，必须用液体清洗剂清洗干净，表面不得沾有油污、酸、碱和固体颗粒物等。

2. 油料取样的器具必须保持干燥。

3. 取样时使用的取样瓶应配有玻璃塞或软木塞以保证样本质量。

4. 取样瓶上应贴有标签，便于取样人员对取样名称、取样部位和取样时间进行标注。

第 2 章　液态润滑剂取样

第 6 条　油罐取样

一般来说，取样人员进行液体润滑剂油罐取样时可采用以下五种方式。

1. 组合取样。取样人员从油罐顶油面到油罐底油面高度的 1/6、1/2、5/6 处取等量油样进行组合，且所取总油料不得少于 500 毫升。

2. 油罐顶部试样。取样人员从油罐的顶液面下 150 毫米处进行取样。

3. 油罐底部试样。取样人员从油罐底部内顶液面处进行取样。

4. 油罐表面试样。取样人员从油罐内顶液面处进行取样。

5. 油罐出油口试样。取样人员从油罐出油口直接进行取样。

第 7 条　油桶中取样

润滑油取样人员在进行油桶中取样时可按以下两个步骤进行。

1. 取样前，取样人员先将油桶放倒并前后滚动，使桶内油液充分搅动，然后将桶直立，将桶口周围擦拭干净后旋开桶盖。

2. 用直径 10 毫米左右的干燥玻璃管，伸入液面下 30 厘米处，待吸入油料后，用拇指按住管口上端，取出玻璃管，用管中油料冲洗玻璃管。接下来用拇指按住玻璃管口，将玻璃管插入油桶底部，放开拇指使管内充满油，再用拇指按住管口上端，取出玻璃管，将油料注入洁净干燥的取样瓶中。

第 8 条　机床油箱取样

一般来说，取样人员在进行机床油箱取样时应注意以下三点。

1. 取样器具应选用洁净干燥的玻璃管或带塑料细管的玻璃注射器。

2. 取样人员应在机床前开动一小时且油箱中油料被充分搅拌匀后进行取样。

3. 取样量不小于 500 毫升。

第 3 章　润滑脂（半固体润滑剂）取样

第 9 条　润滑脂取样方式

润滑脂取样主要包括活塞式穿孔器取样与小铲取样。

1. 活塞式穿孔器取样。取样前，先将桶内润滑脂表面刮掉直径 200 毫米、厚约 5 毫米的油脂层，将穿孔器插入脂内，直达桶底后将穿孔器旋转 180°，使穿孔器下面的金属丝切断试样，然后取出穿孔器弃去下端 5 毫米厚的油层，再用活塞挤出试样。

（续）

2. 小铲取样。刮去表面脂层，从脂的中部进行取样。

第10条　润滑脂取样要求

1. 因润滑脂价格相对高昂，取样时应注意器具的清洁，避免油料污染的情况发生。

2. 取样量为500毫升。

第4章　其他润滑油料的取样

第11条　固体润滑剂取样

固体润滑剂因其特殊性和较高的成本，取样人员在进行取样时应先在润滑剂表面选择至少3个取样点，使用干净的取样铲刮取固体表面约50克物质送检。

第12条　气体润滑剂取样

气体润滑剂一般于高压气罐中低温保存，取样员应使用专业工具（如气体取样泵、气体取样袋等）进行取样，样品不少于1立方米。

第5章　附则

第13条　本办法由设备部制定，修订权和解释权归设备部所有。

第14条　本办法自下发之日起施行。

	修订标记	修订处数	修订日期	修订执行人	审批签字
修订记录					

八、润滑油料回收利用管理办法

制度名称	润滑油料回收利用管理办法		受控状态	
			编　号	
执行部门		监督部门	编修部门	

第1条　目的

为加强对工厂润滑油回收工作的管理，提高油料利用率，减少油料浪费与环境污染，特制定本办法。

第2条　适用范围

本办法适用于设备部进行的润滑油回收和再利用工作。

第3条　制度背景

按照设备清洗换油管理规定，油箱换下的润滑油料，除主要质量指标超过允许使用范围作为废油处理的油料外，其余油料经过处理后均具有再利用价值。实践证明，各种润滑、液压油料的再利用潜力很大，必须充分利用以发挥其作用。

第4条　相关人员权责

1. 设备部经理：负责指导并监督油料的回收和再利用工作。

2. 润滑技术员：负责对换下的润滑油料进行收集、检验和过滤等工作。

（续）

3. 设备操作员：配合润滑技术员进行油料的收集工作。

第 5 条　回收依据

可进行回收再利用的润滑油料需满足以下两个条件。

1. 主要质量指标未超过允许使用范围。

2. 油料中的主要杂质为机械部件摩擦产生的杂质。

第 6 条　油料回收要求

润滑技术员在进行油料回收时需注意以下五点。

1. 不同种类和不同废旧程度的油料应分别回收，不得混杂回收影响油料再生。

2. 废洗油、切削油和润滑油不得混杂回收。

3. 储存废油的油桶必须专桶专用并做明显标记，不得与装新油的桶混用。

4. 应妥善保管回收存放废旧润滑油料的桶，防止灰尘、水、杂质进入油内，使污染加剧。

5. 润滑油属于易燃物品，废油存放的场地须做好防火安全工作。

第 7 条　油料过滤

1. 过滤精度：回收油料需经过过滤精度为 5 微米或 10 微米的精细过滤处理后才能进行利用。

2. 常见的过滤方法主要有以下两种方式，如图所示。

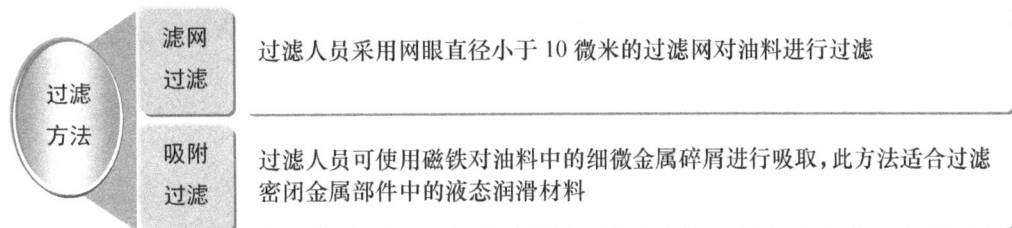

| 过滤方法 | 滤网过滤 | 过滤人员采用网眼直径小于 10 微米的过滤网对油料进行过滤 |
| | 吸附过滤 | 过滤人员可使用磁铁对油料中的细微金属碎屑进行吸取，此方法适合过滤密闭金属部件中的液态润滑材料 |

常见的两种过滤方法

3. 过滤检验：经过过滤处理后的润滑油料需经过质检部门检验达到标准后方可进行使用。

第 8 条　油料再利用途径

一般来说，经过回收、处理后的润滑油料有以下两种再利用途径。

1. 回收料可作为原设备的润滑油继续使用。

2. 回收料可作为设备日常维护用油使用。

第 9 条　油料回收利用奖惩措施

1. 每月回收油料达____毫升以上的人员，工厂给予____元现金奖励。

2. 对于设备润滑废油率达到____%的人员，工厂应扣发____元当月奖金。

第 10 条　本办法由设备部制定，修订权归设备部所有。

第 11 条　本办法自____年__月__日起施行。

修订记录	修订标记	修订处数	修订日期	修订执行人	审批签字

设备备件控制
精细化管理

第九章

第一节　备件采购与制造

一、备件价值成本分析

备件价值成本分析是指工厂对所购入的备件在降低生产成本或减少设备故障发生率方面所起的作用进行分析，分析的对象应选择花费较高的备件以节约分析成本。具体来说，备件价值分析的主要步骤及内容如表9-1所示。

表9-1　备件价值成本分析的步骤和主要内容

分析步骤		具体说明
选择分析细项		选择一个年成本较高的细项作为分析对象
初步分析		主要是对该备件在生产中起的作用和具备的功能进行分析
深度分析	替代品分析	该备件是否存在价格更为低廉的替代品可供选择
	货源分析	对能够提供该备件的供应商进行分析
	故障改善	设备自使用该备件后，故障发生频率是否明显下降
	规格分析	分析备件规格对备件正常使用造成的影响
	标准化程度	分析对象的标准化程度如何，是否能使用非标准零件进行替代
	维修费用	在满足维修需求的情况下是否可以降低采购成本
归纳和总结		对经初步分析与深度分析得出的结论、解决方法、建议进行归纳和总结

二、备件采购管理流程

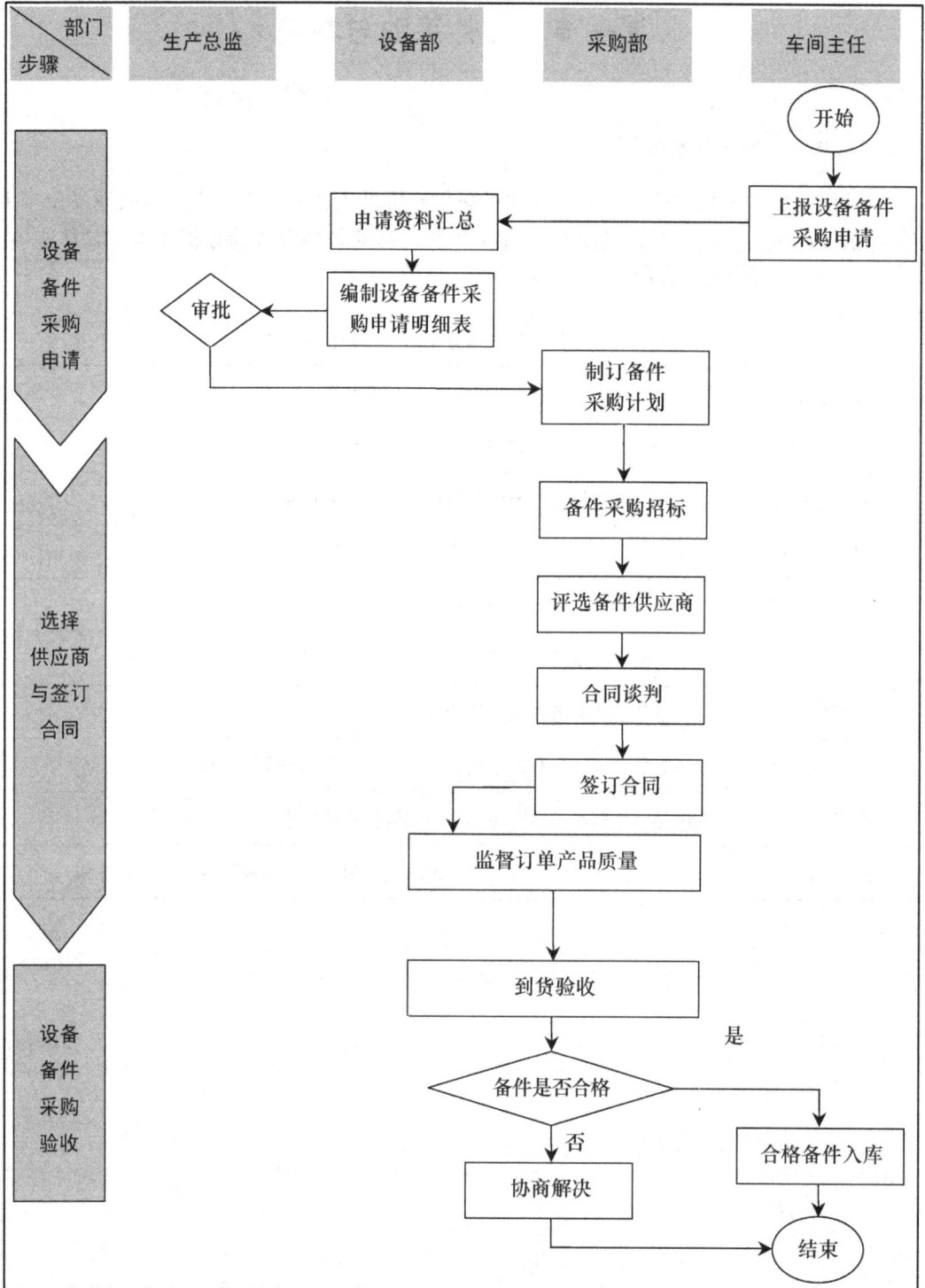

部门 步骤	生产总监	设备部	采购部	车间主任

设备备件采购申请
- 开始
- 上报设备备件采购申请
- 申请资料汇总
- 编制设备备件采购申请明细表
- 审批

选择供应商与签订合同
- 制订备件采购计划
- 备件采购招标
- 评选备件供应商
- 合同谈判
- 签订合同

设备备件采购验收
- 监督订单产品质量
- 到货验收
- 备件是否合格
  - 是 → 合格备件入库
  - 否 → 协商解决
- 结束

三、备件自制管理流程

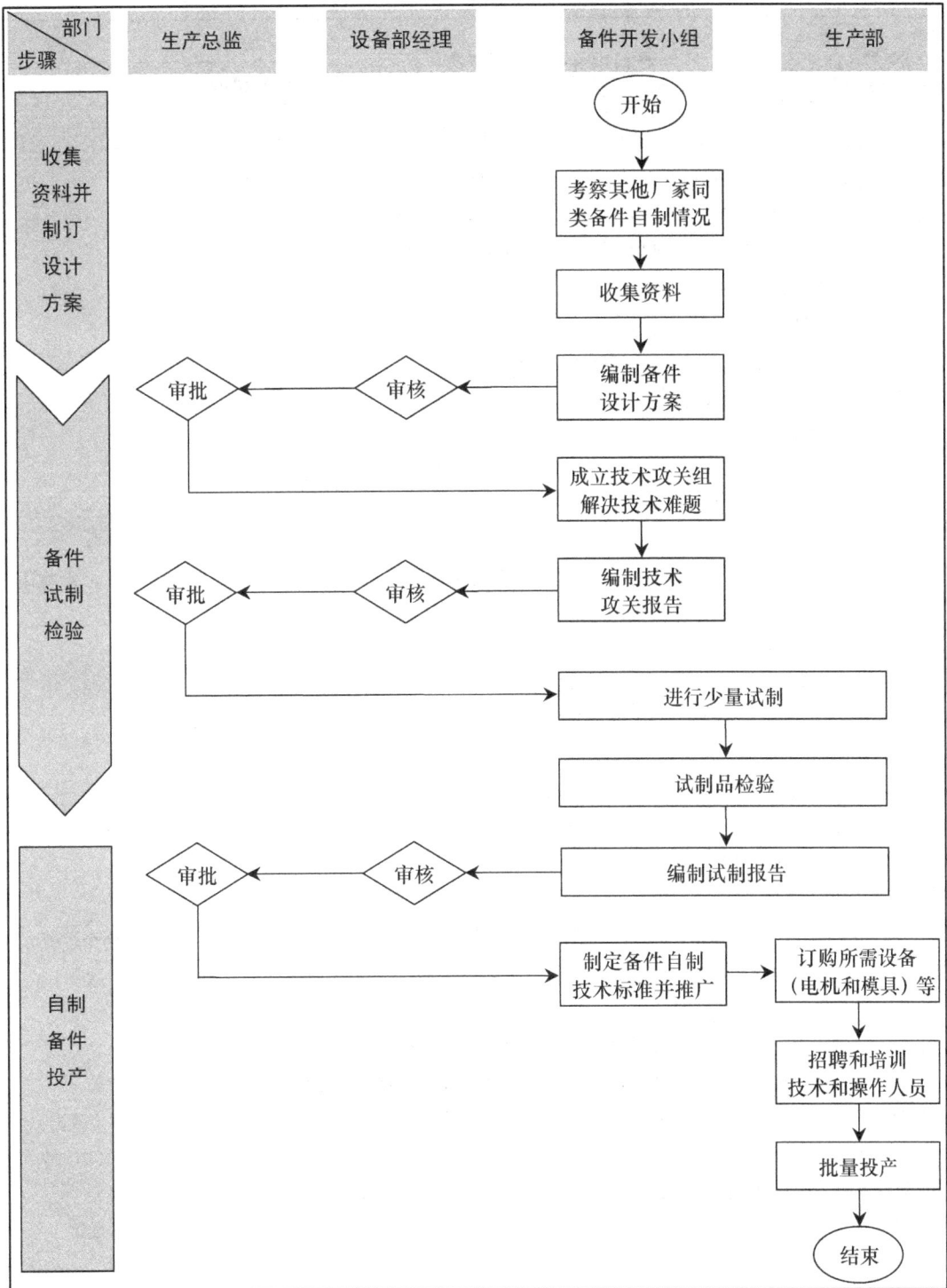

步骤 部门	生产总监	设备部经理	备件开发小组	生产部

收集资料并制订设计方案

开始

↓

考察其他厂家同类备件自制情况

↓

收集资料

↓

编制备件设计方案 → 审核 → 审批

备件试制检验

成立技术攻关组解决技术难题

↓

编制技术攻关报告 → 审核 → 审批

进行少量试制

↓

试制品检验

↓

编制试制报告 → 审核 → 审批

自制备件投产

制定备件自制技术标准并推广 → 订购所需设备（电机和模具）等

↓

招聘和培训技术和操作人员

↓

批量投产

↓

结束

四、进口设备备件自制方案

文书名称	进口设备备件自制方案	编　　号	
		受控状态	

一、目的

为降低进口设备的维修费用，缩短备件订货周期，减少设备停机损失，特制定本方案。

二、备件自制的原则

自制备件的质量应不低于进口备件，同时应保证设备性能和产出品质量的稳定。

三、备件自制依据

工厂选择自行制造备件，应符合以下五项条件。

1. 备件购买价格昂贵，且运输过程中容易损坏。

2. 订货周期长，停机损失严重。

3. 保存有详细的技术资料。

4. 测绘条件、生产设备和生产环境满足备件制造要求。

5. 制造备件的总成本应低于购买备件的成本。

四、备件自制的准备工作

1. 翻译外商提供的进口设备技术资料、使用说明书、开箱验收资料等，对短缺的图纸应分类补齐。为每台进口设备建立技术档案，记录使用、维护、检修和更新等情况。

2. 熟悉并掌握工艺流程、设备性能、备件材料质量、加工精度、磨损速度等情况。

3. 将易损备件分类，按照随机备件样品测绘图纸进行备件实物成分化验和性能测试，积累第一手现场资料。无备件样品的需要利用设备停机或检修时间现场跟踪、测绘，进行各项参数的积累。

4. 考察国内早期引进的同类设备的使用状况、国产化效果，并进行比较分析。

5. 考察国内机电行业配件专业厂家，收集样本资料。

6. 需要对车间生产线进行改造的，由设计部、设备部相关人员提前半年编制详细的车间生产线改造方案，经生产总监审批通过后执行。

五、备件自制工作执行步骤

1. 设备部、生产部和技术部相关人员成立备件自制开发小组，负责备件从设计到投产的整个过程。

2. 将收集的信息汇总，由开发小组确定设计方案，经设备部经理和生产总监审批通过后组织相关人员成立攻关小组，对备件制造的技术难题进行攻关。

3. 由技术攻关小组编制技术攻关报告，经生产总监审批通过后进行备件小批量试制。

4. 订购所需电机、模具等设备进行小批量生产，详细记录试制过程和结果。

5. 在不影响生产的情况下将少量试件安装试用，观察并详细记录设备运行状况，发现缺陷逐步改进。

6. 经过一定时间的试用，经质量认证和寿命周期验证合格后，开发小组编制自制备件试用报告，经设备部经理和生产总监审批通过后正式定型推广。

7. 制定自制备件的外观、性能、所选用的材料质量、加工质量、装配及工艺质量等技术标准。

8. 改造现有的生产环境和生产线，订购所需其他设备等。

（续）

9. 招聘和培训所需技术人员、管理人员和操作人员。

10. 正式投产，由生产部相关人员进行生产管理。

11. 为专有技术申请国家专利。

编制人员		审核人员		审批人员	
编制时间		审核时间		审批时间	

五、采购备件成本节约方案

文书名称	采购备件成本节约方案	编　　号	
		受控状态	

一、目的

为节约备件采购成本，提供有效的节约资金方法，特制定本方案。

二、采购备件成本节约方式

采购部在进行设备备件采购时可采用以下几种方式节约成本。

1. 选择价格较低的同类备件供货商，或通过采购人员的谈判技巧压低备件价格。通用件需进行价格比对后做采购决定。

2. 采购人员制订采购计划时，需对备件采购量进行严格控制，避免采购资金的浪费。

3. 减少因备件采购工作花费的其他额外费用。

三、改善供应渠道，降低成本

（一）开发供货商

供应商的议价能力在很大程度上影响了备件采购成本。拓展供应商渠道可以在增加选择机会的同时，促使供应商之间展开竞争，有利于降低工厂的采购成本。供应商开发一般有以下七种途径。

1. 国内外采购指南。

2. 国内外产品发布会。

3. 国内外新闻媒体。

4. 国内外产品展销会。

5. 政府组织的各类商品订货会。

6. 国内外行业协会。

7. 其他途径。

（二）促使供货商不断开发新产品

采购部应不断促进供应商进行产品的设计更新，使采购成本不断降低。

四、自我改善

（一）寻找替代品

设备部和技术部相关人员应不断研究备件的替代品，不断降低备件采购价格。

（续）

（二）备件规格标准化

设备部和技术部应成为备件规格标准化的推进者，使设备所需备件的规格与国内标准接轨，为采购部拓宽采购渠道。

（三）减少废料

无论在采购过程还是在生产过程中，尽量避免产生废料，浪费采购成本。

（四）减少不必要的公差

采购人员在执行采购任务时，应不断学习应用现代科学技术，逐步实现采购活动的电子化，减少不必要的公差，降低采购成本。

（五）制定适当的交货期限，降低成本

采购部在与供应商签订采购合同时，应根据实际需要选择适当的交货期限，以有利于降低采购成本为原则。

（六）有计划的大量购买

一般情况下，采购的订货量与采购成本成反比关系，因此采购部可以在库存量与库存成本允许的情况下，尽量大规模采购，降低采购成本。

（七）优化采购流程

采购流程的不畅是影响采购成本的主要因素之一，因此采购部应及时对采购流程进行优化，便于节约采购时间，降低采购成本。

五、选择合适的采购路径

（一）集中采购

1. 提前汇总各部门的采购需求，采购部可用较大的采购量作为砝码得到较好的价格折扣。

2. 备件规格标准化后，可取得供应商标准品的优惠价格，库存量也可以相对降低。

3. 采购管理费用因采购统一作业而降低，从而减少整体采购成本。

（二）联合采购

在进行比较贵重但原料又很紧缺的采购时，可以组织或加入采购联盟。通过多个工厂的联合，可以降低采购价格，增加防范风险的能力，获取更多的利益。

（三）第三方采购

第三方采购是指工厂将备件采购外包给第三方公司。与自行采购相比，第三方采购可以提供更多的价值和购买经验，所以工厂可以将非核心备件或非常见的特殊备件采购外包给第三方公司，以降低采购成本。

（四）全球化采购

采购部应建设全球化采购网络，实现全球一体化采购，有利于获得最优质的资源。

六、采购成本降低的计算

通过分析目前的产品、服务、合约、制造程序等，以决定是否有任何可能的改变能够降低成本。所有比前一次减少的付款部分都可视为成本的降低。计算成本降低的方法有以下三种。

1. 单价降低的金额＝原单价－新单价。

2. 成本降低＝（原单价－新单价）×一次采购数量（或年采购量）。

3. 成本降低与预计目标的差异＝实际成本降低额（每年）－预计成本降低金额（每年）。

（续）

七、采购成本降低的奖励

工厂应对降低采购成本的员工给予一定的奖励，具体的标准如下。

（一）直接降低采购成本

直接降低采购成本，是指在采购执行过程中通过降低采购价格、减少采购运费支出等方式，使采购成本直接降低的行为。对其的奖励标准如下。

1. 采购成本降低在____元以内的，奖励人民币____元。

2. 采购成本降低在____ ~ ____元的，奖励人民币____元。

3. 采购成本降低在____元以上的，奖励人民币____元。

（二）间接降低采购成本

间接降低采购成本，是指在采购执行过程中通过实现采购物品标准化、提高采购效率等目的使采购成本间接降低的行为。对此中行为的奖励需经公司采购领导小组评定并折合成现金计算，其奖励标准如下。

1. 采购成本降低在____元以内的，奖励人民币____元。

2. 采购成本降低在____ ~ ____元的，奖励人民币____元。

3. 采购成本降低在____元以上的，奖励人民币____元。

编制人员		审核人员		审批人员	
编制时间		审核时间		审批时间	

六、备件修旧利废管理办法

制度名称	备件修旧利废管理办法		受控状态	
			编　　号	
执行部门		监督部门	编修部门	

第1章　总则

第1条　目的

为规范设备部对废旧备件的管理工作，规范对废旧备件进行重复利用，减少备件采购费用，特制定本办法。

第2条　名词解释

备件修旧利废管理是指对废旧备件的回收、维修等工作进行管理。修旧利废是减少采购费用、降低维修成本的有效手段。

第3条　适用范围

本办法适用于所有与备件回收、维修相关的工作。

第2章　备件修复管理

第4条　可修复备件的定义

可修复备件是指在设备维修中因正常磨损或其他特殊原因更换的离线备件，此类备件经过加工修理后可恢复使用，并满足设备使用要求。

（续）

第5条　备件修复类型

一般来说，可修复备件的修复可分为维护性修复和恢复性修复两大类。

1. 维护性修复

维护性修复是指对备件进行清扫、拆洗、注油、干燥、调整以恢复备件的使用功能的修复。在此类修复中涉及到通用件、低值易耗件的，可按设备维修工作管理。

2. 恢复性修复

恢复性修复指对备件进行焊、镀、切削、修配等加工性质的维修或更换价值较高的元件。此类修复是工厂进行可修复备件管理的重点。

第6条　备件修复实施

备件修复实施工作可根据修复现场的不同分为工厂内部实施（自厂修复）和委外修复两类。

1. 厂内实施

设备部、维修部共同制订修复计划，提取备件实物后组织人员进行修复。对于急件修复，可先进行修复，事后补办修复手续。

2. 委外实施

由设备部制订委外修复计划后，将待修备件委托给承修单位（必须是合格承包方）进行修复，修复完成后托运至工厂。

第7条　修复件质量要求

设备部应根据修复件的复杂程度，合理确定修复件的质量、技术要求，并制定相应的控制把关程序。委外修复的质量要求应以图纸等书面形式向承修单位提出。

第8条　修复费用

1. 修复件价值计算

对修复件进行价值计算的公式为：节约成本＝备件原值－维修费－残值。

2. 相关说明

（1）机械备件的残值一般按原值的50%进行核定。

（2）自厂修复备件残值按原值80%核定，委托修复备件按原值60%核定。

第3章　报废备件利用管理

第9条　报废件定义

已报废备件是指超过备件使用寿命、损坏严重、经修复无法正常使用的备件。

第10条　报废件分类

工厂进行报废处理的备件可分为有害备件和可利用备件两类。

1. 有害备件

备件含有放射、毒性物质的为有害备件，此类备件报废后应交相关专业部门进行处理。

2. 可利用备件

此类备件构成材料较单一，经过熔炼等处理后可进行回收利用。

第11条　报废备件再利用途径

设备部对已报废备件进行再利用通常有以下两种途径。

（续）

	1. 培训器具 报废备件可作为供生产人员培训时使用的培训器具使用。 2. 熔炼重造 工厂可将报废的金属备件进行熔炼以自造新的备件。 第4章 附则 第12条 本办法由设备部编制，修订权归设备部所有。 第13条 本办法自下发之日起施行。				
修订记录	修订标记	修订处数	修订日期	修订执行人	审批签字

第二节　备件使用与消耗

一、备件管理模式选择

工厂设备部可根据自身的实际情况，选择备件管理的侧重点，并以此建立备件管理模式。合理选择备件管理模式可以有效降低备件管理的成本，实现综合成本最优化。备件管理的具体模式与选择依据如图9-1所示。

管理模式	选择依据
以事后维修为主的管理模式	生产任务较重，产品市场需求量大、供不应求时，工厂可采用此种模式进行备件管理
以设备预防维修为主的管理模式	此种管理模式是当前工厂普遍采取的模式，即预先对劣化、缺陷部位进行维修和更换备件，保持设备良好运行。此种模式适合设备种类多、设备结构复杂、生产连续性高的工厂采用
以状态维修为主的备件管理	状态维修是凭借油液分析、振动监测、测试技术、信号处理等先进手段对设备进行监测。工厂在对重要设备备件（如大型电机轴承、轧机油膜轴承）的管理上可采用此种模式
以生产维修为主的管理模式	此种模式是将预防性维修模式与状态维修模式进行结合，可对关键、主流程生产设备备件实施维修，对非关键、不易损耗的备件实施预防性维修

图9-1　备件管理模式选择说明

二、备件使用管理流程

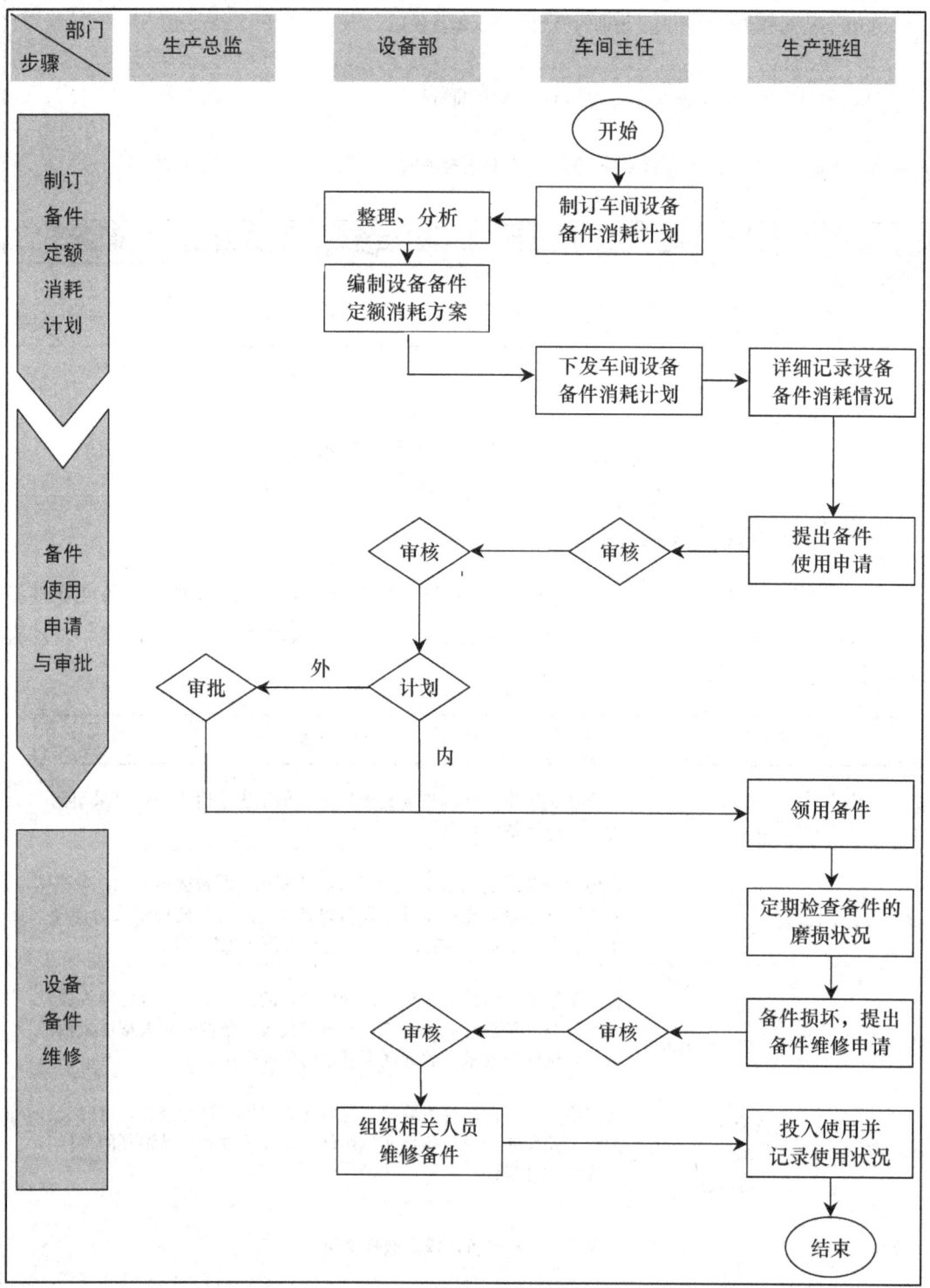

部门 步骤	生产总监	设备部	车间主任	生产班组

制订备件定额消耗计划

开始 → 制订车间设备备件消耗计划 → 整理、分析 → 编制设备备件定额消耗方案 → 下发车间设备备件消耗计划 → 详细记录设备备件消耗情况

备件使用申请与审批

审核 ← 审核 ← 提出备件使用申请

审批 ← 外 ← 计划 → 内

设备备件维修

领用备件 → 定期检查备件的磨损状况 → 备件损坏，提出备件维修申请

审核 ← 审核

组织相关人员维修备件 → 投入使用并记录使用状况 → 结束

三、备件消耗定额管理规定

制度名称	备件消耗定额管理规定		受控状态	
			编　号	
执行部门		监督部门	编修部门	

第1章　总则

第1条　对设备备件消耗实行定额管理可降低和控制生产成本，提高投入产出比，便于对产品进行成本核算和经济核算，是制订备件采购计划和仓储计划的前提。为规范工厂对设备备件消耗定额管理工作，特制定本规定。

第2条　本规定适用于设备备件消耗定额以及储备定额的确定。

第3条　备件消耗定额指在一定技术和管理条件下，生产单位产值所消耗备件的数量标准。

第4条　工厂应在保证产品质量的前提下，根据生产的具体条件，结合产品结构和工艺要求，以实际测定为主、以经验估计和统计分析为辅来确定最经济、最合理的备件消耗定额。

第2章　消耗定额的确定方法

第5条　确定备件消耗定额的常见方法主要有三种，设备部可选择使用。

1. 经验估算法。

2. 统计分析法。

3. 实际测试法。

第6条　经验估算法。设备部相关人员根据以往备件管理的经验，参考历年设备运行统计资料和有关技术文件，并结合生产实际对消耗定额加以确定。

按设计寿命确定消耗定额 R 时，可按下式计算：$R = \dfrac{720\alpha}{t_0}$

其中，α 代表工作负荷（单位：小时），t_0 代表设计工作寿命（单位：小时）。

第7条　统计分析法。设备部相关人员统计近两年的实际备件消耗数量，结合下一年度设备数量、生产任务以及订单变动等情况进行适当修正，确定下一年度的备件消耗定额。一般备件消耗定额的有效期为一年。

第8条　实际测试法。选择有代表性的生产现场，对备件的消耗进行实际测定，根据实测结果和维修、检修和保养记录，确定备件的消耗定额。

第3章　消耗定额的确定

第9条　消耗定额的确定以节约和保证供给为基础，以不造成浪费、略有剩余为原则。

第10条　仓储部负责备件储备定额的制定，设备部负责备件消耗定额的制定，其他涉及备件消耗定额的制定事项由相关职能部门根据部门职责制定。

第11条　设备部应根据备件的不同类型分别确定其消耗定额。具体的确定方法如下表所示。

（续）

不同类型备件消耗定额的确定方法	
备件类型	**定额确定方法**
消耗量稳定的备件	由相关部门人员根据本部门上年和上月的消耗情况并结合工厂年生产目标和管理目标经过理论计算而确定
消耗量不稳定的备件	由相关部门人员根据相似备件、行业综合水平以及理论要求进行科学计算并进行实际测试，从而确定最终的消耗定额

第4章 消耗定额的审查和批准

第12条　各个部门制定完各自的消耗定额后，先由各部门经理进行审核，主要考察消耗定额的合理性和可执行性。

第13条　副厂长根据工厂的总体发展战略、年度经营目标以及成本控制的要求对各个部门的消耗定额进行审核，财务部、采购部等相关部门根据需要给予配合。

第14条　厂长对消耗定额进行最终审批，审批同意后报相关部门备案，并作为考核的重要依据之一。

第15条　对于未通过审核、审批的消耗定额由相关部门进行修改和完善，并重新报批。

第5章 消耗定额的核算和修改

第16条　各相关部门在每月底对当月使用的各类备件进行核算，并将核算结果同消耗定额进行比较，为管理的改进提供参考信息。

第17条　工厂每半年对备件消耗定额和实际消耗情况进行汇总，并根据结果决定是否对消耗定额进行调整。

第18条　设备部相关人员在修改备件消耗定额时，需要满足以下四个条件。

1. 新生产线或新设备投入使用。
2. 新的仓储管理系统和技术的改进。
3. 工厂参与市场竞争、降低成本的需要。
4. 工厂管理模式的转变。

第19条　特殊情况下，工厂可根据相关部门修改备件消耗定额的申请，在组织财务部、采购部等相关部门进行综合分析的基础上，经生产总监审核同意，方可修改消耗定额。

第6章 附则

第20条　本规定由设备部编制，解释权归设备部所有。

第21条　本规定自颁布之日起执行。

修订记录	修订标记	修订处数	修订日期	修订执行人	审批签字

四、备件分类编码实施方案

文书名称	备件分类编码实施方案	编　号	
		受控状态	

一、目的

为提高设备备件管理的工作效率，简化备件的出入库操作，特制定本方案。

二、备件编码原则

设备部在对备件进行分类编码时，需要坚持的基本原则如下所示。

1. 完备性：编码方案必须保证能够对包括目前在用的和未来所有可能发生的备件项目分配编码。

2. 唯一性：不同的编码应针对不同的备件，不能有所交叉。

3. 考虑与其他系统的接口问题：仓储部人员应事先了解财务、采购、生产计划等系统的编码体系，在进行备件编码时应与其保持统一，方便系统间进行数据交换。

三、适用范围

该方案适用于工厂对所有设备备件、计量仪器和检测装置的编码。

四、备件的分类方法

根据不同的分类标准对备件进行的分类如下表所示。

设备备件分类表

分类标准	种类	说明
技术特性	标准件	符合国家标准的备件
	专门件	制造厂家按自定标准制造的备件
	特制件	非标准的特制备件
备件来源	外购件	对外采购的备件，可分为国产件和进口件两类
	自制件	工厂自行设计制造的备件
	易损件	磨损快、经常更换的备件
使用特性	事故件	使用寿命较长，一旦损坏会造成严重的停机损失，应做储备的备件
	常用件	数量大、使用频繁，设备小修时需要定期更换的备件
	大修件	设备大修时需要更换的备件

五、备件的结构类属分类编码方法

结构类属分类编码是根据备件所属类别进行分类的编码方法，共15位，分为8段，具体编码方法如下图所示。

（续）

$$\times \quad \times \quad \times\times \quad \times\times \quad \times\times \quad \times \quad \times\times\times\times\times \quad \times$$

第15位：标、通、专用代码（1、2、3）

第10～14位：零（元）件（00001～99999）

第9位：来源（国产，进口）（1～4）

第7、8位：型号（规格）代码（01～99）

第5、6位：部（组）件（01～99）

第3、4位：设备（装置）（01～99）

第2位：系统（段）（1～9）

第1位：部门（车间）（1～9）

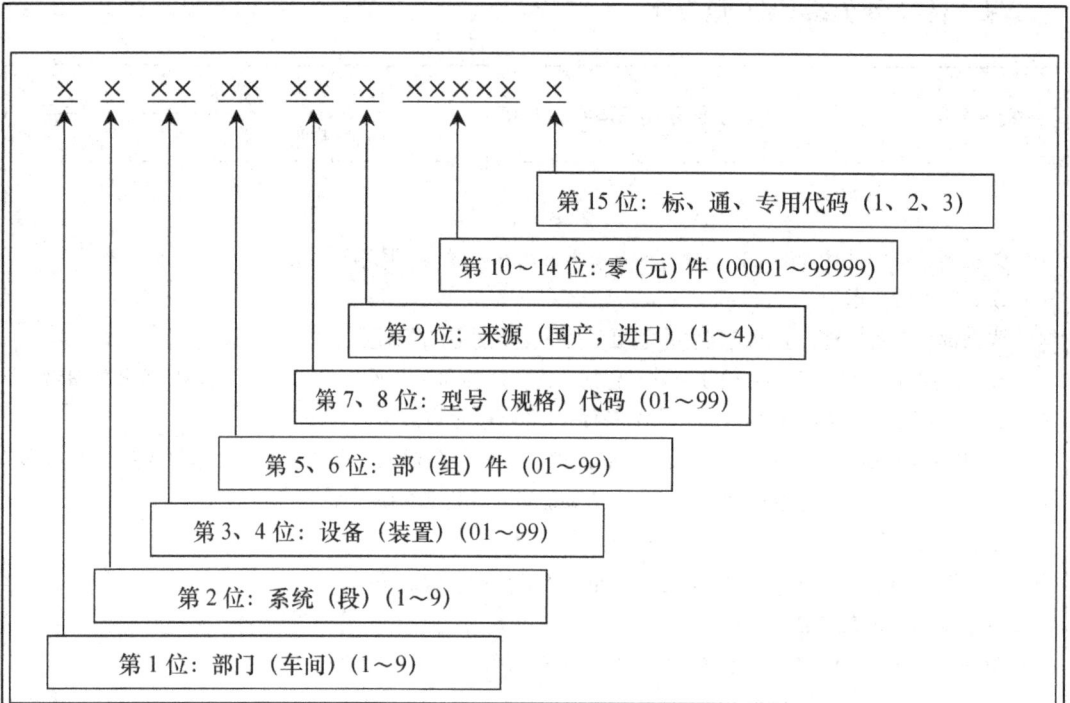

结构类属分类编码方法示意图

1. 第1位代表部门（1～9）划分，指备件所属设备的归属部门或车间，如工辅部、生产部等。

2. 第2位代表所属的系统（段）（1～9），指备件所属设备类属的系统，如炼钢铸锭系统、热轧系统等。

3. 第3、4位代表所属的设备（01～99），指可以完成一个加工功能的独立装置，如转炉、天车等。

4. 第5、6位代表所属的部件（01～99），指设备上相对独立、可以完成某一动作的组件，如减速机、联轴器等。为了使此项分类符合工厂实际，需要在现场调查的基础上，结合设备图纸进行逐一归类。为了使编码规范统一，对不同设备系统上的同类部件，如联轴器等，使用统一编码。码段划分如下：01～50一般为通用部件编码范畴，如电机等；51～99为专用部件编码范畴。部件的划分须在全厂范围内进行，这样可以保证不同部门的同类零件同码。

5. 第7、8位代表型号代码（01～99），指部件具体型号规格，如电机按照三相、两相、交、直流及异步、同步、伺服、鼠笼等形式标定的不同型号。通用型号排在前面，特殊型号排在后面。

6. 第9位代表备件来源（1，2，3，4）：指进口或国产，国产成品为1，进口成品为2，国产毛坯为3，进口毛坯为4。

7. 第10～14位代表零件（00001～99999），指独立的、一般不再分割的备件，如螺母、弹簧等。零件为5位数码，可分为两段，具体的编码原则如下图所示。

（续）

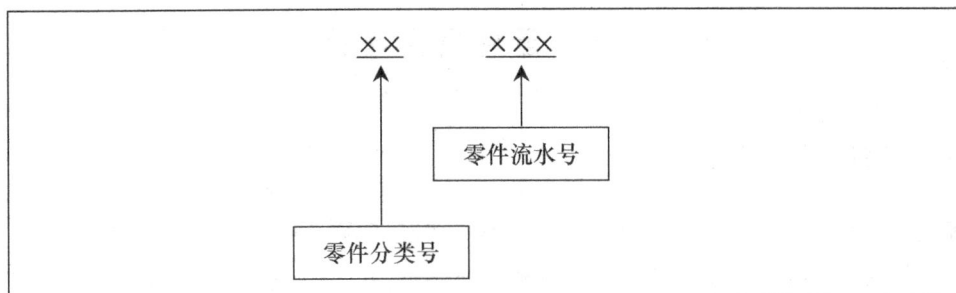

零件编码原则示意图

其中，零件分类号是根据零件的用途、结构及物理特性进行的综合分类，如紧固件（含螺丝、螺母、垫圈、弹簧等）、啮合件（含齿轮、涡轮、蜗杆、丝杠、轴套等）、密封件（含密封圈、法兰盘等）、气动件（含气缸、电磁阀等）、配合件（含轴、套、瓦等）、轮盘件（含各种导论、链轮、车轮、转盘等）、电气件（含各种强电配件，如开关、继电器等）、电子件（含电子仪器中的弱电元件电阻、电容、电感、集成块等）、和结构件（含各种机壳、箱、架、托等）等。

码段划分如下：01～50 为易于分类的配件编码范畴；50～99 为无法分类的特殊、异型配件编码范畴。码段中的零件流水号按照零件的不同规格由大至小顺序编排。如果发现同一零件异号的情况（可能是属于同一部件，也可能属于不同部件甚至不同设备），可将大号改为小号，大号空置或重新利用。

8. 第15位代表标、通、专用代码（1～3），指零件是否为标准件、通用件或专用件。

标准件属于国家颁布的标准件目录内容，码号为1；通用件指在本工厂有两个或两个以上不同部件使用了此零件，码号为2；专用件指本工厂唯一设备部件使用的零件，码号为3。如果不清楚零件是否属于标准或通用，则暂时定为专用件，赋予码号3。一旦发现有相同零件出现在不同部件，则将码号改为2，如发现它属于标准件，则进一步改为1。

六、备件条形码管理

1. 使用上述编码方法对备件编码后，可以使用条形码来辅助备件管理。条形码只有从部件编码到最后一位编码，即只选出上述编码的倒数11位，这样确定的条形码不会出现重码。

2. 编码确定后可作为备件信息系统中识别备件的唯一代号。为方便查找和归类，系统数据库应分配一些字段来区分备件的其他属性，如对应3A管理的备件关键性字段、国标部标分类字段、备件价值分类字段、对应3A管理的备件消耗规律分类字段等，通过这些字段和唯一编码的组合使用，可以实现备件查找、统计、消耗规律模型建立等功能。

编制人员		审核人员		审批人员	
编制时间		审核时间		审批时间	

第三节　备件仓储与报废

一、备件的储备形式

不同的工厂因生产规模、备件性质、库存条件的不同，备件的储备形式也有所不同。一般来说，工厂对备件储备主要采取的形式有成品储备、半成品储备、毛坯储备、成套储备和部件储备五种，具体说明如表9-2所示。

表9-2　备件储备的主要形式

储备形式	说明
成品储备	已定型的备件可直接储备，使用和装配时不需再进行加工
半成品储备	因部分备件的尺寸需要在修理设备时才能确定，所以这部分备件的某些尺寸应留出一定的余量，以便在修理时进行尺寸链的补偿；有的毛坯先应进行一次粗加工，以便检查毛坯有无铸造缺陷，以上备件适合进行半成品储备
毛坯储备	为缩短停机修理时间，对于某些机械加工工作量不大但又难于事先确定加工尺寸的备件，需在使用前按配合件的尺寸来确定其加工尺寸，此类备件可按毛坯储备形式加以储备
成套储备	配合精度高，在制造时需成套加工、在修理时也需成套更换的零件适合进行成套储备
部件储备	流水生产线设备的主要部件、数量较多的同型号设备上的某些部件、标准化通用部件、制造工艺复杂且技术条件要求高而由原制造厂及市场上以部件或总成形式供货的部件等适合进行部件储备

二、备件储位编码方法

备件储位编码方法主要有区段方式、品种类别方式、地址式和坐标式四种，具体说明如表9-3所示。

表9-3　备件储位编码方法一览表

编码方法	说明	储位编码示意图
区段方式	◆ 将备件的保管区域分割为几个区段，再对每个区段进行编码 ◆ 区段方式是以区段为单位，每个号码所代表的储位区域会很大，因此适用于容易单位化的备件以及保管周期短的备件	×× ×× × 区域号 储位号 货位号
品种类别方式	◆ 将一些相关性备件经过集合后区分成多个品种群，再对每个品种群进行编码 ◆ 适用于容易按照备件类别保管及品牌差距大的备件	×× ×× × 一级品种号 二级品种号 货位号
地址式	◆ 利用保管区域中的现成参考单位，依照其相关顺序来进行编码 ◆ 使用方便，简单明了，但受限于储位空间，适用于量少或单价高的备件 ◆ 简化的地址式储位编码方式为"库、区、架、位"四号定位法	×× ×× ×× × 仓库号 货区号 货架号 货位号
坐标式	◆ 一种利用空间概念来编排储位的方式 ◆ 坐标式适用于流通率很小、需长时间储备的备件	X：××　　Y：×× 横坐标数　纵坐标数

三、备件仓储工作流程

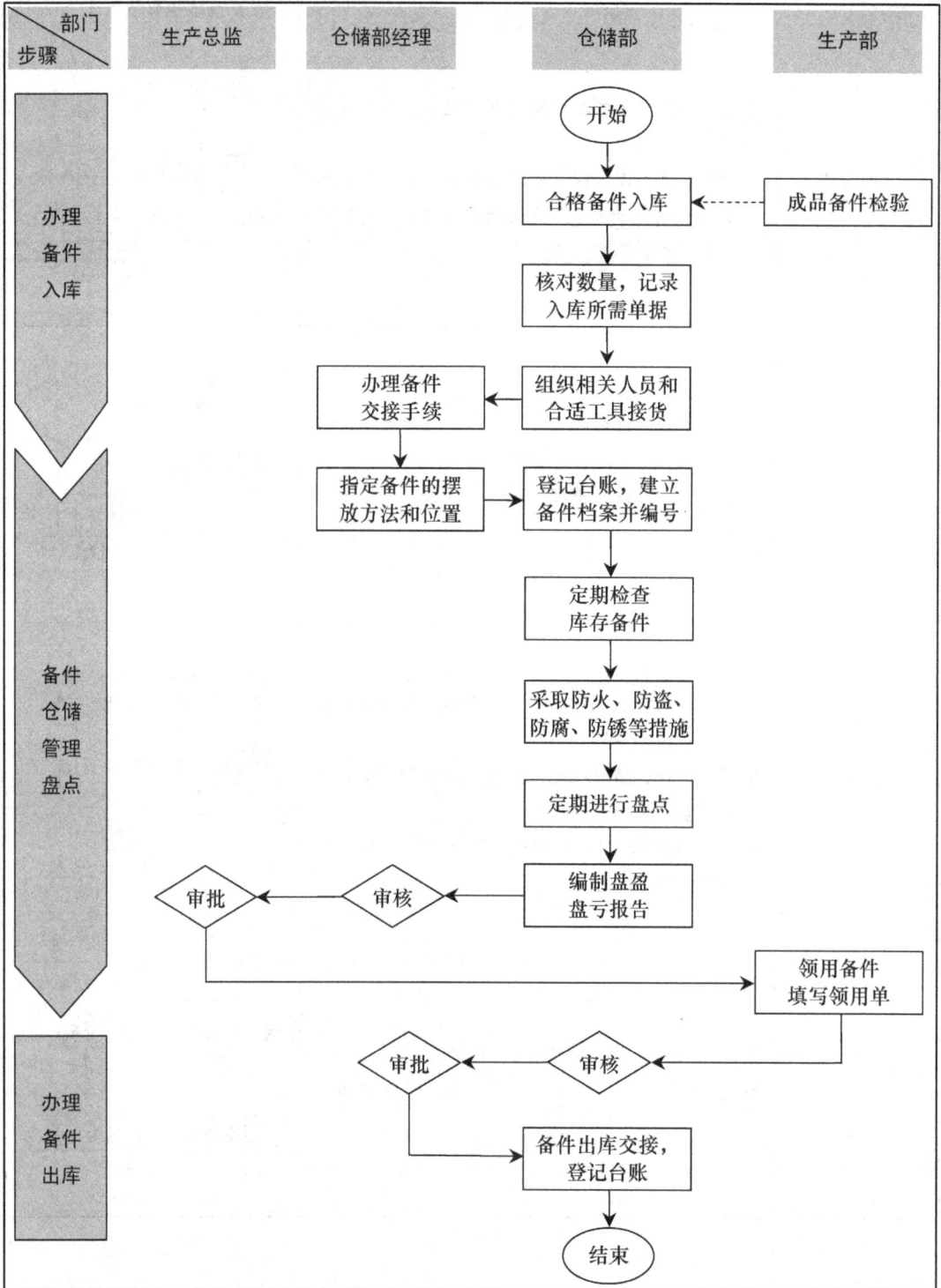

部门步骤	生产总监	仓储部经理	仓储部	生产部

办理备件入库

开始

合格备件入库 ←---- 成品备件检验

核对数量，记录入库所需单据

办理备件交接手续 ← 组织相关人员和合适工具接货

指定备件的摆放方法和位置 → 登记台账，建立备件档案并编号

备件仓储管理盘点

定期检查库存备件

采取防火、防盗、防腐、防锈等措施

定期进行盘点

审批 ← 审核 ← 编制盘盈盘亏报告

领用备件填写领用单

审批 ← 审核 ←

办理备件出库

备件出库交接，登记台账

结束

四、备件仓储实施细则

制度名称	备件仓储实施细则		受控状态	
			编　号	
执行部门		监督部门	编修部门	

第1章　总则

第1条　目的

为提高备件仓储管理水平，充分利用仓库空间，提高备件进出库工作效率，保证库存备件的质量，特制定本细则。

第2条　适用范围

本细则适用于备件仓储的所有相关工作，包括备件入库管理、在库保管、出库管理和盘点作业等。

第2章　备件入库

第3条　备件入库工作步骤

1. 仓储部人员利用数据采集系统，进行入库备件清点工作。

2. 仓储部入库专员核对入库通知单、成品检验单、票据、单据等与清点项目、数量是否一致，确认一致后由入库主管在收货单据上签字盖章并安排入库。

3. 仓储部主管安排入库备件的货位。进行此项工作时需注意以下三点。

（1）应本着安全、方便、节约的原则，使货位合理化。

（2）注意备件自身的自然属性，货位安排需要适应储存备件的特性。

（3）方便备件出入库，并且以最少的仓容储存最大限量的备件，提高仓库使用效能。

4. 仓储部相关人员监督入库备件的搬运工作。

5. 选择合适的入库备件码堆方式。

6. 建立备件明细卡。进行此项工作时需注意以下两点内容。

（1）备件明细卡能够直接反映该垛备件的品名、型号、规格、数量、单位及进出动态和积存数。

（2）备件入库码堆完毕后应立即建立明细卡，一垛一卡。

7. 进行备件台账登记。台账登记时需注意以下三个方面内容。

（1）备件入库后，仓储部人员应建立实物保管明细账，登记备件入库、出库和结存的详细情况。

（2）实物保管明细账应按备件的品名、型号、规格、单价和所属设备名称等分别建立账户。

（3）实物保管明细账必须严格按照备件的出入库凭证及时登记并填写清楚、准确。

8. 将备件入库单据传送至生产部、财务部等相关部门。

第4条　备件入库注意事项

库管人员对备件入库需注意以下事项。

1. 清点过程中，若发现单货不符、差错损失或质量问题，入库专员应当立即与相关部门联系，并在随货同行联上加以注明，做好记录。

2. 同种备件使用不同包装或使用代用包装，应问明情况，在入库单上注明后才能办理入库手续。

3. 入库时存在以下情况的，仓储部可以拒收备件。

（续）

（1）入库通知单字迹模糊、有涂改等。

（2）错送，即入库通知单上所列收货仓库非本仓库。

（3）单货不符。

（4）备件严重残损。

（5）包装不符合规定。

第3章　备件的储存保管

第5条　备件的堆放

1. 入库备件主要有以下四种码堆方式，如下表所示。

入库备件码堆方式一览表

码堆方式	说明	示意图	优点	适用范围
散堆方式	将无包装的备件在库场上堆成货堆		简便，便于采用大型机械设备搬运，节约包装费用，提高仓库的利用效率	大宗散装备件
堆垛方式	对备件包装或长或大件备件进行码堆		合理的码堆方式可增加堆高，提高仓库利用率，有利于保护备件质量	有包装、不怕重压的备件
货架方式	采用通用或者专用的货架进行备件码堆		货架能够提高仓库的利用率，减少备件存取时的差错	小型备件或不宜堆高的备件
成组堆码方式	采用成组工具使备件堆存单元扩大，常用的成组工具有货板、托盘和网格等		一般每垛3~4层，可以提高仓库利用率，实现备件的安全搬运和堆存，提高劳动效率，加快备件流转的速度	分几种类型的同一批备件

2. 建立码放位置图、标记、备件卡并置于明显位置。备件卡上载明备件的名称、编号、规格、型号、产地或厂商、有效期限、储备定额。

（续）

3. 吞吐量大的备件用落地堆放，周转量小的备件用货架存放。备件堆放的原则如下所示。

（1）本着"安全可靠、作业方便、通风良好"的原则合理安排垛位和规定地距、墙距、垛距、顶距。

（2）按照备件品种、规格、型号等结合仓库条件分门别类进行堆放（在可能的情况下推行五五堆放），应做到过目见数、作业和盘点方便、货号明显、成行成列。

4. 备件存放应考虑忌光、忌热、防潮等因素，仓库内部应严禁烟火，并定期实施安全检查。

第6条　备件仓储的安全管理

1. 切实做好安全保卫工作，严禁闲人进入库区。对因工作需要出入库的人员、车辆按规定进行盘查和登记，签收"出门证"或填写"出入门证"。夜间定时巡逻，提高警惕。

2. 按库区规定配备各种消防器材和工具，不得私自挪用。

3. 各种生活用危险品、油料、易燃品严禁进入库区。

4. 库管人员下班前要关闭水、暖、电源的开关，锁好门窗，消除一切不安全隐患。上班后如发现库房内有被盗迹象，要保护现场并尽快通知相关部门处理。

第7条　备件仓储的消防管理

1. 仓储部应当按照国家有关消防规范设置和配备消防设施和器材。消防器材应放置在明显和便于取用的地点，周围不堆放备件。应明确专人管理并负责检查，保证其完好有效，严禁圈占、埋压和挪用。经常检查消防栓、灭火器等消防设施，保持完整好用。严禁在库区的消防车道和仓库的安全出口、疏散楼梯等消防通道堆放备件。

2. 仓库的电气装置必须符合国家现行的有关电气设计和施工安装验收标准的规定。库房内不准设置移动式照明灯具。仓库的电器设备必须由持合格证的电工进行安装、检查和维修保养。

3. 仓库应当设置醒目的防火标志，库房外动用明火作业时必须办理动火证并采取严格的安全措施。库区以及周围 50 ~ 100 米内，严禁燃放烟花爆竹。

4. 仓库内严禁吸烟，严禁使用明火，不得随意乱接电源线。

5. 仓库内不准存放易燃杂物，备件存放距照明灯不得小于 0.5 米。

6. 库管人员要经常清洁库内地面、货架、备件的尘土，保持库内干净整齐。

7. 仓库管理员应熟记火灾报警信号，按规定程序报警。熟知灭火器材的属性，并能正确、熟练地使用各种灭火器材。

第8条　备件的防锈

1. 备件入库时，入库专员应对金属备件表面进行清理，清除水迹、油污、泥灰等脏物。对于已经有锈迹的，应立即除锈。

2. 堆放金属商品时要垫高垛底并保证垛底的通风及干燥，从而使备件免受地面湿气的影响。

3. 对不同的金属材料采用不同的存放方法。不同种类的金属材料存放于同一地点时，必须有一定的间隔距离，防止因接触而发生腐蚀。

4. 仓库湿度一般控制在 65% ~ 70% 以下，防止金属表面因凝结水分生成电解液层而遭受化学腐蚀。

第4章　备件出库管理

第9条　备件出库准备

1. 备件经过装卸、码堆、翻仓和拆检，会使部分包装受损，出库管理员应视具体情况事先进行整理、加固或改换包装。

（续）

2. 备件出库前，出库管理员应检查备件是否老化、锈蚀，如发现异常情况应及时报告生产部人员，采取商议解决措施。

第10条　备件出库工作步骤

1. 领备件人员应向仓储部人员出示"备件领用单"，"备件领用单"中应明确领用备件的名称、规格、数量、用途等信息，并有车间主任、生产部经理或设备部经理的签字盖章。

2. 仓储部人员审核"备件领用单"是否符合要求，签章是否齐全。

3. 审核无误后，出库管理人员按照"备件领用单"上所列的备件名称、规格、数量与仓库台账核对，确认是否有货、库存备件数量是否满足等。

4. 仓储部人员开具"备件出库单"，该单内容如下表所示。

备件出库单

领用部门：_____　　　　领料单编号：_____　　　　日期：____年__月__日

名称	规格	单位	结存量	领用量	实际发出量	备注

审核：_____　　　复核：_____　　　领料：_____　　　制单：_____

5. 出库管理员根据出库单备货。数量较多的备件，管理员应认真复核。需要发运的备件，管理员应在备件包装上做好标记。

6. 出库管理员与领备件人员共同核对出库备件的规格、数量，确认准确无误后，由仓储主管和领备件人在"备件出库单"上签字盖章后发货。

7. 出库管理员应做好清理工作，及时做好发货详细记录，登记备件台账，调整货位上的吊牌，保持备件的账、卡、物一致。

第5章　备件盘点

第11条　盘点准备

仓储部主管在进行备件盘点前需进行如下盘点准备工作。

1. 仓库主管组织人员对库区、货架进行分区，并对每一分区进行编号，以免重复盘点。

2. 盘点前两个工作日，库管人员需对仓库地面、货架、通道进行打扫，将散落的备件重新放回指定放置区域。

3. 按"5S"要求初步对各仓库区域的备件进行整理归类。

4. 准备"盘点表"以及相关管理资料（如备件分类存放示意图、标识卡等）。

第12条　盘点实施

库管人员在实施盘点工作时可按以下步骤进行。

1. 盘点开始后，库管人员需停止备件进出仓库，以静态盘点为原则。

2. 盘点人员按仓库、货区、货架上的编号对备件进行盘点，对计件、计重、计尺寸的备件分别按相应办法进行清点。对没有入库记录的备件必须清点两次以上，确认数量准确无误后才可记录在"盘点表"上。

（续）

3. 盘点人员根据清点结果，填写"盘点表"，此表的内容包括对仓位区域号、仓位编号、包装单位、数量、账上存量、实际存量、待整理、不良品、废品、包装破损等信息记录。

4. 盘点结束后，盘点人员根据"盘点表"汇总统计备件实际库存数量，如数据与账簿资料不符时，应追查差异的原因。

第13条 奖惩措施

1. 在盘点中，备件缺失率在____%以上的仓库，扣发仓库主管____%的绩效奖金、仓库管理员____%的绩效奖金。

2. 备件缺失率在____%以内的仓库，增发仓库主管当月____%的绩效奖金、仓库管理员____%的绩效奖金。

第6章 附则

第14条 本细则由仓储部负责制定、解释，报厂长批准后执行，修订时亦同。

第15条 本细则自颁布之日起执行。

修订记录	修订标记	修订处数	修订日期	修订执行人	审批签字

五、备件报废管理办法

制度名称	备件报废管理办法		受控状态	
			编 号	
执行部门		监督部门	编修部门	

第1章 总则

第1条 目的

为规范设备备件的报废程序，加强设备备件管理，降低备件库存成本，特制定本办法。

第2条 备件报废实施人员

备件的报废应由仓储部相关人员提出申请，生产部经理、设备部经理、生产总监审核审批后由设备部报废主管负责备件报废的具体事宜。

第3条 备件报废范围

1. 国家规定报废且不能重复利用的备件。

2. 能耗高且效率低、技术状况落后的备件。

3. 腐蚀严重、超过使用有效期且不能修复再利用的备件。

4. 不符合国家标准和设计图纸要求且不能重复利用的备件。

第2章 报废备件的处理方式

第4条 高价报废备件

对数量较多、价值较高的报废备件，以招标拍卖或市场竞价方式公开处置，产生的收入上交财务部。

（续）

第 5 条　一般报废备件

对于价值较低的报废备件、由设备部报废主管负责联系工厂指定的废品收购商，并会同行政部共同定价。

第 6 条　备件过磅要求

备件过磅称重时应有行政部相关人员在场，报废主管与收购商确认数量或重量后双方可办理销货手续。

第 7 条　报废备件交易要求

报废备件出售一律现款交易，收款后应及时上交财务部。

第 3 章　备件报废程序

第 8 条　备件报废申请

1. 仓储部相关人员应定期检查库存备件的状态，对于符合报废标准的备件，由仓储部相关人员填写"备件报废申请表"。

备件报废申请表

编号：＿＿＿＿＿＿＿＿＿　　　　　　　　　　　　　　　　日期：＿＿＿年＿月＿日

品名	规格型号	所用设备	数量	单价	金额
合计	——	——		——	
报废原因					
建议处理方式					
预计回收金额					
仓储部经理意见	签字：　　　　　　　　　　　　　　　　　日期：＿＿＿年＿月＿日				
生产部经理意见	签字：　　　　　　　　　　　　　　　　　日期：＿＿＿年＿月＿日				
设备部经理意见	签字：　　　　　　　　　　　　　　　　　日期：＿＿＿年＿月＿日				
生产总监意见	签字：　　　　　　　　　　　　　　　　　日期：＿＿＿年＿月＿日				

2. 对于不符合备件报废条件但已不能再利用的备件，应由设备部相关人员进行技术鉴定并出具鉴定报告，经设备部经理和生产总监审核审批后进入备件报废程序。

（续）

第9条　备件报废的审核审批

1. 备件报废总额在5万元以下的申请，由仓储部经理和生产部经理审核，设备部经理最终审批。

2. 备件报废总额在5万元以上的申请，由仓储部经理、生产部经理和设备部经理审核、生产总监最终审批。

第10条　设备报废执行

1. 审批通过的报废单分别交仓储部、设备部和财务部留存。仓储部相关人员在办理完报废备件出库手续后应在备件台账和卡片上盖"作废"章，以示注销。财务部根据报废单进行资产报废账务处理。

2. "备件报废申请表"经过审核审批后，由报废主管到仓储部提取备件。

3. 报废主管负责将报废备件集中放置于规定场所，报废备件应保持完整。未经设备部经理同意，任何个人不得擅自处理或拆卸备件。

4. 报废主管定期将报废备件统一回收处理，收入上交财务部。

第4章　附则

第11条　本办法由设备部编制，解释权归设备部所有。

第12条　本办法自颁布之日起执行。

修订记录	修订标记	修订处数	修订日期	修订执行人	审批签字

第四节　备件库存管理方法

一、库存备件计价方法

库存中的备件是工厂流动资产的组成部分。备件计价的实质是对库存备件在财务上进行经济核算，以便更加有效地对库存备件进行管理。一般来说，库存备件计价有以下四种基本方法，如表9-4所示。

表9-4　库存备件的计价方法

方法名称	方法说明
先入先出法	根据备件库存记录的先后顺序，确定期初库存的总成本（各备件购入数量×单价）与期末库存总成本，计算两者差值即是消耗备件价值
后入先出法	假设工厂消耗的备件都是近期入库的，出库的备件均按最近购入备件成本进行计价。其优点是使备件购入和消耗成本相适应

229

（续表）

方法名称	方法说明
平均成本法	不考虑备件入库的先后顺序，而是对一定时期内购入的所有同类备件的成本进行平均（可采用算术平均、加权平均、移动平均等方式），最后统计所有类别的备件的成本进行计价
特定成本法	在每项备件入库时对其进行标记或编码，计价时根据备件相关记录进行统计，适用于对数量少且价格高的库存备件进行计价

二、备件 ABC 管理方案

文书名称	备件 ABC 管理方案	编　号	
		受控状态	

一、目的

为对工厂备件进行合理分类，进行更为有效的备件管理，节约管理资源，提高库存备件管理效率，特制定本方案。

二、库存备件分类

根据现代仓储管理技术 ABC 分类法，对库存备件进行系统分类。

A、B、C 分类法指按成本比重高低将库存备件分为 A、B、C 三类，对不同类别的备件采取不同的控制方法。A、B、C 分类法的划分标准、控制方法及适用范围的具体内容如下表所示。

库存备件分类控制表

类别	划分标准		控制方法	适用范围
	年耗用金额占全部金额比重	品种数量所占比重		
A 类	70%左右	不超过20%	重点控制	品种少、占用资金多的备件
B 类	20%左右	不超过30%	一般控制	介于 A 类和 C 类两者之间的备件
C 类	10%左右	不低于50%	简单控制	品种多、占用资金少的备件

三、ABC 三类备件的区分

1. 计算每种备件一年内的消耗金额，计算公式：备件年消耗金额＝备件单价×年消耗量。

2. 按消耗金额的大小顺序排列，金额最大的排第一位，计算不同备件的消耗金额占总消耗金额的百分比。

3. 按照消耗金额大小顺序计算备件消耗金额的累计百分比，把占消耗总额累计70%左右的各类备件定为 A 类备件，把占余下的消耗金额累计20%左右的各类备件定为 B 类备件，剩余的定为 C 类备件。

（续）

四、库存备件的管理方法

（一）A 类备件库存管理

1. 加强设备管理，降低备件消耗量，压缩总库存量。

2. 严格控制订货周期，库存量降低到安全库存以下应立即订货，减少占用资金。

3. 降低单次进货量，适当增加订货次数，提高资金周转率。

4. 选择合适的安全库存模型。

5. 加强库存管理，经常清点，减少不必要的库存。

6. 对重点设备实施技术改造，降低备件的磨损率，延长备件更换周期。

7. 研究用价格更经济的备件替换和代用的可能性。

（二）B 类备件库存管理

1. 正常控制用量，实行批量库存控制。

2. 采取定量订货的方式。

（三）C 类备件库存管理

1. 维持高库存数量以避免缺货。

2. 定期检查，集中订货。

3. 由于缺货损失并不严重，订货周期相对宽松。

五、备件库存基准量

1. A 类备件作为库存成本消耗最大的部分，必须严格控制其库存量以降低库存成本。仓库管理部门根据上一年度 A 类备件库存报告分析，确定下一年度的安全库存。仓库管理部门依 A 类备件预算用量、交货所需时间、需用资金、仓储容量等因素，填写"备件预算及存量基准明细表"，经仓储部经理核准后，作为存量管理的基准并拟定"备件控制表"进行备件存量管理。

2. B 类备件的月用量由仓储主管依据上一年的平均月用量，并参酌当年的销售目标与生产计划设定（若产销计划有重大变化应及时修订月用量）。仓储部应在精简采购和仓储成本的原则下，以"备件预算及存量基准明细表"设定库存基准量。

3. C 类备件由生产管理人员于每月的 25 日前，依上月及去年同期的耗用数量拟订次月份的预计耗用量，仓储部以此设定月库存基准量。

六、请购点设定

1. 请购点 = 采购作业期间的需求量 + 安全库存。

2. 采购作业期间的需求量 = 采购作业期限 × 预估月用量。

3. 安全库存 = 采购作业期间的需求量 × 25%（差异管理率）+ 装船延误日数用量（欧、美地区 × 天用量，日本与东南亚地区 × 天用量）。

七、备件耗用量差异分析

1. A 类备件：仓储部应于每月 10 日前就上月实际用量与预算用量比较，或就前三个月累计实际用量与累计预算用量比较，差异率超过管理基准以上者，需填制"备件耗用量差异分析月报表"送交生产部分析原因。

2. B 类备件：仓储部应每三个月为一周期就最近三个月累计实际用量与累计预算用量比较，其差异率在管理基准以上者填制"备件使用量差异分析月报表"，送交生产部分析原因。

（续）

3. C类备件：仓储部应每半年为一周期就最近六个月累计实际用量与累计预算用量比较，其差异率在管理基准以上者填制"备件使用量差异分析月报表"，送交生产部分析原因。

八、补充库存控制方式

1. A类备件：采用定量定货方式，即当备件库存降低到最低允许库存量（订购点）时，按照规定数量进行库存补充。规定数量的计算以经济订货批量为标准。

2. B类备件：采取连续库存补充方式，即向备件供应商提供即时、正确的销售报告与库存报告，由供应商确定库存补充计划。

3. C类备件：采用定期补充方式，即选择一个相对合理的定货间隔期，每到订货期就根据当前库存情况与允许最高库存量来进行库存补充，其中最高库存量可以根据近期的销售分析结果进行适当调整。

九、其他事项

（一）做好与相关部门的衔接工作

仓储部应做好与采购部、销售部的衔接工作，在保证生产需要和合理储备的前提下，力求减少库存量。

（二）定期分析库存结构

仓储部应定期进行库存备件的结构分析，及时上报并协助做好报损、报废和呆滞备件的处理工作。

编制人员		审核人员		审批人员	
编制时间		审核时间		审批时间	

三、备件3A法实施方案

文书名称	备件3A法实施方案	编　号	
		受控状态	

一、目的

为规范工厂备件管理工作，将优势管理资源分配给重要备件，提高备件管理效率，节约库存成本，特制定本方案。

二、备件3A法定义

备件3A管理即根据设备和备件对生产的影响程度和停机后果的严重程度，首先对设备进行ABC分类，然后对部件进行ABC分类，最后对零件进行ABC分类，即按照设备、部件、零件的顺序依次进行ABC分类。

三、备件3A法的分类

（一）设备的ABC分类

设备的ABC分类及其特征如下表所示。

（续）

设备的 ABC 分类及其特征

设备分类	特征
A 类设备	处于主流程上，对生产有直接影响
B 类设备	在非主流程上但对生产影响较大；虽在主流程上，但对生产不构成很大影响
C 类设备	在非主流程上，对生产影响不大，故障后可以等待修复

（二）部件的 ABC 分类

部件的 ABC 分类及其特征如下表所示。

部件的 ABC 分类及其特征

部件分类	特征
A 类部件	位于设备的核心和主要部位，直接影响设备运行状态和产品质量，一旦发生故障后果严重、停机损失大
B 类部件	位于设备的较重要部位，发生故障影响设备功能、产品质量、生产效率和安全环保，但不会造成严重停机损失
C 类部件	位于设备的辅助部位，发生故障暂不会对设备功能、产品质量、生产效率和安全环保产生即时影响

（三）零件的 ABC 分类

零件的 ABC 分类及其特征如下表所示。

零件的 ABC 分类及其特征

零件分类	特征
A 类零件	此类零件是部件的核心，位于部件的主要部位，直接影响设备运行状况和产品质量。发生故障后果严重，停机损失严重
B 类零件	此类零件位于部件的较重要部位。发生故障影响设备功能、产品质量、生产效率和安全环保，但不会造成严重停机损失
C 类零件	此类零件位于部件的辅助部位。发生故障暂不会对设备功能、产品质量、生产效率和安全环保产生即时影响

（四）备件 3A 四级分类方式

由设备、部件和零件的 ABC 分类派生出从 AAA 到 CCC 共 27 种备件类别，按照备件对生产影响的重要程度可分为以下四个级别。

（续）

备件3A四级分类及其特征

级别	备件	特征
第一级	AAA、BAA、ABA、AAB	重要备件，需做冗余库存
第二级	ABB、ACA、BCA、ACB、ABC、AAC、BAC、BBA、CAB、CBA、BAB、CAA、BBB	较重要备件，可做一般库存
第三级	ACC、BCB、CCA、CBB、CAC、BBC	不重要备件，可做短缺库存
第四级	BCC、CCB、CBC、CCC	最不重要备件，可不存实物，只存信息

（五）备件状态分类

按照备件的损坏和更换规律，备件的状态可分为以下三种类型。

备件状态分类及其特征

类型	特征
甲型备件	损坏周期短，消耗量较大，损坏规律和订货周期清楚明确
乙型备件	损坏周期长，消耗量较小，损坏规律和订货周期清楚明确
丙型备件	损坏规律或订货周期不明确

四、备件3A法的库存模型

综合备件的四个级别和三种不同的损坏规律，构造备件库存模型结构表。

备件库存模型结构表

等级类型	一级	二级	三级	四级
甲型	冗余需求模型	一般需求模型	可短缺需求模型	零库存
乙型	保险周期库存模型	零库存周期订货模型	短缺周期订货模型	零库存
丙型	保险上下限模型	一般上下限模型	短缺上下限模型	零库存
其他	零库存	零库存	零库存	零库存

1. 冗余需求模型

冗余需求模型库存结构变化的特点：备件损坏和消耗规律清楚，由于此种备件很重要，需要留有一定数量的冗余以保证使用。

经济订货量 Q 为：$Q = \sqrt{\dfrac{2RC}{H}}$

其中，R 代表某备件的年需求量（单位：件）；C 代表某备件每批次订货费用（单位：元）；H 代表单件备件平均年库存保管费用（单位：元/件）。

（续）

实际库存年费用 TC 的计算公式为：$TC = (R + dR) P + RC/Q + QH/2 + dRH$

其中，dR 代表某备件保险冗余数量（单位：件）。

2. 一般需求模型

一般需求模型库存结构变化特点：备件损坏和消耗规律清楚，备件比较重要，级别较高，但不需要留有一定数量的冗余保险库存。

经济订货量 Q 为：$Q = \sqrt{\dfrac{2RC}{H}}$

实际库存年费用 TC 为：$TC = RP + RC/Q + QH/2$

其中，P 代表某备件单件购买费用（单位：元/件）。

3. 可短缺需求模型

可短缺需求模型库存结构变化的特点：备件损坏和消耗规律清楚，备件不太重要，级别一般，短时间缺货不会对生产造成太大影响。

经济订货量 Q 为：$Q = \sqrt{\dfrac{2RC}{H}}$

实际库存年费用 TC 为：$TC = (R\text{-}dR) P + RC/Q + QH/2 \text{-} dRH$

其中，dR 代表某备件保险冗余数量（件）。

4. 保险周期库存模型

保险周期库存模型的库存结构变化特点：备件属于长周期损坏件，可能较长时期内都不被领用，同时损坏和消耗规律清楚，由于备件重要，级别最高，需要留有一定数量的冗余保险库存。

理论库存年费用 = 购买费用 + 订货费用 + 保管费用

5. 零库存周期订货模型

零库存周期订货模型的库存结构变化特点是：备件属于长周期消耗件，备件损坏和消耗规律清楚，备件比较重要，级别较高，但不需要留有冗余保险库存。

理论库存年费用 = 购买费用 + 订货费用 + 保管费用

6. 短缺周期订货模型

短缺周期订货模型的库存结构变化特点是：备件属于长周期消耗件，备件损坏和消耗规律清楚，备件不重要，短时间缺货不会对生产造成太大影响，允许到下次使用前短暂缺货。

理论库存年费用 = 购买费用 + 订货费用 + 保管费用

7. 保险上下限模型

保险上下限模型的库存结构变化特点是：备件很重要，需要做冗余库存。

库存上限即每次订货量 $U = max + dR$。

库存下限即提前订货点 $D = min + dR$。

其中，max 代表备件最大需求量，min 代表最低库存维持量，dR 代表保险冗余量。

8. 一般上下限模型

一般上下限模型的库存结构变化的特点：备件比较重要，但可以不留冗余保险量，按照一般库存消耗规律进行管理。

库存上限即每次订货量 $U = max$，库存下限即提前订货点 $D = min$。

（续）

9. 短缺上下限模型

短缺上下限模型的库存结构变化的特点是：备件不太重要，可以有短缺库存。

库存上限即每次订货量 $U = max - dR$，库存下限即提前订货点 $D = min - dR$。

10. 零库存

零库存备件的库存结构变化的特点：备件不重要，级别最低，损坏和消耗规律不清楚，只存供应商和订货信息，不存实物备件。

编制人员		审核人员		审批人员	
编制时间		审核时间		审批时间	

四、备件安全库存可视化实施方案

文书名称	备件安全库存可视化实施方案	编　号	
		受控状态	

一、目的

为规范备件库存管理，使备件存放一目了然，方便拿取，提高工厂仓库的使用效率，及时提醒仓管人员补充备件库存和更准确的制订备件的采购计划，特制定本方案。

二、相关名词定义

1. 可视化管理也称目视管理，即工厂在进行库存管理中充分利用"视觉"因素，将库存的状态、进程、相关要求以"可视"的方式传达给库管人员。

2. 安全库存量是指工厂为预防需求或供应方面不可预测的波动，保持的最低库存量。

三、实施对象

安全库存可视化管理的实施对象为所有需要做安全库存的备件。

四、相关人员权责

1. 仓库主管负责备件安全库存可视化管理的指导、监督工作。

2. 仓库管理员负责相关看板、显示屏的摆放工作。

五、确定安全库存备件种类

工厂应根据生产经验选择适合进行安全库存的备件种类。一般来说，适合进行安全库存的备件应具备较强的通用性和消耗量等特点。

六、安全库存可视化管理措施

（一）备件放置区域背景上色

库存管理人员可将列入安全库存管理的备件的放置区域背景墙面涂成特定颜色，方便备件的取用与确认。

（二）备件货架上色

库存管理人员可将备件的货架涂成不同的颜色以区分完好的备件与缺损备件。

（续）

（三）设置警示灯

在安全库存备件区放置警示灯，灯亮时即提示库存管理人员应对备件数量进行补充。

（四）放置看板

仓库管理员通过在备件货区放置看板的方式显示备件否低于安全库存、是否数量不足，方便相关人员根据看板信息进行及时对备件存量进行调整。

备件安全库存看板

序号：_____ 填单日期：___年_月_日

货区号		货位号	
备件名称			
现库存量			
安全库存量			
联系人			

七、可视化管理实施

库存管理人员每日对安全库存备件进行清点和记录，填写"备件安全库存看板"，并将该看板尽量放在显眼的位置，以便相关人员一眼就能看到。

八、可视化管理效果评估

备件管理人员需每月对备件仓库可视化管理效果进行评估，以便开展备件库存管理的改进工作。评估内容包括从备件出入库所需时间、备件损耗、丢失程度和安全库存天数等。

编制人员		审核人员		审批人员	
编制时间		审核时间		审批时间	

设备技术改造
精细化管理

第十章

第一节　设备技术改造决策

一、设备技术改造的重点

设备技术改造是指工厂将国内或国际上设备科技的新成果应用于自有同类型设备，通过对现有设备进行局部更新与改造，降低故障发生率，进一步提高设备产能和产品质量。为使设备技术改造工作能够顺利开展，工厂需重点注意以下三大内容。

1. 关键设备改造

关键设备指在工厂生产过程中承担关键工序的设备，能够满足产品更新换代和提高产品质量的要求。技术改造人员在对此类设备进行改造时，应重点提高设备的技术水平，提高其生产能力。

2. 高耗能设备改造

高耗能设备是指在运行过程中能源消耗量或者转换量大、具有较大节能空间的设备（如锅炉、换热压力容器、电梯等）。此类设备是工厂进行设备技术改造的重点对象，对于能源利用率低于设计标准的高耗能设备必须进行更新和改造。以下是一些常见设备的能源利用率设计标准，如表 10-1 所示。

表 10-1　常见设备能源利用率设计标准表

设备名称	能源利用率	设备名称	能源利用率
锅炉	60%	通风机	70%
鼓风机	65%	离心泵	60%
轴流泵	60%	电热机	40%

3. 综合经济效益低下设备的改造

有些设备虽然设计效率不低，但由于受到使用条件的限制，设备得不到充分利用。此类设备也应根据设备特点进行工艺调整或改造，具体设备类型如下。

（1）损耗严重，大修后性能仍无法达到工艺规定要求的设备。

（2）技术陈旧落后，技术经济效果差的设备。

（3）易造成环境污染的设备，以及使用中存在安全隐患的设备。

二、设备技术改造决策流程

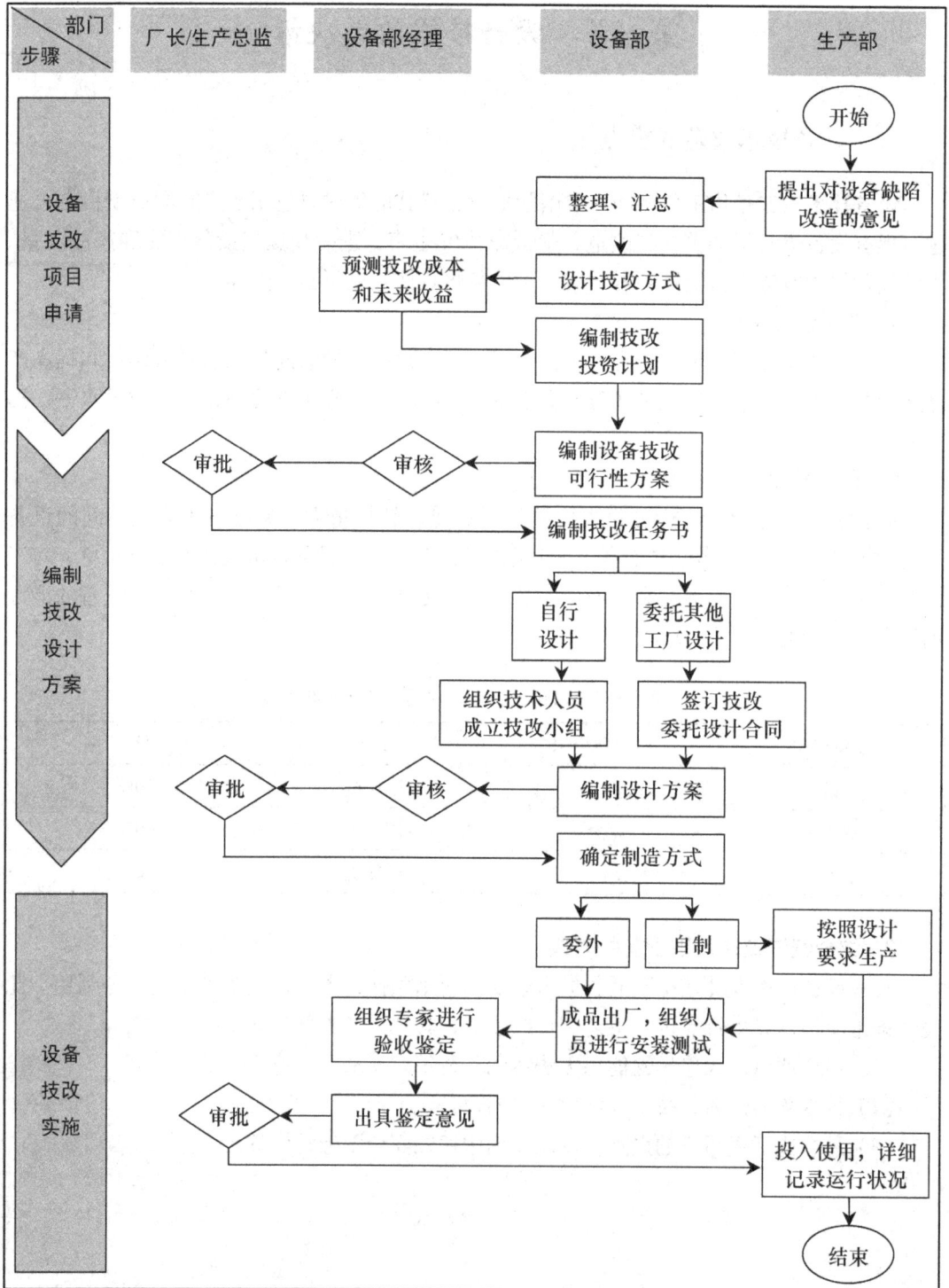

步骤 \ 部门	厂长/生产总监	设备部经理	设备部	生产部

设备技改项目申请

开始 → 提出对设备缺陷改造的意见 → 整理、汇总 → 设计技改方式 → 预测技改成本和未来收益 → 编制技改投资计划 → 编制设备技改可行性方案 → 审核 → 审批

编制技改设计方案

编制技改任务书 → 自行设计 / 委托其他工厂设计

自行设计 → 组织技术人员成立技改小组
委托其他工厂设计 → 签订技改委托设计合同

→ 编制设计方案 → 审核 → 审批

→ 确定制造方式 → 委外 / 自制

设备技改实施

自制 → 按照设计要求生产 → 成品出厂，组织人员进行安装测试 → 组织专家进行验收鉴定 → 出具鉴定意见 → 审批 → 投入使用，详细记录运行状况 → 结束

三、设备技术改造工作计划

文书名称	设备技术改造工作计划	编　号	
		受控状态	

一、选定技改设备

工厂如有出现下列情况的设备，必须对其进行技术改造。

1. 严重污染环境。

2. 老化、技术落后、能耗高、效率低。

3. 出产的产品技术含量不高，质量差，没有竞争优势。

4. 已经历三次以上大修，大修费用高且超出其大修后产生的经济效益。

二、确定技改的类型和模式

1. 技术改造的类型有以下三种。

技术改造的类型

改进类型	特点	细分
局部改造	对设备的局部进行技术改造，提高设备的加工效率	小型工艺改造
		小型设备改造
		专项改造
完全更新	用技术先进、高效能的设备取代陈旧的、技术落后的设备	
系统改造	对某个生产工艺系统进行改造，使用新技术、新工艺、新材料和新设备，对生产工艺流程进行新的布局	投产改造
		扩产改造

2. 技术改造的模式有以下两种。

技术改造的模式

改造模式	特点	改造目的
节能环保技术改造	利用先进的节能技术、工艺和设备对生产系统进行改造	降低能耗、减少排放，实现资源的综合利用
高新技术改造	主要通过自主创新或引进技术实现产品升级和产业转型	提高产品科技含量

（续）

三、技改项目的提出与审批

技改项目的提出与审批

改造类型	提出	改造内容	审核审批
小型工艺技改	由生产一线的操作人员或技术人员提出	◆ 工艺线路的改动 ◆ 部分设备的变动	车间主任 生产部经理
小型设备技改	由生产一线的操作人员、技术人员或设备部人员提出	◆ 设备的局部改动 ◆ 操作方式、方法、加工方式的变动	车间主任 设备部经理 生产部经理
专项技改	由生产部和设备部共同提出	生产过程中的某个环节	设备部经理 生产部经理
扩产技改	由生产部、设备部和技术部共同提出	涉及多台设备和多条生产线	技术部经理 设备部经理 生产部经理 生产总监
投产技改	由生产部、销售部、设备部和技术部共同提出	涉及多台设备和多条生产线	生产部经理 生产总监 厂长

四、技改项目的投资计划

技改项目投资计划的具体内容如下表所示。

技改项目投资计划的内容

技改投资计划的内容	具体说明
项目名称及内容	项目名称、采用的技术和设备、改造对象、改造后可取得的目标和效果
总投资	固定资产投资与流动资金之和
资金来源	包括自筹、贷款和其他三个方面
第一年投资计划	技改第一年的投资计划，包括资金流向和具体数额等
预计新增经济效益	预测的、实施技改项目后新增的效益，包括新增销售收入和利润等
项目起止时间	技改项目自开工日起到竣工的时间

（续）

五、技改项目的实施

（一）技改方案的设计与审查

技术改造设计方案可以由设备部和技术部人员完成，也可委托其他公司、科研院所或专业设计机构完成，具体方案应包括以下内容。

技改方案的内容

技改设计方案的内容	具体说明
设备技术要求	包括设备各类参数、压力指数等
工艺试验与试制样机	包括工艺试验过程与结果、是否进行样机试制等
应交回的技术文件	设计部门在完成设计方案后应交回的文件
完成日期	___年__月__日
设计费用	___元
设计结束后提供的服务	包括制造加工技术、信息服务、设备技术鉴定、设计修改完善工作
设计版权问题	设计方案的版权归属及授权使用年限等
超出设计委托范围内容的处理	——

（二）技改工程管理

1. 确定技改工程的项目经理，由项目经理对项目的整个过程进行协调管理。

2. 项目经理负责设备选型、技改难点的攻关、项目施工的过程管理等的协调与组织。

3. 加强工程外包管理，减少承包单位权限，避免以包代管，避免偷工减料等现象的发生。

4. 严格控制主要设备的选型选厂、施工单位的选择等，以确保工程质量和投资效果。

（三）技改工程的质量监督与进度管理

1. 由生产人员、技术部人员与设备部人员组成现场施工质量监督小组，对日常施工质量及施工过程中的技术难点进行监督和指导。

2. 技改施工应在质量监督小组人员的监控之下进行，监督小组对重点施工步骤实行确认。

3. 技改施工部门应定时向工厂报告项目进度，确保项目按时完成。

4. 项目经理定期召开项目例会，通报技改施工进度，协调解决影响施工的技术、材料供应等问题，协调各部门之间的关系，确保施工进度。

（四）技改信息资料的保存与传递

相关部门应建立技改资料信息中心，保证信息及时有效地传递和保存。

六、技改项目的验收与评估

1. 由设备部、生产部和技术部人员组成验收小组，根据任务设计书和设计图纸规定的标准进行验收。

（续）

2. 验收内容包括：无负荷试车、负荷试车、测试精度、产品质量的稳定程度、设备运转状况、是否便于操作、设备故障率等。 3. 验收小组验收完毕应出具设备技改鉴定报告。					
编制人员		**审核人员**		**审批人员**	
编制时间		**审核时间**		**审批时间**	

第二节　设备技术改造实施

一、设备技术改造申请书

设备技术改造申请书是由申请设备技术改造的部门编写并报设备主管审批的文件，是对设备进行技术改造决策的重要依据。一般来说，设备技术改造申请书主要包括以下内容，如表10-2所示。

表10-2　设备技术改造申请书的内容

主要内容		说明	举例
设备基本情况		对申请进行技术改造的设备基本信息进行说明	设备名称、型号、运行现状、使用年限等
改造原因		申请部门对进行设备技术改造的原因进行详细说明	◆ 设备技术落后 ◆ 存在严重的安全隐患 ◆ 设备使用超过年限
预计改造效果	经济效果	指设备经技术改造后，可为工厂带来的产能增加与成本利润率提高	◆ 设备经技术改造后可提高的劳动生产率 ◆ 改造后每年可节约的物料、能源和生产人员数量等
	安全效果	指设备经过改造后对生产安全的保障	◆ 改造后设备的故障率 ◆ 工厂每年为维护设备安全投入的开支
技改资料说明		对技术改造中依据的相关技术资料进行说明	设备图纸、关键工艺资料和设备使用说明等
改造预算		对此次设备技术改造工作的计划费用	设备改造预计消耗的材料、工时和设备停工损失

二、设备技术改造实施流程

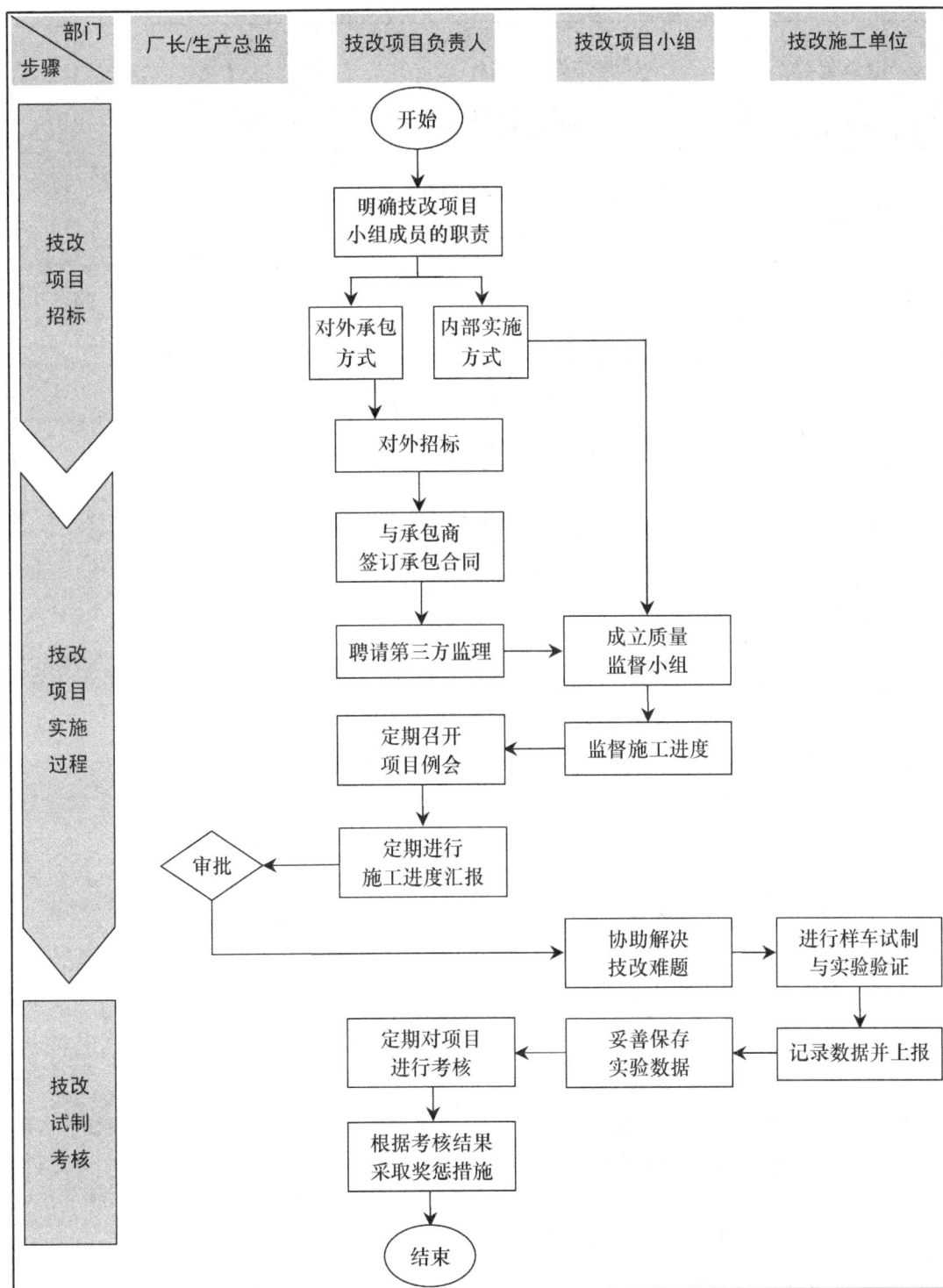

部门 步骤	厂长/生产总监	技改项目负责人	技改项目小组	技改施工单位

```
技改项目招标

                              开始

                         明确技改项目
                         小组成员的职责

                    对外承包        内部实施
                    方式            方式

                         对外招标

                         与承包商
                         签订承包合同

技改项目实施过程

                    聘请第三方监理    →    成立质量
                                          监督小组

                    定期召开          ←    监督施工进度
                    项目例会

          审批  ←    定期进行
                    施工进度汇报

                              协助解决      →    进行样车试制
                              技改难题           与实验验证

技改试制考核

          定期对项目      ←    妥善保存      ←    记录数据并上报
          进行考核              实验数据

          根据考核结果
          采取奖惩措施

                         结束
```

三、设备技术改造实施规范

制度名称	设备技术改造实施规范		受控状态	
			编　　号	
执行部门		监督部门	编修部门	

第1章　总则

第1条　目的

为规范对设备技术改造（以下简称"设备技改"）的管理，规范技改实施流程，提高技改效益，特制定本规范。

第2条　适用范围

本规范适用于对工厂设备实施技改的管理工作。

第2章　技改岗位职责

第3条　工厂厂长职责

1. 审批投资总额在100万元以上的设备技改申请。

2. 审批投资总额在100万元以上的设备技改项目的可行性报告。

3. 审批投资总额在100万元以上的设备技改设计方案。

4. 审批投资总额在100万元以上的设备技改资金使用计划。

第4条　生产总监职责

1. 审批投资总额在5万~100万元以下的设备技改申请。

2. 审批投资总额在5万~100万元以下的设备技改项目的可行性报告。

3. 审批投资总额在5万~100万元以下的设备技改设计方案。

4. 审批投资总额在5万~100万元以下的设备技改资金使用计划。

第5条　设备部职责

1. 设备技改的归口管理部门。

2. 设备部相关人员的工作职责如下表所示。

设备部相关人员在设备改造工作中的职责说明

岗位名称	职责说明
设备部经理	◆ 审批投资总额在5万元以下的设备技改申请 ◆ 审查和汇总上报的技改项目计划、技改项目的可行性研究报告、设计方案和相关文件，编制技改项目年度计划 ◆ 监督项目的实施、验收和评估工作，并对工程实施效果、指标进行考核和调整 ◆ 重大技改项目签订承包责任书 ◆ 技改资金使用计划的审核，配合财务、审计部门对项目资金使用情况进行监督检查 ◆ 参与审核技改项目的年终结算工作

（续）

岗位名称	职责说明
技改主管	◆ 组织技改项目计划的申报，组织编制项目可行性研究报告、概（预）算和效益分析表等 ◆ 组织技改资金使用计划的申报 ◆ 下达技改项目计划，并对项目进行全过程管理，监督和检查计划的实施 ◆ 参与项目的招投（议）标

第6条　生产部职责

生产部相关人员在设备改造中相关岗位职责如下表所示。

生产部相关人员在设备改造工作中的职责说明

岗位名称	职责说明
生产部经理	◆ 整理、汇总并上报设备运行情况、大修情况和设备技改意见建议 ◆ 审核年度设备技改计划 ◆ 审核设备技改的项目建议书和可行性研究报告
车间主任	负责生产设备技改实施后的操作培训和安全培训
设备操作员	负责记录设备运行和修理情况并提出设备技改意见和建议

第3章　技改项目前期工作

第7条　技改前期工作程序

技改项目前期工作是指从项目的提出到开工前的准备工作，具体工作程序分为以下四个步骤。

1. 编制项目建议书。

2. 编制可行性研究报告。

3. 编制项目任务书。

4. 设计技改方案。

第8条　选定需进行技改的设备

设备部技改主管整理汇总设备运行和大修情况以及生产部提交的技改意见与建议，综合考虑实际生产需要和行业发展前景初步选定技改设备并上报设备部经理。

第9条　技改申请

1. 设备部经理审批后授权设备部技改主管编制"技改项目申请表"。"技改项目申请表"如下所示。

技改项目申请表

申请部门		申请时间	
技改设备/工艺		改造内容	
一、设备/工艺缺点			

（续）

二、推荐新设备/工艺			
三、改造内容			
四、费用估算			
五、改造前后对比			
改造前产量		预计改造后产能	
改造前性能		预计改造后性能	
改造前效益		预计改造后效益	
六、审核审批			
设备部经理意见	签字：		日期：＿＿年＿月＿日
生产部经理意见	签字：		日期：＿＿年＿月＿日
生产总监意见	签字：		日期：　　年　月　日

2. 技改项目申请应依次经过设备部经理、生产部经理、生产总监和厂长的审核审批。

第10条　编制项目建议书和可行性研究报告

1. 技改项目申请经过审核审批后，由设备部组织人员编制项目建议书和可行性研究报告。

2. 设备部技改主管组织生产部、技术部相关人员进行调研，编制项目建议书和可行性研究报告。

3. 项目建议书和可行性研究报告应依次经过设备部经理、生产部经理、生产总监和厂长的审核、审批。

第11条　编制设备技改项目任务书

项目建议书和可行性研究报告经过审批后，由设备部技改主管组织编制"设备技改项目任务书"，"设备技改项目任务书"如下所示。

设备技改项目任务书

设备/工艺名称		生产产品	
总费用预算		要求完成时间	
目前存在的问题			
技改内容			
关键环节			

（续）

对技改后产品质量的要求		
对技改后产品工艺的要求		
技改后设备的结构特点	自动化程度	
	维修难易程度	
	设备可靠性	
设备技术改造验收标准		
设备部经理意见	签字：　　　　　　　　　　　　　　　日期：　　年　月　日	
生产部经理意见	签字：　　　　　　　　　　　　　　　日期：　　年　月　日	
生产总监意见	签字：　　　　　　　　　　　　　　　日期：　　年　月　日	

第12条　技改方案和图纸的设计

1. 技改项目任务书经过审核审批后，由设备部组织相关人员进行技改方案和图纸的设计。

2. 技改方案和图纸应根据审批后的技改项目任务书编制，具体应包括以下内容。

（1）投资总额、投资明细。

（2）项目招标内容、对承包商的要求。

（3）需采购的设备和原材料。

（4）人员的配置和培训。

（5）技改进度要求。

（6）技改阶段考核指标。

（7）其他准备工作。

3. 工厂自行设计的设备，应由设备部组织相关人员成立技改方案设计小组，进行多方调研后再设计技改方案和图纸。

4. 委托其他公司、研究所或专业机构设计的，应设备部经理与其签订委托设计合同。

5. 设计完成的技改方案和图纸应依次经过设备部经理、生产部经理、生产总监的审核、审批。

6. 技改方案和图纸通过审核审批后，由设备部组织相关人员编制技改需采购的设备明细并上报审批，经过生产总监审批后进行对外招标、谈判和签约。

7. 经审批的设计方案和图纸是技改项目实施的主要依据，不得随意变更。确因实际情况变化需对设计内容进行变更和协调的，须报原审批部门批准。

（续）

第4章 技改项目实施

第13条 技改项目责任制

技改项目实行专人负责制。工厂应在技改项目申请批准之后确定项目负责人，负责对整个过程的协调和管理。

第14条 技改项目负责人职责

1. 负责组织设备部、生产部、技术部相关人员成立项目工作小组负责项目的提出、编制可行性研究报告、技术引进、项目实施、投产、后期维护等工作。

2. 明确项目工作小组每位成员的工作职责、工作目标、工作程序、各阶段工作要求和考核指标等，便于技改项目管理。

3. 对于委托其他公司或研究所实施技改项目的，在公开招标后，由项目负责人与承包商谈判并签订承包合同。

4. 负责对技改项目的进度进行监督和考核。

5. 项目负责人定期召开项目例会，通报技改施工速度，协调解决影响施工的技术、材料供应等问题，协调各部门之间的关系，确保项目进度。

第15条 承包方式下，项目工作小组的工作内容主要包括以下几个方面。

1. 聘请第三方机构作为技改项目的监理方。

2. 组成现场施工质量监督小组，对日常施工质量及施工过程中的技术难点进行监督和指导。

3. 技改施工应在质量监督小组人员的监控之下，重点施工步骤应由质量监督小组确认实施。

4. 技改施工部门应按时向项目负责人报告项目进度，确保项目按时完成。

5. 项目工作小组应提供技改项目必要的资料、器材、工具或设备，协助施工方解决技改难题，协调各部门、各单位之间的关系。

第16条 设备试车

技改后期，项目负责人组织相关人员进行样车试制和实验验证工作，施工方应详细记录实验过程和结果，其参数和结论应上报项目工作小组。

第17条 项目考核

项目负责人应定期进行项目考核，从项目进度、执行情况、人员职责、资金使用状况等几个方面对各类人员进行考核，考核合格人员和优秀人员应给予奖励，不合格人员应予以批评、通报或罚款。

第5章 技改项目验收与评估

第18条 竣工验收的条件

1. 主要工艺设备及配套设施联动负荷试车合格，能够生产出符合设计要求的产品。

2. 生产准备工作完成，能够满足投产的需要。

3. 环境保护、劳动安全卫生、消防等设施已按照设计要求建成、使用并验收合格。

4. 项目技术资料按照要求归档，能够满足生产和维修的需要。

第19条 竣工验收的依据

1. 项目建议书、可行性研究报告。

2. 项目任务书、技改方案、图纸。

3. 招标书、中标书、技术合同、承包合同、委托设计合同。

（续）

4. 竣工审计报告。

第 20 条　验收程序

1. 技改项目完成后，监理进行验收，验收通过后，施工方提交竣工验收报告，由生产总监组织相关人员成立验收小组进行验收。

2. 验收小组的主要由以下五类人员组成。

（1）至少 1 名外部专家。

（2）未参与技改项目的技术部、设备部和生产部主管各 2 人。

（3）参与技改项目施工管理人员 1 名

（4）监理人员 1 名。

（5）生产总监、技术总监和副厂长。

3. 验收小组应在验收前委托外部审计机构对项目实施、资金去向、工程造价等情况进行全面审计，并出具审计报告。

4. 验收小组进行改造设备验收工作时，主要对以下七个方面进行验收。

（1）无负荷试车、负荷试车、测试精度。

（2）产品质量的稳定程度、设备运转状况。

（3）是否便于操作、设备故障率等。

（4）工艺水平稳定程度、产品质量提高程度。

（5）生产能力水平提高幅度。

（6）操作人员培训情况、实际操作演示情况。

（7）技改效益。

5. 验收小组验收完毕应出具设备技改验收报告，并对投资、工程设计施工、设备质量和投资效益等方面作出全面评价。

6. 对验收不合格的技改项目限期整改，整改后进行复验。对复验后仍不合格的，属于设计失误、论证不足、设备制造及供应或者实施中出现的问题，应当追究相关责任人的责任。

第 21 条　验收报告审批

验收小组编制的验收报告应经过生产部经理、设备部经理和生产总监的审核、审批。

第 22 条　改造设备运行记录

技改设备验收后投入使用，生产部操作人员应详细记录设备运转和保养情况。

第 23 条　技改工作评估

技改设备投入使用后三个月内，由设备部组织相关人员对技改进行评估，评估内容包括以下三点。

1. 技改综合效益。

2. 技改对工厂的影响。

3. 技改设备未来五年的生产收益。

第 24 条　评估报告审批

技改评估报告经生产部经理、设备部经理审核后交生产总监进行审批。

（续）

		第6章 附则			

第25条 本规范由设备部编制，解释权归设备部所有。

第26条 本规范自颁布之日起执行。

	修订标记	修订处数	修订日期	修订执行人	审批签字
修订记录					

第三节 设备技术改造评估

一、设备技术改造评估要点

设备部在完成设备技术改造工作后，应由设备部经理组织相关人员对此次技改工作进行评估，目的是总结技改工作的经验、找出其中存在的问题并制定相应的解决方案，为下一次技改工作提供借鉴。一般来说，评估人员在进行设备技术改造评估工作时，需注意以下要点。

1. 技改工作资料采集

由评估人员对此次设备技改工作中的工作记录、相关资料进行收集，其中的重要评估资料包括"设备技术改造申请书"、技改方案文件、设备改造设计图纸、技术改造工作进度记录等。

2. 重点评估内容

评估人员在进行技改工作评估时需重点评估以下几方面内容。

（1）技改工作是否按预定时间完成，设备停工时间是否过长。

（2）设备经改造后是否达到"设备技术改造申请书"中预计的改造效果。

（3）进行设备技术改造的资金是否超过预算。

3. 评估结果反馈

在评估工作结束后，评估人员需将评估结果进行公示，并收集设备技改工作参与人员对评估结果的反馈意见，为下次评估工作的改进与完善提供帮助。

二、设备技术改造评估流程

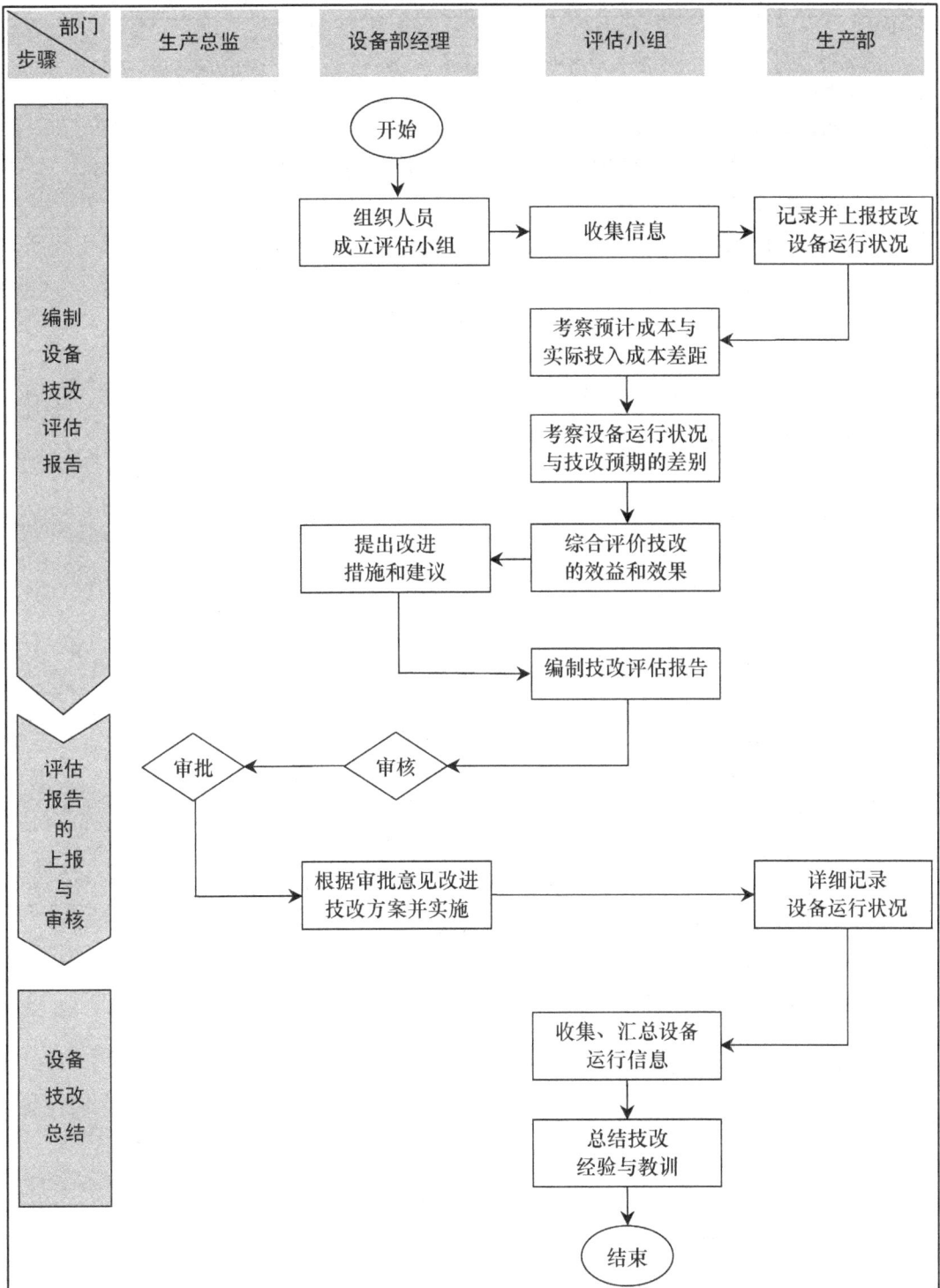

部门步骤	生产总监	设备部经理	评估小组	生产部

```
                              开始
                               │
                               ▼
组织人员          收集信息         记录并上报技改
成立评估小组  ──▶               ──▶  设备运行状况

编制                      考察预计成本与
设备                      实际投入成本差距  ◀──
技改                               │
评估                               ▼
报告                      考察设备运行状况
                          与技改预期的差别
                               │
                               ▼
           提出改进      综合评价技改
           措施和建议 ◀── 的效益和效果

                          编制技改评估报告

评估       ┌审批┐ ◀── ┌审核┐ ◀──
报告
的
上报
与          根据审批意见改进              详细记录
审核        技改方案并实施  ──────────▶  设备运行状况

                                      收集、汇总设备
设备                                  运行信息
技改                                       │
总结                                       ▼
                                      总结技改
                                      经验与教训
                                           │
                                           ▼
                                         结束
```

三、设备技术改造评估方案

文书名称	设备技术改造评估方案	编　　号	
		受控状态	

一、技改评估目的

为了正确认识和评价技改的综合效益，提高工厂技改能力，总结技改经验，特制定本方案。

二、技改评估人员

设备部组织相关人员成立技改评估小组，小组成员至少应包括以下人员。

1. 外部专家 2 名。

2. 未参与技改项目的技术部、设备部和生产部主管各 2 人。

3. 参与技改项目施工管理人员 1 名。

4. 参与其他技改项目施工人员 2 名。

5. 政府环保机构成员 1 名。

6. 生产总监、技术总监和副厂长。

三、技改评估内容

（一）考察技术改造的依据

1. 国家指导文件和政策。

2. 项目建议书、可行性研究报告。

3. 更新改造专项措施和项目合同。

（二）考察技术改造的目标和主要内容

1. 本次技改设定的拟实现的产品目标、产量目标、经济目标和主要改造内容。

2. 实施过程中有变更的应说明变更原因、变更的内容和审核审批意见。

（三）考察技术改造计划执行情况

1. 本次技改的总投资及资金来源。

2. 开、竣工日期和建设工期，单项工程验收情况。

3. 单台设备安装、调试、空载和负荷试车交验情况。

4. 产品质量稳定情况、设备故障率。

5. 生产废气的排气设施及实施情况、达标情况。

6. 废水（污水）的排除设施及实施情况、达标情况。

7. 环保安全、消防安全和卫生设施情况、达标情况。

（四）考察技改经济效益

1. 改造前后检测能力，计量水平的对比。

2. 改造前后的经济效益。

3. 改造后的环境效益、社会效益。

4. 新工艺、新设备、新材料、新技术的推广应用情况。

（续）

四、技改评估总结					
（一）技改的成功经验 （略） （二）技改需改进的问题 （略） （三）技改的总体评价 （略）					
编制人员		审核人员		审批人员	
编制时间		审核时间		审批时间	

闲置设备处理
精细化管理

第十一章

第一节　闲置设备封存

一、闲置设备封存管理流程

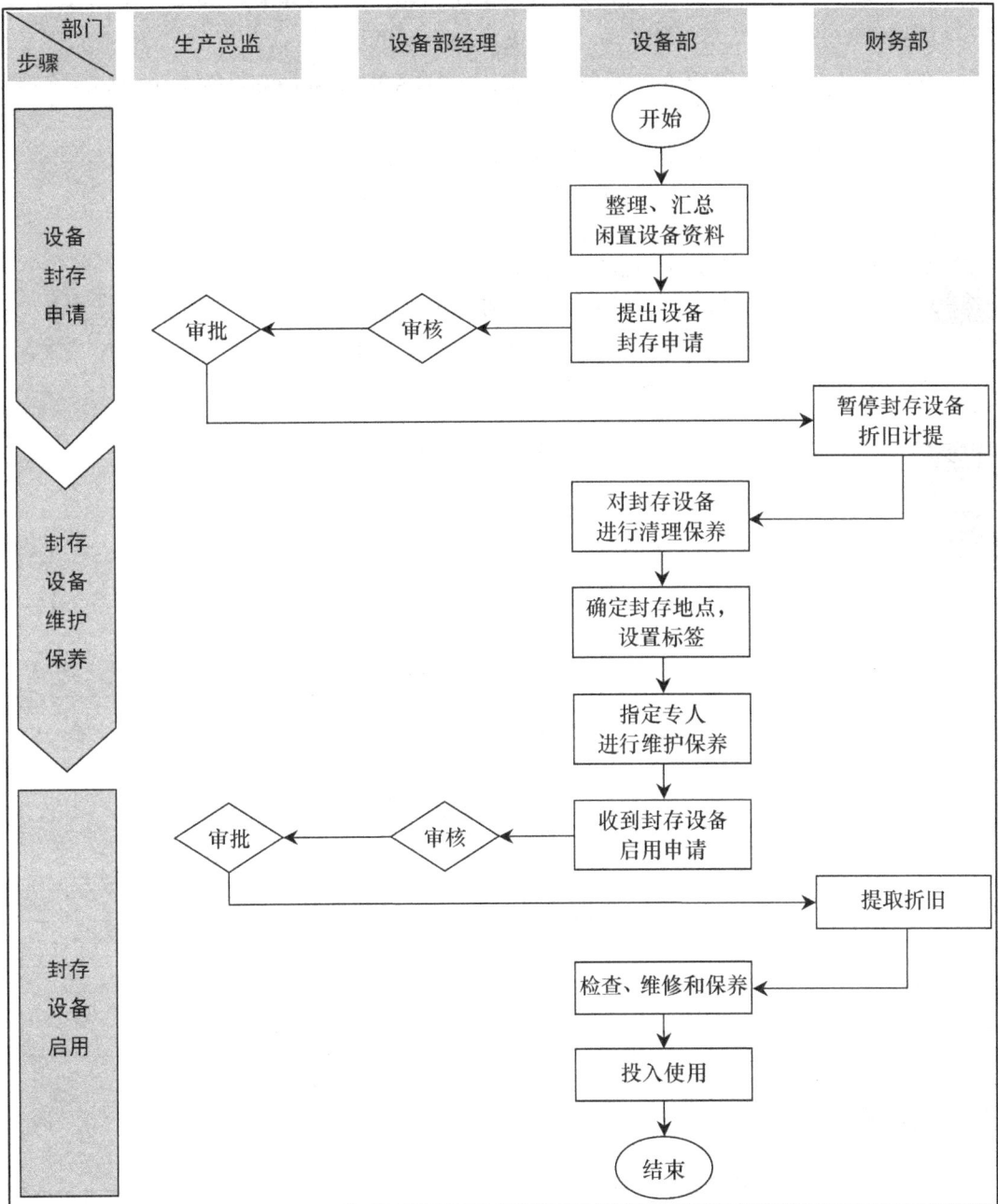

部门 步骤	生产总监	设备部经理	设备部	财务部

设备封存申请 → 开始 → 整理、汇总闲置设备资料 → 提出设备封存申请 → 审核 → 审批

暂停封存设备折旧计提

封存设备维护保养 → 对封存设备进行清理保养 → 确定封存地点，设置标签 → 指定专人进行维护保养 → 收到封存设备启用申请 → 审核 → 审批

封存设备启用 → 提取折旧 → 检查、维修和保养 → 投入使用 → 结束

二、闲置设备封存实施细则

制度名称	闲置设备封存实施细则			受控状态	
				编　号	
执行部门		监督部门		编修部门	

第1章　总则

第1条　为加强对闲置设备在封存期间的管理，确保设备保持良好状态，规范封存期间的设备维护保养工作，特制定本细则。

第2条　本细则适用于工厂闲置设备的封存及封存期间保管事宜。

第2章　闲置设备封存申请流程

第3条　符合下列条件的闲置设备可申请封存。

1. 闲置三个月以上，以后生产仍需要使用的设备。

2. 闲置三个月以上，以后生产不需要使用，但可能被外部公司租赁的设备。

第4条　由设备部或生产部人员提出闲置设备封存申请，并填制"闲置设备封存申请表"。本表一式三份，设备部、生产部、财务部各存一份。"闲置设备封存申请表"如下所示。

闲置设备封存申请表

设备名称		设备编号	
规格型号		使用部门	
放置地点		设备原值	
已提折旧		购置时间	
规定使用年限		已使用年限	
制造厂家		出厂时间	
开始封存时间		封存地点	
封存前设备运行状况			
封存原因			
设备部经理意见	签字：　　　　　　　　　　　　　　　　　　　日期：＿＿年＿月＿日		

（续）

生产部经理意见	
	签字：　　　　　　　　　　　　　　　日期：＿＿年＿月＿日
生产总监意见	
	签字：　　　　　　　　　　　　　　　日期：＿＿年＿月＿日

申请部门：＿＿＿＿＿＿　　　　　经办人：＿＿＿＿＿＿　　　　填制日期：＿＿年＿月＿日

第 5 条　"闲置设备封存申请表"应提交设备部经理、生产部经理和生产总监审核审批。

第 6 条　"闲置设备封存申请表"经过审批通过后，财务部暂停封存设备的折旧计提。

第 7 条　设备部组织人员对封存设备进行必要的清洗、保养和检修，并采取防锈、防腐措施，放尽燃油和水，拆卸电瓶。

第 8 条　设备部主管确定合适的封存地点并组织人员搬运。

第 9 条　设备部主管应指定专人对封存设备定期进行检查、维护、保养和记录，保持其结构完整、技术状态良好。

第 10 条　设备部专员应及时设置设备标签并放于设备的显著位置。

第 11 条　设备部收到闲置设备启封申请，提交设备部经理、生产部经理和生产总监审核、审批。

第 12 条　启封申请审批通过后，财务部开始对启封设备计提折旧，设备部人员对设备进行开封、清理、检修和保养，投入使用。

第 3 章　封存设备的保管

第 13 条　设备封存期间，应按操作规程进行定期保养，加强维护和管理，注意附机、附件的完整性，使设备始终处于良好的技术状态或至少保持现有的技术状态，不致遭到自然损蚀而日益恶化。

第 14 条　设备封存后，设备部应指定专人定期对其维护保养，建立维护保养卡片，制订维护保养计划并送交设备部备查。

第 15 条　封存设备必须挂牌存放，标牌应注明批准日期、封存日期、放水情况、保管责任人和检查及保养记录。

第 16 条　新设备或大修出厂后未经磨合的机械设备封存时，应在封存前完成磨合程序并进行磨合保养工作，以便使设备处于磨合后的正常待用状态。

第 17 条　带有附属装置的封存设备，应将其附属装置集中就近存放，防止发生错配或丢失现象。

第 18 条　封存的电气设备应切断电源，并做好防潮、防尘、防水等措施。

第 19 条　严禁随意拆卸、拆换和挪用封存设备配件。

第 20 条　因管理不善或责任心不强造成设备在封存期间丢失或损坏的，应追究有关人员的管理责任和经济责任。

（续）

第 4 章　附则

第 21 条　本细则由设备部编制，解释权归设备部所有。

第 22 条　本细则自颁布之日起执行。

修订记录	修订标记	修订处数	修订日期	修订执行人	审批签字

三、设备折旧计算方案

文书名称	设备折旧计算方案	编　号	
		受控状态	

一、设备折旧定义

设备折旧是指在设备使用寿命内，按照确定的方法对应计折旧额进行系统分摊。

二、设备折旧的核算部门

1. 财务部负责工厂设备的折旧核算工作。

2. 设备部协助完成对设备的统计工作和折旧核算工作。

三、在用设备折旧范围

1. 季节性停用、大修停用的设备。

2. 融资租入和以经营租赁方式租出的设备。

3. 在用机器设备、计算机设备、运输工具、工具器具等。

四、不需计提折旧的设备

1. 未使用、不需用设备。

2. 以经营租赁方式租入的设备。

3. 已提足折旧继续使用的设备。

五、设备提取折旧的时间和数额

1. 设备按月提取折旧。当月增加的新设备，当月不提折旧，从下月起计提折旧；当月减少的设备，当月照提折旧，从下月起不提折旧。

2. 工厂在每年年底对设备的使用寿命、预计净残值和折旧方法进行复核，并根据复核结果对相关内容进行调整。

（1）使用寿命预计数与原先估计数有差异的，应当调整设备使用寿命。

（2）预计净残值预计数与原先估计数有差异的，应当调整预计净残值。

（3）与设备有关的经济利益预期实现方式有重大改变的，应当改变设备折旧方法。

（续）

3. 设备提足折旧后，不论能否继续使用，均不再提取折旧。

4. 提前报废的设备，不再补提折旧。

5. 设备应提折旧总额 = 设备的原值 - 预计残值 + 预计清理费用

六、设备折旧年限和净残值率

参考《中华人民共和国企业所得税法》及其实施条例确定。

七、设备折旧方法

（一）年限平均法（直线法）

1. 年折旧额 = [设备原价 × (1 - 预计净残值率)] / 设备预计使用年限

2. 月折旧额 = 设备年折旧额 / 12

（二）工作量法（以每单位工作量耗费的设备价值相等为前提）

每单位工作量折旧额 = (设备原价 - 预计净残值) / 设备预计使用年限内可完成的总工作量

（三）双倍余额递减法（不考虑设备净残值的前提）

1. 年折旧率 = 2 / 预计使用年限 × 100%

2. 月折旧率 = 年折旧率 / 12

3. 月折旧额 = 设备账面净值 × 月折旧率

（四）年数总和法（年限合计法）

1. 年折旧率 = (预计使用年限 - 已使用年限) / [预计使用年限 × (预计使用年限 + 1) / 2] × 100%

2. 月折旧率 = 年折旧率 / 12

3. 月折旧额 = (设备原值 - 预计净残值) × 月折旧率

4. 预计净残值 = 设备原价 × 预计净残值率

建议财务部采用年限平均法作为设备折旧的计算方法。

编制人员		审核人员		审批人员	
编制时间		审核时间		审批时间	

第二节 闲置设备租赁

一、闲置设备租赁管理流程

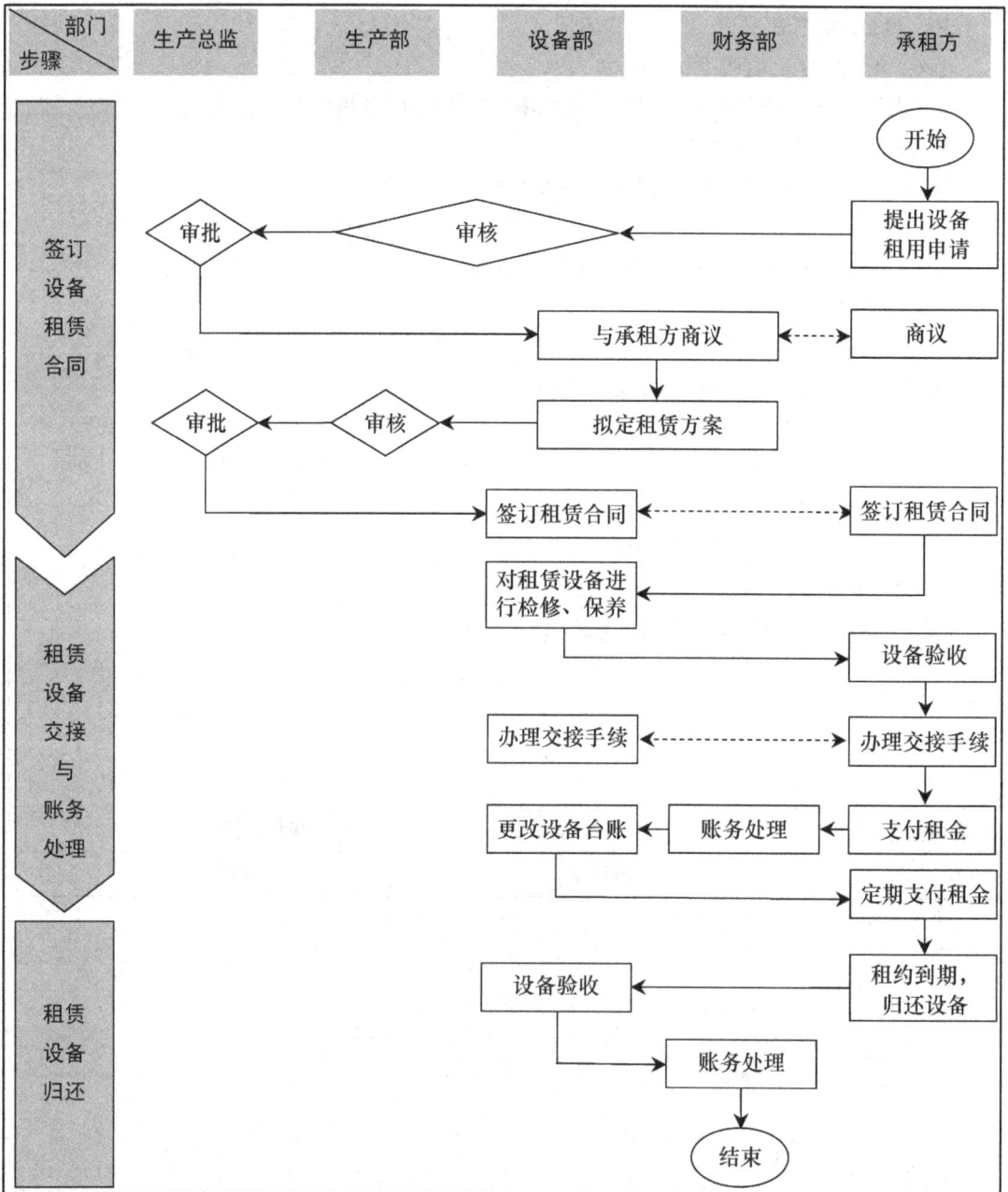

部门 步骤	生产总监	生产部	设备部	财务部	承租方
签订设备租赁合同	审批 ←	◇ 审核			开始 提出设备租用申请 商议
	审批 ← ◇ 审核 ←		与承租方商议 拟定租赁方案 签订租赁合同 对租赁设备进行检修、保养		签订租赁合同
租赁设备交接与账务处理		办理交接手续	设备验收 办理交接手续 账务处理 更改设备台账		设备验收 办理交接手续 支付租金 定期支付租金
租赁设备归还		设备验收 账务处理			租约到期，归还设备 结束

二、闲置设备租赁办法

制度名称	闲置设备租赁办法		受控状态	
			编　　号	
执行部门		监督部门	编修部门	

第1章　总则

第1条　为充分发挥工厂闲置设备的作用，进一步提高闲置设备的利用率，规范设备租赁流程，特制定本办法。

第2条　本办法适用于所有权属于本工厂的闲置设备或大型工具的租赁事宜。

第2章　设备租赁流程

第3条　工厂以外的单位或个人租用设备，应提前向设备部提出书面申请。

第4条　工厂可供出租的设备应符合以下条件。

1. 属于工厂闲置设备。

2. 未列入闲置设备，但预计最近三个月内没有使用计划的。

3. 属于非关键性设备且可以使用其他设备替代。

第5条　租赁申请经设备部经理、生产部经理和生产总监审核、审批后，由设备部会同财务部人员与租赁方共同商议并拟定设备租赁方案。

第6条　设备租赁方案应依次经过设备部经理、生产部经理、财务部经理和生产总监的审核审批。

第7条　设备租赁方案审批通过后，由设备部经理与租赁方签订租赁合同，租赁合同应详细说明以下内容。

1. 设备的型号、规格、数量、用途。

2. 租赁期限、租金和押金的金额、支付方式。

3. 设备的运输和租赁期间的维修保养工作的负责方。

4. 设备各种税、费的缴纳方。

5. 租赁期间设备损害或损毁的赔偿金额。

6. 租赁方续租情况下的租金优惠幅度。

7. 双方的责任和义务。

第8条　设备租赁合同应交由设备部、生产部和财务部备案。

第9条　设备部组织相关人员对租赁合同中涉及的设备、生产线或大型工具进行检修，确保正常运转。

第10条　设备部对租赁设备、生产线或大型工具进行保养、清理和必要的包装。

第11条　按照租赁合同的规定，设备部将租赁设备运至租赁方指定场所。

第12条　设备部经理组织人员对设备使用性能进行技术交底并负责安装调试，后由租赁方进行检查验收。

第13条　租赁方验收通过后，设备部人员与租赁方办理设备交接手续。

第14条　租赁方按照合同规定支付租金，财务部收款并进行账务处理。

（续）

第15条　设备部更改设备卡片和设备台账。

第16条　设备部经理应定期对出租的设备进行核查，及时掌握设备动态。

第17条　财务部应提前20天通知租赁方缴纳下一年度（月度）租金，如租赁方逾期10天未交清租金，设备部按照合同规定有权提前收回设备或采取其他措施。

第18条　设备租赁到期，财务部和设备部应及时催促租赁方归还设备。对于到期迟迟不还的，应及时向生产总监报告，必要时以书面方式催复并依照合同约定要求赔偿。

第19条　租赁方归还租赁设备，设备部应组织人员对其进行验收，除正常磨损外，如有零部件损坏丢失，由租赁方负责赔偿或修复；如设备严重损坏无法修复，由租赁方按合同约定进行赔偿。

第20条　租赁设备归还后，财务部应及时进行账务处理，设备部及时更改台账。

第3章　租赁期间费用管理

第21条　租赁费用的计算以设备租赁合同约定的价格以日为单位计算。

第22条　设备在租赁期间，其租金应包括设备使用期间的租赁费、设备交接发生的拆卸费和运输费以及设备的安装费。

第23条　设备在租赁期间进行配件维修的责任归属如下所述。

1. 设备在开始使用后如发生故障，对大型机件的更换和维修费用，在以下情况下由出租方承担。

（1）属于正常磨损。

（2）非人为造成的损坏。

2. 租赁方在设备使用期间由于违章作业和人为原因所造成的损坏由租赁方承担。

3. 费用在1 000元以下的小型配件更换，由租赁方承担；租赁方自行更换的，出租方不承担费用。

第4章　附则

第24条　本办法由设备部编制，解释权归设备部所有。

第25条　本办法自颁布之日起执行。

修订记录	修订标记	修订处数	修订日期	修订执行人	审批签字

第三节 设备报废

一、设备报废管理流程

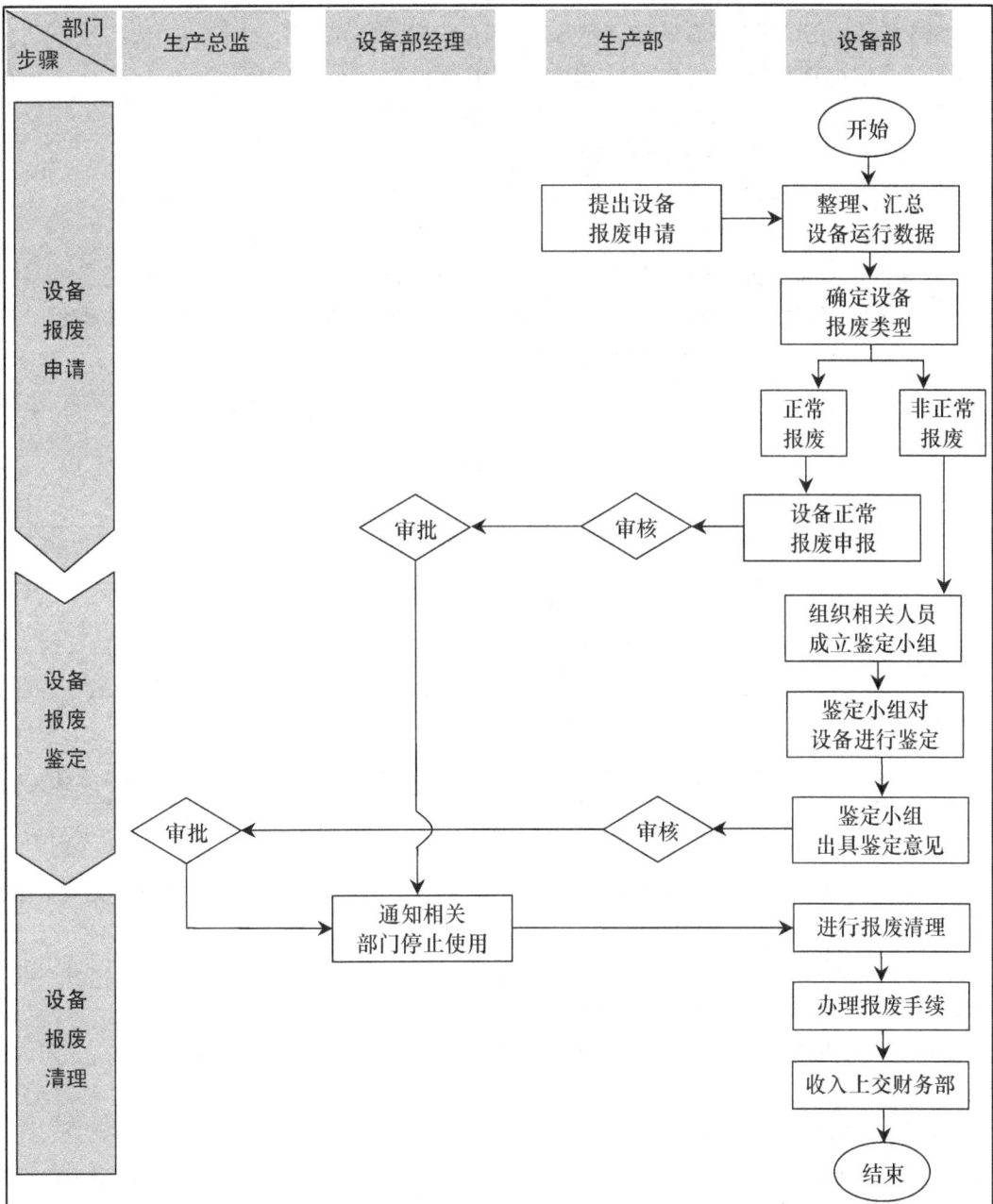

步骤 \ 部门	生产总监	设备部经理	生产部	设备部

设备报废申请 → 设备报废鉴定 → 设备报废清理

开始

提出设备报废申请 → 整理、汇总设备运行数据

确定设备报废类型

正常报废 / 非正常报废

设备正常报废申报 → 审核 → 审批

组织相关人员成立鉴定小组

鉴定小组对设备进行鉴定

鉴定小组出具鉴定意见 → 审核 → 审批

通知相关部门停止使用 → 进行报废清理

办理报废手续

收入上交财务部

结束

二、设备报废处理办法

制度名称	设备报废处理办法		受控状态	
			编　号	
执行部门		监督部门		编修部门	

第1条　为规范工厂对设备报废的处理程序，提高报废处理工作效率，特制定本办法。

第2条　本办法适用于工厂所有设备报废相关工作。

第3条　本工厂的设备达到以下条件之一即可进行报废处理。

1. 已经超过使用年限，且不能继续使用的设备。

2. 闲置时间在一年以上，且预测没有出租、出借价值的设备。

3. 因工艺设置改变和技术进步而遭淘汰，需要更新换代的设备。

4. 设备严重毁损，失去了原有的功能并且无法恢复到可正常使用的状态。

5. 虽未超过使用年限，但实际工作量超过其产品设计工作量，且继续使用易发生危险的设备。

第4条　由生产部提出设备报废申请并填写"设备报废申请表"，"设备报废申请表"如下所示。

设备报废申请表

使用部门：_____　　　　　　　　　　　　　　日期：___年__月__日

编号		名称		规格型号	
数量		购置时间		原值	
已提折旧		净值		规定使用年限	
已使用年限		预计净值		报废形式	
报废类型	□ 使用期满，正常报废			□ 使用期未满，非正常报废	

注：本表一式三份，使用部门一份，设备部一份，财务部一份

第5条　设备使用期满、正常报废的申请经设备部经理和生产部经理审批通过后即可进行报废清理。

第6条　设备使用期未满、非正常报废的申请应由设备部组织专家和相关人员组成鉴定小组对设备进行鉴定。鉴定小组鉴定完毕，应出具设备报废鉴定意见。

第7条　设备部人员将"设备报废申请表"和报废鉴定意见一起交生产部经理和生产总监进行审核审批。

第8条　审批通过后，设备部经理通知使用部门停止使用。

第9条　审批通过的"设备报废申请单"和报废鉴定意见分别交设备部、生产部和财务部留存。

（续）

第 10 条　设备管理员应在设备管理台账和卡片上盖作废章以示注销，财务部进行资产报废账务处理。

第 11 条　设备部对报废设备进行报废清理，清理工作具体如下所述。

1. 对有使用和改造价值的报废设备通过公开拍卖的方式进行报废清理。

2. 没有利用价值的报废设备，由设备部人员联系指定的废品收购商进行回收。

第 12 条　设备部应将报废设备所得残值收入上交财务部做账务处理。

第 13 条　本办法由设备部制定，经生产总监审批通过后生效。

修订记录	修订标记	修订处数	修订日期	修订执行人	审批签字

设备安全监控
精细化管理

第十二章

第一节　设备安全防护

一、建立设备安全防护体系

设备安全防护是设备安全管理的重要环节。为保证生产工作顺利进行、确保员工的生命安全和工厂的财产安全，工厂应提高员工的设备安全防护意识，建立设备安全防护体系。

1. 制定设备安全防护制度

工厂设备部应分析设备安全防护的重点，结合设备安全事故资料，制定出设备安检、维修、保养等一系列制度规范，并根据设备的实际生产情况进行修改，上报批准后执行。

2. 确定设备安全防护原则

工厂需根据设备的实际使用和维护情况，确定设备的安全防护原则。一般来说，"安全第一、预防为主"的原则被大多数工厂采用。

3. 制定设备岗位安全标准

设备部应明确各生产岗位上相关人员的设备安全防护职责及安全作业规范。尤其对设备的操作人员，需严格规范其对设备的操作。

4. 制定设备伤害和安全事故处理的应急方案

对于在设备运行中可能发生的设备伤害和安全事故等突发情况，工厂应提前制定应急处理方案和应急措施，并定期组织相关人员进行学习。

5. 做好设备安全防护记录

工厂的安全负责人建立设备技术安全管理档案，对设备在安装、调试、运行中的出现安全问题及处理办法进行如实记录，但记录须经工厂安全主管审核签字后方可建档保存。

二、设备安全防护管理流程

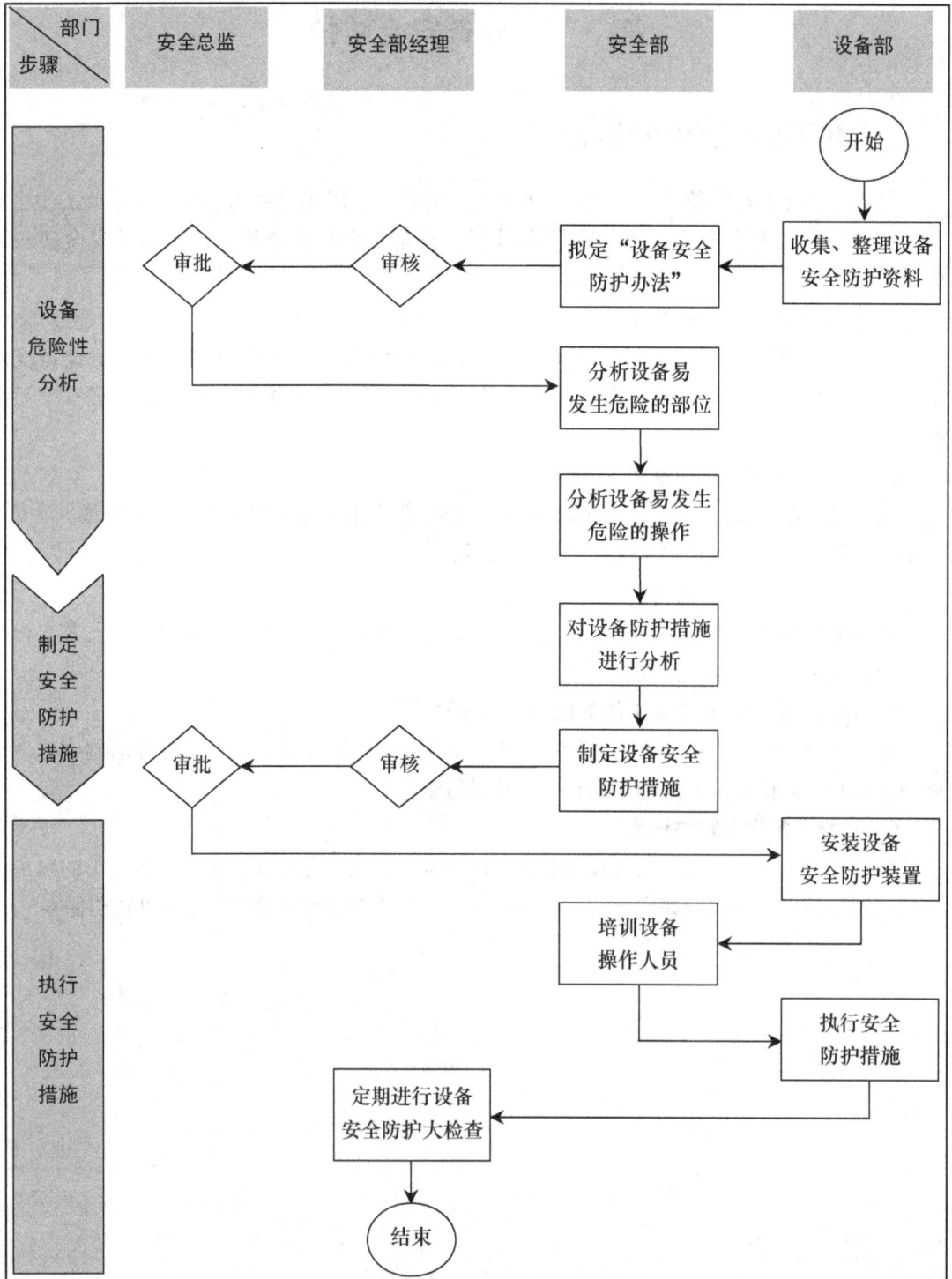

部门步骤	安全总监	安全部经理	安全部	设备部

设备危险性分析

开始

收集、整理设备安全防护资料

拟定"设备安全防护办法"

审核

审批

分析设备易发生危险的部位

分析设备易发生危险的操作

对设备防护措施进行分析

制定安全防护措施

制定设备安全防护措施

审核

审批

安装设备安全防护装置

培训设备操作人员

执行安全防护措施

执行安全防护措施

定期进行设备安全防护大检查

结束

三、设备安全防护实施细则

制度名称	设备安全防护实施细则		受控状态	
			编　　号	
执行部门		监督部门	编修部门	

第1章　总则

第1条　目的

为杜绝和减少设备安全事故的发生，确保员工的人身安全和车间的生产安全，特制定本细则。

第2条　适用范围

本细则适用于各生产车间设备操作人员、技术人员、安全人员及其他相关人员。

第3条　名词释义

设备安全防护是指为了保护员工在生产过程中的安全，预防工伤事故的发生而制定的安全防护措施。

第2章　建立设备安全防护体系

第4条　生产人员安全培训

设备部应每月对设备操作人员进行安全生产培训，培训的内容包括设备事故分析、设备操作指导和违规操作指正等。

第5条　设置安全监督员

设备经理应指定安全监督员一名，监督设备操作人员是否正确操作设备，并检查操作中存在的安全隐患。

第6条　编制《设备安全操作手册》

设备部可编制《设备安全操作手册》对生产人员的操作进行指导，手册的内容包括生产设备结构示意图、操作说明书、常见故障及排除办法等。

第7条　制定设备安全责任制

工厂可制定设备安全责任制，落实设备安全相关人员的责任。

第3章　设备安全防护管理

第8条　设备安全检测

1. 对高速旋转的设备运动部件应进行必要的静平衡或动平衡试验。

2. 设备维护人员须检查设备的控制线路，应保证线路损坏后也不发生安全事故。

第9条　防护装置

1. 危险设备应及时安装设备安全防护装置，易造成伤害事故的设备部件应进行封闭、屏蔽或采取其他避免直接接触的防护措施。

2. 以设备操作人员所站立平面为基准，凡高度在2米以内的各种传动装置必须设置防护装置，高度在2米以上的传输装置和带传动装置也应设置防护装置。

3. 必须对可能因超负荷运转而发生损坏设备的部件设置超负荷保险装置。

4. 机械加工设备根据需要应设置可靠的限位装置。

（续）

5. 有惯性冲撞运动的部件必须采取可靠的缓冲措施，防止因惯性而造成伤害事故。

6. 设备应设有安全电压的局部照明装置和防止意外起动的保护装置。

7. 尽可能为危险性较大的设备配置监控装置。

第10条 设备放置要求

1. 设备的放置位置应安全可靠，并应保证操作人员的头、手、臂、腿、脚有合乎心理和生理要求的足够的活动空间。

2. 设备的工作面高度应符合人机工程学原理，具体有如下两方面要求。

（1）坐姿工作面高度应在700～850毫米。

（2）立姿或立－坐姿的工作面高度应在800～1 000毫米。

3. 设备的放置位置应保证操作人员的安全，平台和通道必须防滑，必要时设置踏板和栏杆，平台和栏杆必须符合《固定式钢梯及平台安全要求》（GB 4053.3－2009）的规定。

第11条 其他防护要求

1. 设备应有处理和防护尘、毒、烟雾、闪光、辐射等有害物质的装置。

2. 当设备的电源偶然被切断时，制动、夹紧动作不应中断；电源重新接通时，设备不得自动启动。

3. 设备易发生危险的部位应设有安全标志或涂有安全色，提示操作人员注意。安全标志和安全色按《图形符号、安全色和安全标志》（GB 2893.2－2008）和《安全色使用导则》（GB 6527.2－1986）执行。

第4章 附则

第12条 本细则如与国家相关法律法规相抵触时，以国家法律法规为准。

第13条 本细则经安全总监批准后实施，修改、废止时亦同。本细则自颁布之日起执行。

修订记录	修订标记	修订处数	修订日期	修订执行人	审批签字

第二节 设备日常安全检查

一、设备日常安检的内容

对设备开展有效的日常安检是帮助工厂实现设备正常运转、生产顺利进行的有效途径之一。设备安检可按设备运行状态的不同分为设备运行中安检和设备停工时安检。这两类日常安检的具体内容如表12-1所示。

表 12-1　设备日常安检的种类和内容

设备种类	安检内容
运行中设备	◆ 检查设备运行状况，是否出现异常震动、噪声、温度过高等情况 ◆ 检查设备仪表是否完好、示数是否在正常范围 ◆ 设备各阀门、排气孔是否出现泄漏的情况 ◆ 设备防护装置是否完好，各安全指示灯能否正常显示 ◆ 检查设备周围的物品堆积情况，照明设备是否完好
停工设备	◆ 检查设备内部线路情况（是否存在电线老化或线路腐蚀） ◆ 检查设备表面油漆或防腐层的完好程度 ◆ 检查设备外壳是否存在变形、裂缝的情况 ◆ 对于结构较为简单的设备，安检人员可将其拆卸后对其备件进行检查 ◆ 检查设备润滑点的润滑情况和油箱油量

二、设备日常安检实施规范

制度名称	设备日常安检实施规范		受控状态	
			编　　号	
执行部门		监督部门	编修部门	

第 1 章　总则

第 1 条　目的

为规范设备日常安检工作，确保设备处于安全可靠状态，避免或减少设备事故的发生，建立良好的安全环境和生产秩序，保证工厂安全生产，特制定本规范。

第 2 条　日常安检的等级划分

设备日常安全检查分为安全部检查、设备部检查、车间检查和岗位检查四个等级。

第 3 条　时间安排

1. 安全部检查每周进行一次。

2. 设备部检查每周进行两次。

3. 车间检查每天进行一次。

4. 岗位检查每天进行两次。

第 2 章　设备日常安检计划

第 4 条　计划制订时间

设备部、安全部和生产部应在每年年末制订第二年的设备日常安检计划。

第 5 条　计划审批

设备日常安检计划经部门经理和安全总监审核审批后下发。

（续）

第6条　制订岗位日常安检计划

车间生产班组根据下发的日常安检计划制订岗位日常安检计划，经安全部主管审批通过后下发。

第3章　安全部日常安检

第7条　安全部安检内容

安全部日常安检由安全部经理、安全部设备安全主管及专员共同参加，每周三上午进行。检查内容具体如下。

1. 各车间、班组执行各项设备安全管理制度的情况。

2. 各车间设备安全教育和安全活动的开展情况。

3. 设备安全检查记录情况。

4. 新员工设备安全培训教育情况。

5. 重点设备的安全运行情况。

6. 新进设备的安全操作情况。

7. 以往安全漏洞和隐患的整改情况。

8. 各类设备安全设施、防护器材、消防器材的维护情况。

9. 违章指挥、违章操作及违反劳动纪律情况。

10. 事故隐患监控的可靠性。

11. 设备操作人员对设备存在危险、危害的认知情况。

第8条　安检记录

安全部的设备日常安检由安全部专员进行记录，记录经设备部经理签字后交安全部、生产部和设备部备份。

第4章　设备部日常安检

第9条　设备部安检内容

设备部日常安检由设备部经理、设备部设备安全主管及专员共同参加，每周一和每周四下午进行。检查内容具体如下。

1. 电器装置和电缆电线安全性。

2. 机电设备安全装置的灵敏性和可靠性。

3. 工人个人防护用品的正确使用情况。

4. 针对特种设备的检查内容如下。

（1）安全装置、附件是否灵敏、可靠、齐全、无损坏。

（2）制动系统、易损部位是否安全可靠。

（3）吊钩、钢丝绳磨损是否符合安全标准。

第10条　安检审批

设备部的设备日常安检由设备部专员进行记录，记录经设备部经理签字后交安全部、生产部和设备部备份。

第5章　车间日常安检

第11条　车间安检内容

车间日常安检由车间主任和各班组长共同参加，每天一次，不定时进行。检查内容具体如下。

（续）

1. 操作人员是否按照设备安全操作规程的要求进行操作。

2. 设备操作人员是否按照要求穿戴劳动保护用品进入操作岗位。

3. 设备操作人员是否在操作范围内的设备上进行操作。

4. 设备的安全装置是否齐全。

5. 检修设备时是否采取安全措施。

6. 班组交接记录是否完整。

7. 发现设备安全隐患后是否采取有效措施。

8. 各种安全制度的执行情况。

第12条　安检审批

车间的设备日常安检由车间主任进行记录，记录经设备部经理签字后交安全部、生产部和设备部备份。

第6章　岗位日常安检

第13条　填写日常安检表

岗位日常安检由设备操作人员进行。设备操作人员应在上班工作前和下班离岗前对设备安全注意事项进行检查并填写如下所示的"设备岗位日常安检表"。

设备岗位日常安检表

序号	设备岗位日常安检项目	检查情况			备注
		良好	正常	差	
1	设备减速器运行是否有异响				
2	设备制动器的性能、状况				
3	设备传动滑轮的槽底磨损量是否超标				
4	设备的电源电压情况是否正常				
5	皮带张紧度				
6	传感器的标定及复零				
7	设备设施的安全防护装置是否完好				
8	消防设施的维护保养情况				
9	新购、租赁、借用设备的安检情况				
10	设备是否超负荷或带病运转				
11	设备是否存在跑、冒、滴、漏情况				
12	设备隐患整改情况				

（续）

序号	设备岗位日常安检项目	检查情况			备注
		良好	正常	差	
13	电气设备防爆、防触电、防雷、防静电和接地情况				
14	其他				
存在的隐患与整改措施					

安检：_____   审核：_____   时间：___ 年__月__日

第14条　日常安检表的提交

设备操作人员应每日填写"设备岗位日常安检表"，下班或交接班前交至生产班组长处，班组长签字后提交至车间主任处。

第7章　附则

第15条　本规范由安全部编制，解释权归安全部所有。

第16条　本规范自颁布之日起执行。

修订记录	修订标记	修订处数	修订日期	修订执行人	审批签字

三、设备日常安检实施流程

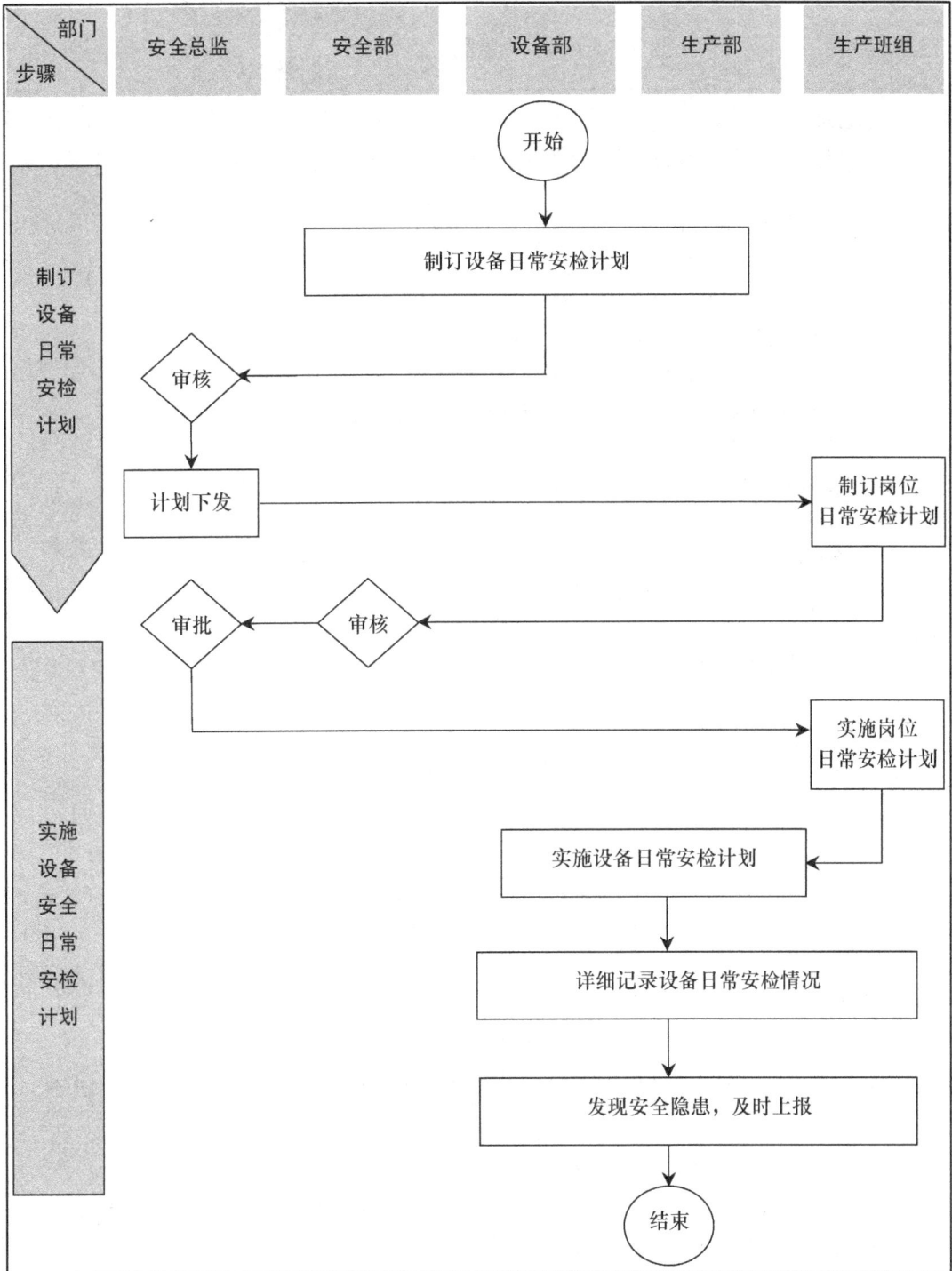

部门 步骤	安全总监	安全部	设备部	生产部	生产班组

制订设备日常安检计划

实施设备安全日常安检计划

```
                                          ( 开始 )
                                            │
                                  ┌─────────────────────┐
                                  │  制订设备日常安检计划  │
                                  └─────────────────────┘
                                            │
        ◇审核◇ ←───────────────────────────┘
          │
    ┌──────────┐                              ┌──────────┐
    │ 计划下发 │ ────────────────────────────→│ 制订岗位 │
    └──────────┘                              │日常安检计划│
                                              └──────────┘
                                                   │
    ◇审批◇ ←── ◇审核◇ ←───────────────────────────┘
      │
      └──────────────────────────────────→ ┌──────────┐
                                            │ 实施岗位 │
                                            │日常安检计划│
                                            └──────────┘
                                                 │
                          ┌──────────────────────┐
                          │ 实施设备日常安检计划  │←─┘
                          └──────────────────────┘
                                   │
                          ┌──────────────────────┐
                          │ 详细记录设备日常安检情况 │
                          └──────────────────────┘
                                   │
                          ┌──────────────────────┐
                          │ 发现安全隐患，及时上报 │
                          └──────────────────────┘
                                   │
                                ( 结束 )
```

四、设备安全控制点设置方案

文书名称	设备安全控制点设置方案	编　号	
		受控状态	

一、目的

通过设置安全控制点，将设备安全管理的总目标分解为各控制点的分目标，各控制点分目标的实现可以最终达到设备安全管理的总目标。

二、安全控制点设置原则

1. 对安全生产有严重影响的关键部位。

2. 对设备的动力系统有严重影响的关键部位。

3. 容易发生人身伤亡事故的部位或操作阶段。

4. 容易被操作人员忽略的部位或操作阶段。

5. 新设备、进口设备等操作人员对其运行原理不熟悉的部位。

三、参与人员

本方案由设备部安全主管负责编制，设备部、安全部和生产部相关人员参与编制。

四、设置步骤

1. 设备部安全主管组织设备部、安全部和生产部相关人员组成设备安全控制点小组。

2. 控制点小组负责收集关于设备事故、设备安全操作、员工安全意识等方面的数据、文件和资料。

3. 安全控制点的安全级别可分为3级，3级为最容易发生安全事故的设备或操作阶段，2级为较容易发生，1级为可能发生，明确具体的分级方法。

4. 确定安全控制点及级别，制定应采取的防护措施和员工操作的具体要求并规定责任人。

5. 对易于发生安全事故或事故较难控制的设备、操作阶段制定设备安全操作细则。

6. 找出影响设备安全操作的关键因素，针对关键因素制定安全对策或措施。

7. 编制"设备安全控制点设置表（意见稿）"，其格式如下表所示。

设备安全控制点设置表（意见稿）

设备/关键部位名称	控制点	安全级别	安全要求	责任人
起重设备	制定吊装方案	3	◆ 在使用前必须进行安全检查 ◆ 对不同起重设备的性能特点、操作人员业务水平、起重设备使用年限等预先制订专项吊装方案	张××
砂轮切割机	砂轮切割片是否固定、牢靠	2	◆ 夹紧装置应操纵灵活、夹紧可靠 ◆ 手轮、丝杆、螺母等应完好，螺杆、螺纹不得有滑丝、乱扣现象	王××

（续）

设备/关键部位名称	控制点	安全级别	安全要求	责任人
电焊机	电线是否漏电	3	◆ 电源进线端、一次输出端应有屏护罩 ◆ 焊机外壳 PE 线接线正确，连接可靠 ◆ 焊接变压器一、二次线圈间，绕组与外壳间的绝缘电阻值不少于 1 兆欧 ◆ 每半年至少对焊机绝缘电阻摇测 1 次 ◆ 一次线必须采用三芯（四芯）铜芯橡胶电线或绝缘良好的多股软铜线 ◆ 焊机二次线必须连接紧固，无松动，二次线上接头不允许超过三个	王××
手持移动带电设备	触电保护	3	◆ 加装单独的电源开关和保护装置 ◆ 电源线必须采用铜芯多股橡套软电缆或聚氯乙烯护套电缆；电缆应避开热源 ◆ 严禁将导线芯直接插入插座或挂钩在开关上 ◆ 防止将火线与零线对调 ◆ 操作手电钻或电锤等旋转工具时不得带线手套 ◆ 使用过程中要防止电线被转动部分缠绕 ◆ 在高空使用手持式电动工具时，下面应设专人扶梯，且在发生电击时可迅速切断电源	李××
锅炉、压力容器、有机载热体炉	压力控制	3	◆ 分段分级缓慢升、降压力，不得急剧升温降温 ◆ 严格控制工艺条件，观察监测仪表或装置、附件，严防容器超温、超压运行 ◆ 压力运行或进行耐压试验时，严禁对承压元件进行任何修理或紧固、拆卸、焊接等工作 ◆ 容器运行或耐压试验需要调试，检查时，人的头部应避开事故源	刘××

（续）

设备/关键部位名称	控制点	安全级别	安全要求	责任人
离心机	壳体破裂 刹车失灵	3	◆ 装填物料时必须在完全停车的状态下进行，装料要按平压实，严禁超装 ◆ 物料装好后，开启离心机前应把工具及其他物品拿离，操作人员应远离离心机后方可开机 ◆ 点动离心机时应观察其运行是否平稳，如不平稳的应停车进行调整，调整时必须在完全停车的状态下进行，运行平稳后，方可转入正常作业 ◆ 离心机切断电源结束作业后，目测其自由转动的速度，在转速低于 100 转/分钟（r/min）方可进行刹车，转速高于 100 转/分钟（r/min）严禁刹车	刘××
活塞压缩机	活塞杆断裂	2	◆ 活塞杆与活塞的连接应牢固准确，活塞杆的定位台肩与活塞的中心线垂直度符合要求 ◆ 活塞的两端轴肩与活塞杆支撑面要配研，并按规定的紧固力矩紧固，两半活塞（铸铝）的结合面应贴合紧密不得出现内外圈的结合面的间隙 ◆ 活塞尾杆端面受力面的光洁度及硬度值要求较严，使用前应仔细检查，光洁度一般要求表面粗糙度为 0.8（Ra0.8）以上，渗碳层应为细密的马氏体组织，不允许有针状或网状的游离渗碳体	王××
空压机	清碳	2	◆ 空压机活塞润滑所需的润滑油中，基础油的好坏直接影响残炭量的大小，应选质量好的压缩机油 ◆ 排气量在 40 立方米/分钟的二级压缩的空压机，标准规定一级缸注油 12～18 滴/分钟，二级缸注油 12～15 滴/分钟，超过此规定过量的润滑油就会吸附在凹陷处和管道壁上，生成油泥和积炭 ◆ 中间冷却箱、后冷却器及管道不易清炭，容易生成积炭，油泥的量也较大，应重点清理	张××

（续）

设备/关键部位名称	控制点	安全级别	安全要求	责任人
柴油发电机	排放系统	2	◆ 室内油、水排放沟的排放坡度应大于或等于1%～3%，保证水排出畅通、迅速 ◆ 尽量减少排放沟（管）段地面的残存浮油 ◆ 烟道内积水排出应与室内油、水收集与排放系统完全隔断	王××
数控机床	电源控制	2	◆ 数字控制系统电源电量不够时，应及时更换电池 ◆ 开机先开外部总电源，再开机床总电源，最后开数字控制系统电源 ◆ 关机先关数字控制系统电源，再关机床总电源，在确定无其他机床使用的情况下关闭外部电源	李××
带电检修	安全用具的使用	2	带电操作应配备安全用具，采取安全隔离措施，并指定专业人员监护	李××

8.“设备安全控制点设置表（意见稿）”应经过设备部经理、安全主管、生产部经理和生产总监的审核或审批。

五、总结

1. 设备安全控制点的选择应准确、有效。

2. 需要有经验的安全技术人员开展工作。

3. 应集思广益，集中群体智慧，经相关人员充分讨论，在此基础上确定。

4. 应根据“重要安全特性重点控制”的原则，选择设备安全控制的重点部位、重点操作工序和重点安全因素作为控制点，对其进行重点控制和预控，这是设置设备安全控制点的有效方法。

编制人员		审核人员		审批人员	
编制时间		审核时间		审批时间	

第三节　设备安全事故处理

一、设备安全事故处理机制

为规范对设备安全事故的应急处理工作，降低事故带来的损失，工厂须建立有效的设备安全事故处理机制。当发生设备安全事故时，相关部门应依据该处理机制进行事故处理，使生产尽快恢复正常。一般来说，工厂设备安全事故处理机制应包括以下三方面内容。

1. 明确事故处理主体

工厂安全部负责对设备事故按其危害程度和损失大小进行分级，并根据不同等级事故对工厂生产的影响确认其处理主体。一般来说，事故的处理主体主要有三个等级，具体如表 12-2 所示。

表 12-2　设备安全事故的处理主体

事故处理主体	相关说明
生产班组	适合处理事故等级较低的设备安全事故
设备部	处理较为复杂、具有一定危害的设备安全事故
专门事故处理小组	适合处理大型设备或稀有设备出现的安全事故

2. 明确事故安全处理原则

事故处理人员应本着"查明事故原因"、"查明事故责任人"、"采取切实有效措施"三大原则进行对设备安全事故调查、分析和处理的工作，找出事故原因，查明责任并确定有效的处理、改进措施。

3. 制定设备安全事故处理流程

工厂应根据国家安全法律法规中的相关规定，结合工厂的制度，制定出以人员安全为最优先的事故处理流程以及事后处理事宜，保证事故造成的损失控制在可接受范围内。

二、设备伤害的种类与应对措施

设备伤害是指生产设备在运行（或静止）时，其备件、加工件或能量（电能、热能、辐射等）接触人体后可能引起的夹击、碰撞、剪切、卷入等形式的伤害。因设备类型的不同，造成的伤害也分为不同的种类。设备伤害的分类及相应的应对措施如表 12-3 所示。

表 12-3　设备伤害种类及应对措施

伤害类别	分类	说明	应对措施
物理伤害	挤压冲击伤害	主要指设备上固定运动轨迹的零部件（如滑块、刀片、升降台等）接触人体后对人体产生的夹挤、冲撞形式的伤害	◆ 在设备周围的显眼位置放置警示标识或设置围栏 ◆ 伤害发生后，关闭设备并将伤者送医院救治
	卷绕绞缠伤害	引起这类伤害的是做回转运动的设备备件（如转轴、皮轮等）。当生产人员的肢体、头发、衣物与回转备件卷绕时将发生此类伤害	◆ 在设备转动部位安装防护罩，防止生产人员与之接触 ◆ 伤害发生后立即关停设备，通知医院进行处理
	备件飞出坠落伤害	指设备运转时发生备件断裂、松动、脱落对人体造成的伤害	◆ 安检人员应定期检查易发生断裂的备件连接点，并尽量将设备放置在人员较少的位置 ◆ 伤害发生后关停设备，将伤者送医院救治
非物理伤害	电流伤害	主要指因电流热效应、化学效应造成的电弧伤害、融化金属溅出烫伤等	◆ 安检人员应定期对设备电路、电源情况进行检查，排除安全隐患 ◆ 伤害发生后立即切断设备电源，清空周围导电物品，救助人员穿防护服对伤者进行初步救治，并及时送医院治疗
	高温伤害	主要指生产人员因接触设备发热部位（如锅炉外壁、管道等）造成的烫伤	伤害发生后按烧、烫伤处理办法进行医治
	辐射伤害	主要指具有放射性的设备对人体造成的辐射伤害	生产人员应穿着专业防护服进行设备操作

三、设备安全事故处理规定

制度名称	设备安全事故处理规定		受控状态	
			编　号	
执行部门		监督部门	编修部门	

第 1 条　目的

为加强设备安全管理，规范对设备安全事故的处理，提高安全事故处理的透明度，特制定本规定。

第 2 条　事故报告

1. 最先发现事故者，应立即采取紧急措施，同时向设备部或安全部领导报告，进而逐级上报。

2. 发生重大火灾、化学爆炸及多人死亡（含急性中毒）的事故，应立即报告消防部门。

3. 发生事故的部门应立即报送上级领导。一般事故不超过 1 天，重大事故不能超过 1 小时。

第 3 条　事故抢救

1. 一旦发生事故，应在保护好事故现场的同时积极组织抢救，防止事态蔓延扩大。

2. 发生事故时，各级领导应到现场直接指挥组织抢救，并注意保护事故现场。

3. 对有毒、有害物料大量外泄的事故场所和火场，必须设立警戒线，抢救人员应佩戴防毒面具对中毒、灼伤、烫伤人员及时进行抢救。

第 4 条　事故调查和处理

1. 发生事故后，事故部门要按照"三不放过"（即"事故原因查不清不放过"、"事故责任者和周围群众没有受到教育不放过"、"没有防范措施不放过"）的原则，调查分析，找出事故原因，查明责任，确定改进的措施。

2. 一般事故或重大未遂事故，应在事故发生当天由安全总监或安全委员会组织调查分析事故原因。

3. 对于重大事故，安全委员会应及时组织有关部门对其进行调查和分析。

4. 伤亡事故的调查处理按国务院《企业职工伤亡事故报告及处理规定》、《工伤保险条例》和《生产安全事故报告和调查处理条例》的规定执行。

5. 轻伤、重伤事故由安全部组织生产、技术、动力、安全等有关人员参与事故调查分析。

6. 死亡事故由安全委员会会同当地劳动、公安、人民检察院及其他有关部门人员和专家组成事故调查组进行调查。

7. 在事故调查中，要实事求是地分析事故的性质和责任，并提出处理意见。对事故责任人的处分，可根据事故大小、损失多少、情节轻重以及影响程度等情况，责令其赔偿经济损失或给予其行政警告、记过、降职、降薪、撤职、留厂查看、开除等处分，或直接交由相关司法部门追究刑事责任。

（续）

8. 对一般事故责任人的处理意见由所在车间提出，经安全部审核报安全委员会批准；对重大事故，应由调查组提出处理意见，经厂长签署意见，根据审批权限报上级机关批准；对重大责任事故、破坏性事故需追究刑事责任的，应移交司法机关依法处理。

9. 对发生事故隐瞒不报、说谎、故意拖延不报或破坏现场以及无正当理由拒绝调查的单位和个人，要追究其责任，从严处理。对预防和抢救事故有功的单位和个人，应予以表扬和奖励。

第5条　本规定由安全委员会制定、解释和修订，经生产总监批准后实施。

第6条　本规定自颁布之日起实施。

	修订标记	修订处数	修订日期	修订执行人	审批签字
修订记录					

四、设备安全事故调查流程

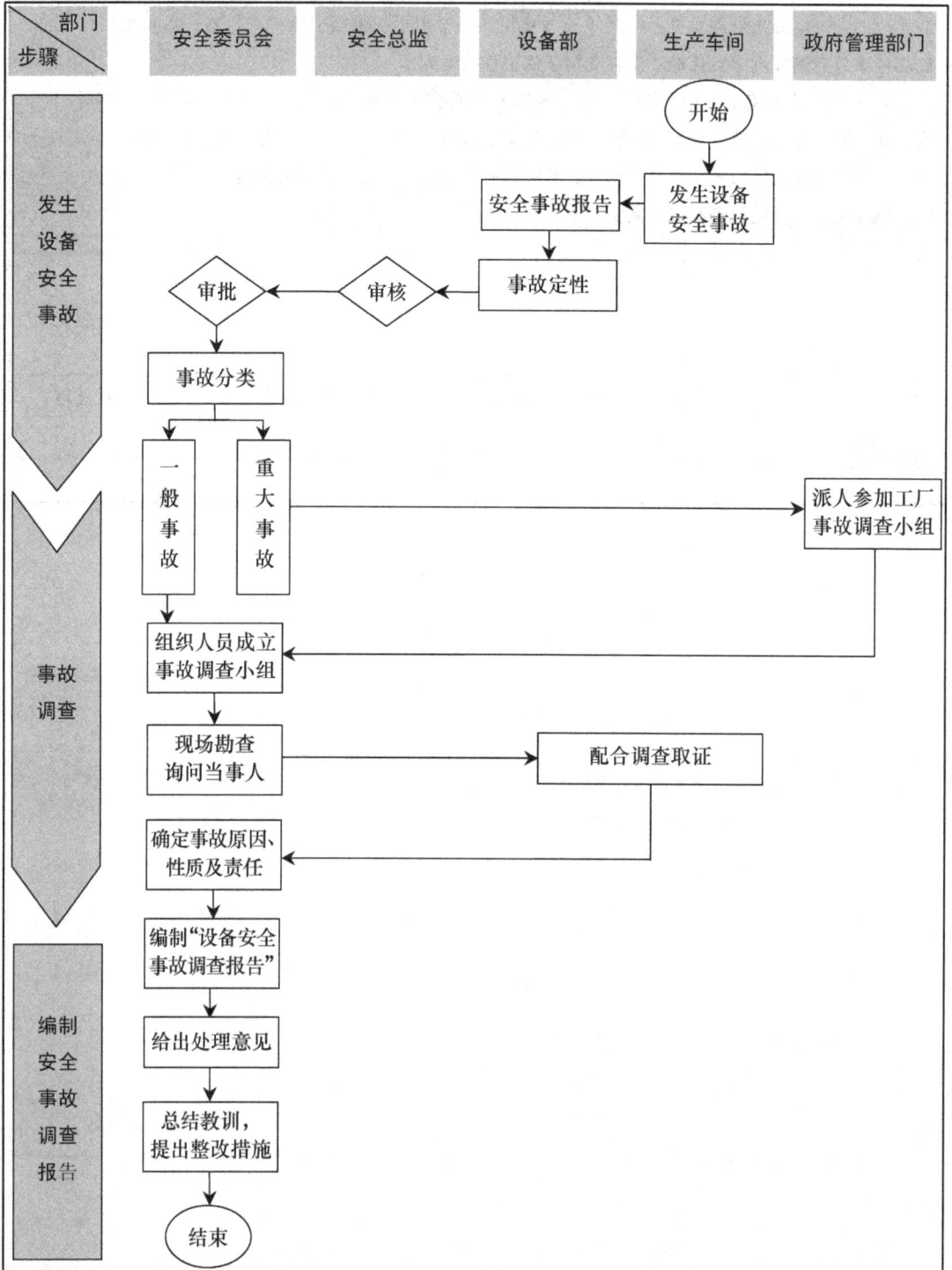

步骤＼部门	安全委员会	安全总监	设备部	生产车间	政府管理部门
发生设备安全事故			安全事故报告 → 事故定性	开始 → 发生设备安全事故	
	审批 ← 审核				
	事故分类				
	一般事故　重大事故				派人参加工厂事故调查小组
事故调查	组织人员成立事故调查小组				
	现场勘查询问当事人		配合调查取证		
	确定事故原因、性质及责任				
编制安全事故调查报告	编制"设备安全事故调查报告"				
	给出处理意见				
	总结教训，提出整改措施				
	结束				

五、设备安全事故处理流程

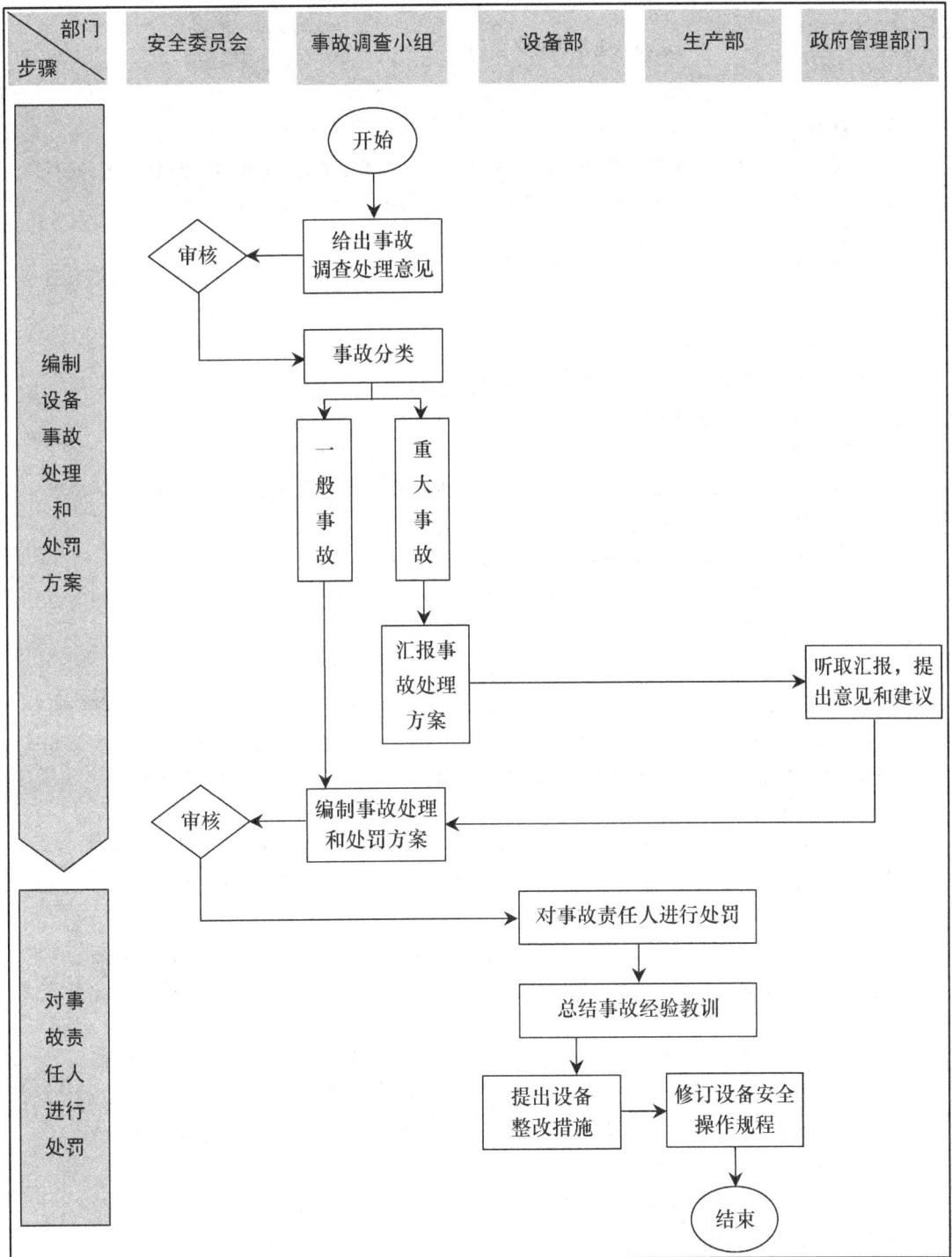

部门 步骤	安全委员会	事故调查小组	设备部	生产部	政府管理部门

编制设备事故处理和处罚方案

开始

给出事故调查处理意见

审核

事故分类

一般事故

重大事故

汇报事故处理方案

听取汇报，提出意见和建议

编制事故处理和处罚方案

审核

对事故责任人进行处罚

对事故责任人进行处罚

总结事故经验教训

提出设备整改措施

修订设备安全操作规程

结束

六、设备安全事故应急救护预案

文书名称	设备安全事故应急救护预案	编　号	
		受控状态	

一、目的

为提高设备发生安全事故时对伤者的应急救护效率，工厂安全部、设备部经过对全厂设备进行详细、周密地调研，并在对已发生的安全事故进行经验总结的基础上，特制定本预案。

二、职责分工

1. 生产班组长应及时组织生产现场人员进行伤者救护、现场隔离、事故上报以及伤者送医救治等工作。

2. 工厂医护人员对伤者进行专业急救护理，保证伤者安全送医。

3. 生产现场工作人员听从生产班组长指挥进行救护工作。

三、设备造成外伤的急救原则

设备造成的伤害主要以外伤为主，对外伤的急救原则有以下三项。

1. 发生断手、断指等有致残风险的情况时，除了对伤者伤口要进行包扎止血、止痛等基础处理外，还要进行半握拳状的功能固定。

2. 伤者断肢不得用酒精等消毒液体接触，防止断肢细胞变质。

3. 将断肢放在无泄漏的塑料袋内扎好并放置冰块，随伤者送医院抢救，降低伤者残疾的可能性。

四、设备安全事故的急救实施

（一）现场急救准备

生产班组长在发现人员伤情后及时派人取用现场急救工具，并通知工厂医护人员到达现场进行救护。在医护人员未达到之前，生产班组长可要求有急救经验的人员先运用止血带和现场材料和工具对估者进行止血和骨折固定等基础急救措施以稳定伤情，待医护人员到达后再进行妥善处理。

（二）触电急救

设备操作人员因设备带电而遭受电击并造成休克的，生产班组长应首先及时切断现场电源，或采用其他方法将伤者移至安全区域，并要求有专业急救知识的人采用心肺复苏术等方法进行急救。

（三）皮肤撕裂的急救

设备事故伤者出现皮肤撕裂外伤时，应首先用生理盐水冲洗伤口涂抹药水后，用消毒纱布、医用棉紧紧包扎，压迫止血。有条件的应使用抗菌素，注射抗破伤风血清，预防撕裂伤口感染。

（四）止血急救

生产班组长在要求现场人员进行基础救治时，要注意对止血带使用的要求，具体事项如下。

1. 止血带不能直接和皮肤接触，必须先用纱布、棉花或衣服垫好。

2. 扎好止血带后、未进行正式医治前，要每隔一小时松解1～2分钟，以保证受伤部位的血液循环，然后在另一稍高的部位扎紧。

3. 扎止血带的部位不要离出血点太远，以避免使更多的肌肉组织缺血、缺氧。一般止血带的位置是上臂或大腿上三分之一处。

（续）

（五）送医管理

在进行伤员现场急救的同时，生产班组长应立即派人员拨打 120 急救电话，向医疗单位求救，并准备好车辆随时运送伤员到就近医院救治。

（六）急救电话说明事项

相关人员在拨打 120 急救电话时必须将下列事项说明、说清。

1. 明确说明伤者年龄、性别、受伤部位、伤口及出血情况等具体情况以及已采取的急救措施。

2. 明确伤者所处位置的具体地址、具体位置和附近的明显标识。

3. 说明报救者单位、姓名以及紧急联系人员及其联系方式。

（七）接应救护车

通完电话后，应派人在工厂出入口处等候接应救护车，同时清除路上障碍以保证救护车到达后能及时到达伤者处进行急救。

（八）伤者搬运

在因将伤者搬运至安全地点和送医等不可避免的搬运中，搬运人员应注意保护好伤者受伤部位、脑部以及脊柱，避免在搬运过程中出现二次伤害，造成伤者伤情加重。

编制人员		审核人员		审批人员	
编制时间		审核时间		审批时间	

TPM 全面设备维护精细化管理

第十三章

第一节 TPM 导入

一、TPM 导入流程

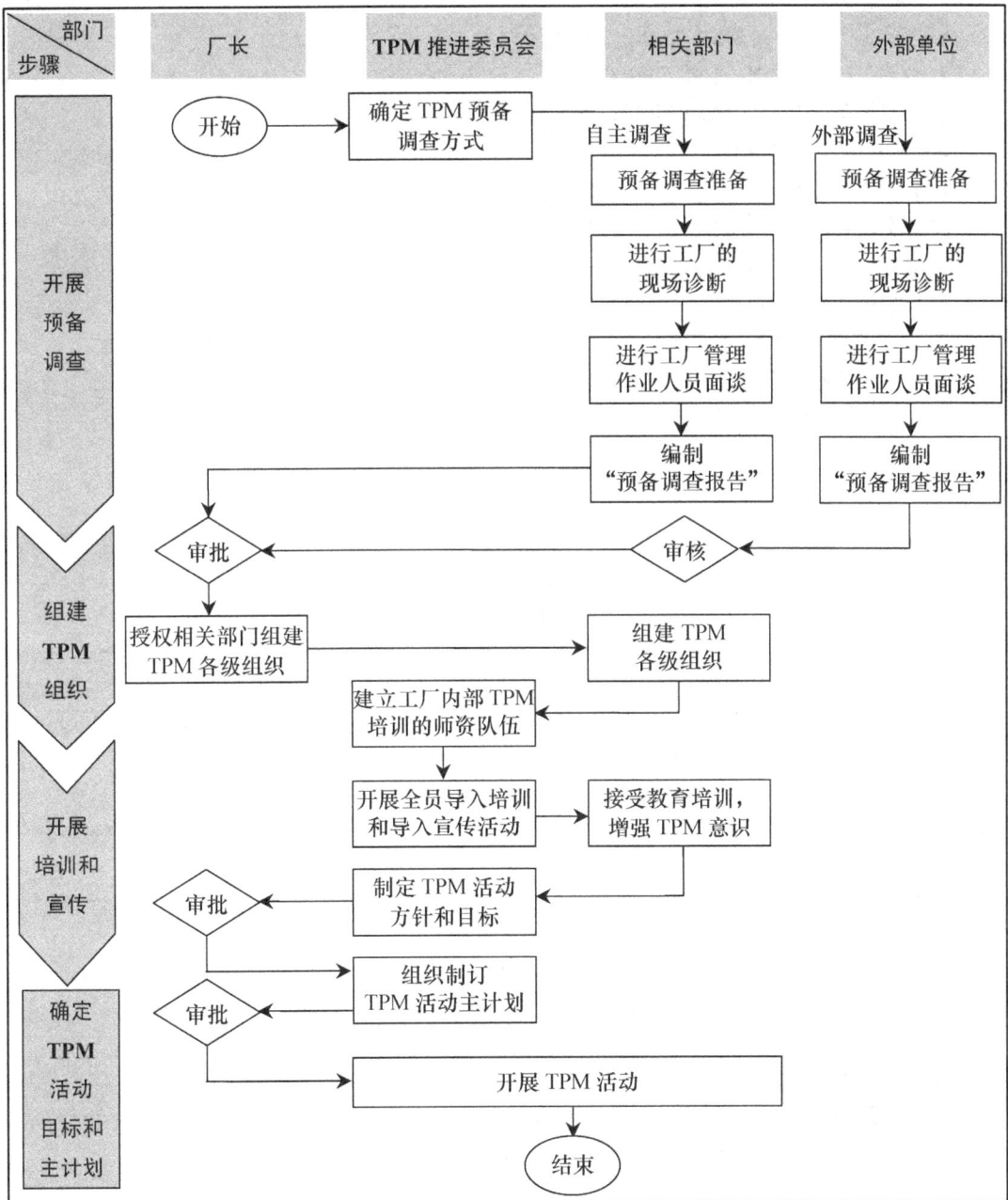

部门 步骤	厂长	TPM 推进委员会	相关部门	外部单位

开始 → 确定 TPM 预备调查方式

自主调查 / 外部调查

预备调查准备 / 预备调查准备

进行工厂的现场诊断 / 进行工厂的现场诊断

进行工厂管理作业人员面谈 / 进行工厂管理作业人员面谈

编制"预备调查报告" / 编制"预备调查报告"

开展预备调查

审批 / 审核

组建 TPM 组织

授权相关部门组建 TPM 各级组织 → 组建 TPM 各级组织

建立工厂内部 TPM 培训的师资队伍

开展培训和宣传

开展全员导入培训和导入宣传活动 → 接受教育培训，增强 TPM 意识

审批 ← 制定 TPM 活动方针和目标

组织制订 TPM 活动主计划

审批

确定 TPM 活动目标和主计划

开展 TPM 活动

结束

二、TPM 导入方案

文书名称	TPM 导入方案	编　号	
		受控状态	

一、导入目的

1. 降低生产成本，提高生产效率。

2. 改善工厂经营管理，增强市场竞争力。

3. 构建"防患于未然"的管理机制，实现设备的零缺陷、零故障和零事故。

二、开展 TPM 预备调查

1. 预备调查主体：预备调查小组，生产总监任组长，生产部、设备部等部门派人参加。

2. 预备调查时间：＿＿＿年＿月＿日 ~ ＿＿＿年＿月＿日

3. 预备调查对象

（1）生产现场调研分析。

（2）生产部设备经理、生产部设备主管、生产部班组长、生产现场作业人员的面谈和调查。

4. 预备调查步骤

预备调查的具体步骤如下表所示。

预备调查步骤

预备调查时间	预备调查主要事项
＿＿＿年＿月＿日 ~ ＿＿＿年＿月＿日	◆ 组建预备调查小组 ◆ 制定预备调查实施方案
＿＿＿年＿月＿日 ~ ＿＿＿年＿月＿日	◆ 对工厂生产现场进行调研，了解各生产线目前的管理状况并记录 ◆ 与生产、设备等管理人员和生产现场人员进行面谈，调查和收集数据，掌握目前设备的综合效率情况，并选择适合作为样板的生产线、班组或设备 ◆ 预备调查小组对收集到的数据和信息进行整理和分析，编制"预备调查报告书"，报生产总监审核
＿＿＿年＿月＿日 ~ ＿＿＿年＿月＿日	◆ 生产总监提交"预备调查报告书" ◆ 举行报告会，生产总监针对预备调查结果进行汇报，厂长和各部门主要人员参加报告会

三、TPM 导入宣传

TPM 宣传主要是向员工宣讲实行 TPM 后可为工厂带来的益处和可以创造的效益，倡导员工树立全员参与维修的概念，打破"操作工只管操作，维修工只管维修"的思维模式。

（续）

四、发布 TPM 导入决议

工厂管理层召开 TPM 导入决议，并向全体生产人员发布结果，使全体生产人员了解 TPM 的理念与目标，做好接纳 TPM 的心理准备。一般来说，工厂发布 TPM 决议的方法有以下三种。

1. 在工厂较为重要的会议上发布 TPM 决议。

2. 在以工厂管理者为对象的 TPM 演讲会中发布 TPM 导入决议。

3. 在工厂内部流通的报纸、刊物中刊登 TPM 导入决议。

五、构建 TPM 各级组织

1. 时间：＿＿年＿月＿日 ~ ＿＿年＿月＿日

2. 组建从工厂到车间班组的各级 TPM 实施组织

（1）工厂 TPM 推进委员会。厂长（或厂长授权的生产总监）为主任，各部门经理为成员。

（2）TPM 推进办公室。在工厂 TPM 推进委员会的领导下，具体负责各项 TPM 活动的组织、协调和考核。

（3）部门 TPM 推进委员会。各部门经理为负责人，部门主管为成员，负责本部门 TPM 活动的开展、汇报、考核等工作。

（4）车间班组 TPM 推进小组。以各生产班组或维修班组为单位组建，具体实施 TPM 活动。

六、制定 TPM 活动方针和目标

工厂 TPM 推进委员会组织部门 TPM 推进委员会及相关人员，确定 TPM 活动的基本方针和基本目标，具体目标由 TPM 推进办公室和部门 TPM 推进委员会确定。具体目标应确保可量化、可操作。

1. 基本目标：三个"提高"，即提高操作员工的自主维修能力、提高维修员工的专业维修能力、提高现有设备的综合效率。

2. 基本方针：一"高"一"强"，即行业内生产效率最高、市场竞争能力最强。

七、TPM 导入培训

1. 由 TPM 推进办公室外请专家对 TPM 的主要内容、思想、过程、意义等内容进行培训，受训对象为 TPM 推进组织的负责人。

2. 由 TPM 推进办公室联系 TPM 实施的先进工厂，组织工厂各级 TPM 组织的负责人参观学习，增强对 TPM 的认识。

3. 由 TPM 推进办公室会同部门 TPM 推进委员会对相关人员进行培训，培训的要求和内容如下表所示。

各级人员 TPM 导入培训

培训对象	培训要求	培训方法
工厂管理者	了解 TPM 相关理论以及工厂导入与推进 TPM 的计划	参加TPM 大学或TPM专业讲师会议
操作示范线组长	◆ 能分解设备结构，初步确定初期清扫的顺序、部位和方法 ◆ 确定润滑部位、润滑油型号、润滑周期、需要紧固的部位和紧固的周期 ◆ 掌握保养的标准和方法，掌握设备管理的基础知识	课堂知识讲授和生产现场讲解和指导式的互动

（续）

培训对象	培训要求	培训方法
操作示范线成员	◆ 掌握保养的标准和方法 ◆ 了解设备管理的基础知识	课堂知识讲授和生产现场讲解和指导式的互动
维修技术人员	◆ 掌握 TPM 分析方法 ◆ 掌握故障的物理诊断分析方法	

八、制订 TPM 活动主计划

1. 工厂 TPM 推进委员会组织制订 TPM 活动主计划，绘制主计划图。主计划如下表所示。

TPM 活动主计划

序号	项目	项目内容	项目目标	项目实施日期
1	自主保全	◆ 开展 6S 活动 ◆ 制定应对 6 源和其他难点问题的对策 ◆ 开展目视管理 ◆ 构建自主保全体系		
2	效率改善	◆ 建立效率改善的标准和指标 ◆ 开展效率改善活动 ◆ 进行效率改善的跟踪改进		
3	报告会	进行 TPM 活动的总结		

2. 厂长审批 TPM 活动主计划，必要时可聘请外部专家提出宝贵意见。

编制人员		审核人员		审批人员	
编制时间		审核时间		审批时间	

三、TPM 组织设计

TPM 的组织设计必须基于 TPM 的全员参与要求和 TPM 的执行流程，TPM 组织的设计可参考图 13-1 所示样例。

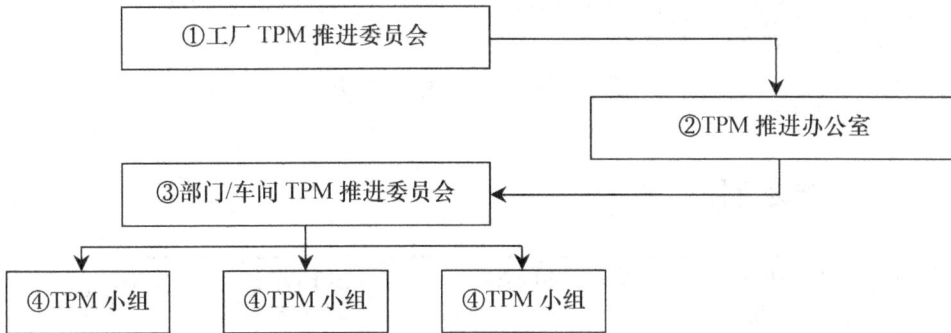

图 13-1　TPM 组织设计图

对图 13-1 中的各级组织的具体说明如表 13-1 所示。

表 13-1　TPM 组织设计说明表

编号	组织名称		组织说明		备注
			构成人员	主要职责	
①	工厂 TPM 推进委员会		厂长（或厂长授权的生产总监）和各部门经理	◆ 负责制定活动方针 ◆ 召集定期会议和年度 TPM 大会 ◆ 对 TPM 重要事项进行审议和决策 ◆ 审查工厂 TPM 推进计划的执行情况	非常设机构
②	TPM 推进办公室		设备经理、设备工程师、设备部各主管、生产部各车间主任	◆ 制订工厂 TPM 活动的计划和目标 ◆ 实施员工培训 ◆ 分配和推进各种活动的开展 ◆ 协调和处理各相关事项	常设机构
③	部门/车间 TPM 推进委员会	各部门	部门经理和其选择的 2~3 人	◆ 执行 TPM 推进办公室下达的计划 ◆ 定期汇报和反馈本部门或车间 TPM 推进工作进展	非常设机构
		各车间	车间主任和其选择的 2~3 人		
④	TPM 小组		生产班组组长和生产班组成员	◆ 开展各项 TPM 活动的实施工作 ◆ 定期总结活动进展并向部门/车间 TPM 推进委员会汇报	非常设机构
说明	在 TPM 活动推行前期，可选择若干 TPM 小组进行样板试验，建立有效的 TPM 活动推进的管理办法、标准、流程等，待取得有效的推进经验后再全面推广到所有 TPM 小组				

第二节　TPM 推进

一、TPM 推进流程

部门 步骤	工厂 TPM 推进委员会	TPM 推进 办公室	部门 TPM 推进委员会	TPM 小组
制订设备维修计划	开始 → 授权召开 TPM 宣誓大会	组织召开 TPM 宣誓大会 传达 TPM 活动 实施计划	选定样板设备和 样板班组	
开展设备维修工作	指导	制定自主保全 措施 跟踪指导 分析讨论 提出改善意见	样板小组开展 自主维修活动 样板小组总结和 汇报进展 进行改善	
	审批	审核	构建自主 保全体制	配合
	布置全员 推广工作	落实全员 推广工作	执行 TPM 活动	
维修统计和资料保存	TPM 活动资料汇 总和保存 结束	TPM 活动资料收 集和提交		

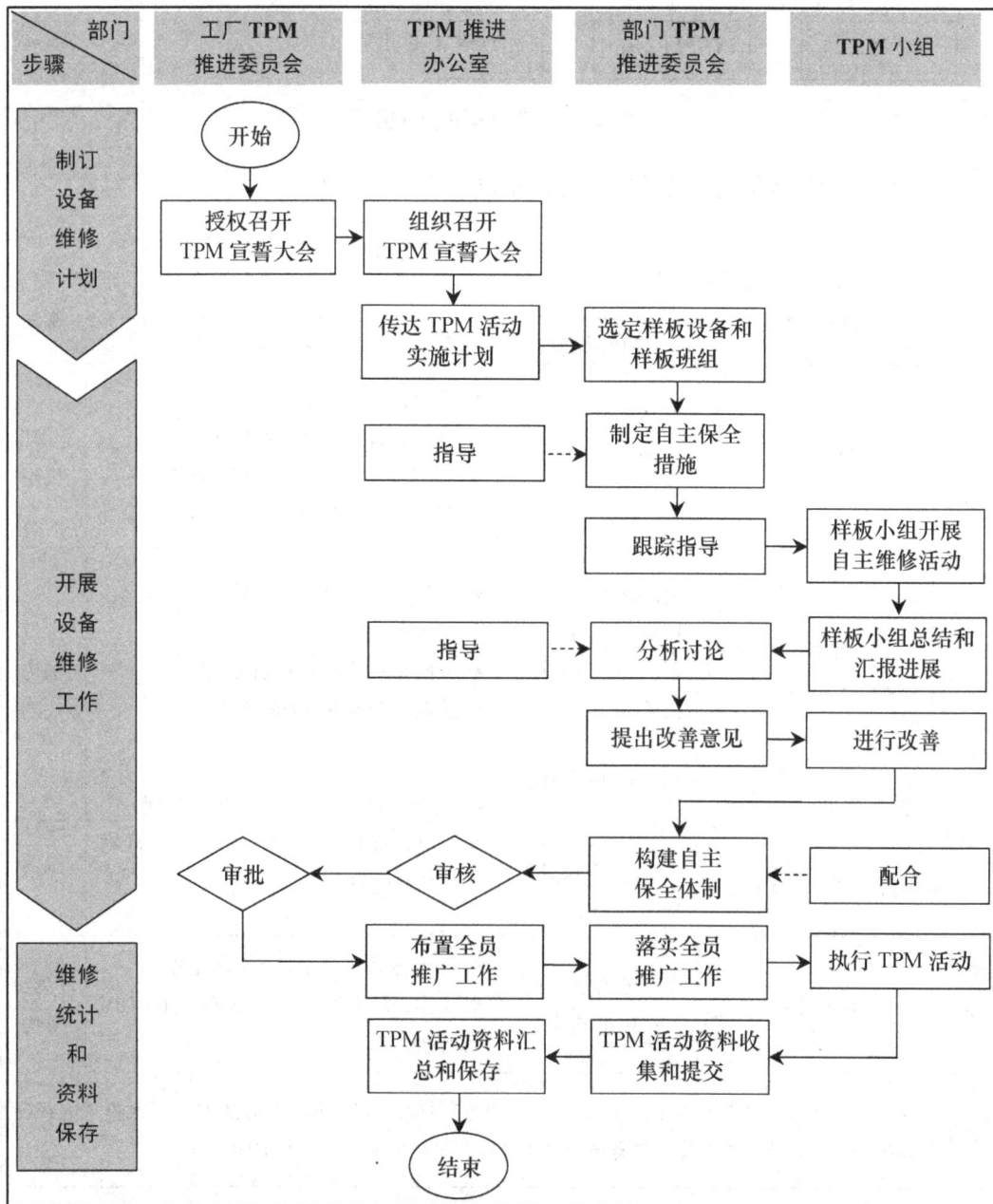

二、TPM 推进方案

文书名称	TPM 推进方案	编　号	
		受控状态	

一、目的

1. 促进全员参与，最大限度发挥现有设备能力，追求效率化。

2. 最大限度地降低品质不良。

3. 谋求设备高度自主化管理，培养兼备技术和能力的人才。

4. 积极推进新技术、新设备的开发。

5. 积极推进重点改善，有效节减成本。

6. 贯彻实施 5S 和 TPM 活动，提升员工士气。

二、目标

1. 设备综合效率达到 85% 以上。

2. 设备故障率、故障强度率等减少 90%。

3. 品质事故损失率占销售比率控制在 1% 以下。

4. 改善提案的数量达到平均 5 件/月/人。

5. 动力节减，动力费占销售的比率削减 6%。

6. 安全管理，工伤事故比上年同比减少 60%。

三、推进工作责任分配

1. TPM 推进办公室负责对 TPM 活动的指导、沟通、协调、检查、评价等工作。

2. 部门 TPM 推进委员会负责本部门 TPM 活动的落实工作。

3. TPM 小组根据部门 TPM 推进委员会的安排，具体开展 TPM 活动。

四、推进阶段的主要工作

本工厂 TPM 活动推进工作的具体安排如下表所示。

TPM 活动推进工作的具体安排

阶段	时间	工作内容
1	___年_月_日	工厂 TPM 推进委员会授权 TPM 推进办公室举办 TPM 活动宣誓大会，厂长发表动员演讲
2	___年_月_日 ~ ___年_月_日	◆ 确定样板设备和样板 TPM 小组 ◆ 开展对样板 TPM 小组人员的全员教育
3	___年_月_日 ~ ___年_月_日	◆ 样板 TPM 小组开展自主管理工作 ◆ 样板 TPM 小组组长每周向本部门 TPM 推进委员会汇报自主管理工作进展和成果 ◆ 部门 TPM 推进委员会汇总样板 TPM 小组工作并向 TPM 小组推进办公室进行汇报

（续）

阶段	时间	工作内容
4	___年__月__日~ ___年__月__日	◆ TPM 推进办公室汇总各部门 TPM 推进委员会上报的各样板 TPM 小组的工作，全面评估其所取得成绩 ◆ TPM 推进办公室拟定全员推广 TPM 的工作方案，推动 TPM 工作在全员范围内开展
5	___年__月__日~ ___年__月__日	◆ 各 TPM 小组开展 TPM 活动 ◆ 各部门 TPM 推进委员会及时跟踪 TPM 活动的开展情况，并及时向 TPM 推进办公室汇报 ◆ TPM 推进办公室定期评估全员 TPM 活动开展的情况，将取得的成果规范化，并及时解决存在的问题，确保活动持续开展

五、TPM 推进方法和工具

（一）看板

全面建立 TPM 活动的看板，并及时将 TPM 小组的工作进展和成效在看板上展示。

（二）表单

做到"事前有计划，事中、事后有记录"。通过填写各种表单，对 TPM 活动的进展、成效予以反映。

六、TPM 推进工作的检查和评价

（一）TPM 推进工作检查

1. 检查主体：TPM 推进办公室。

2. 检查类别：定期检查和不定期检查，其中定期检查分为 TPM 阶段活动开展过程中的检查和阶段活动结束时的检查，不定期检查由 TPM 推进办公室根据 TPM 活动开展的实际情况随机检查。

3. 检查实施：TPM 推进办公室组织相关部门 TPM 推进委员会的负责人或成员实施检查，检查应填写检查记录，并将检查记录保存。

（二）TPM 推进工作评价

1. 评价性指标，主要包括以下两项指标。

（1）定性评价指标，包括组织结构健全、员工的素养和技能水平、生产现场的状况、管理流程的规范化、信息管理状况等。

（2）定量评价指标，包括设备的综合效率（OEE）、完全有效生产率（TEEP）、平均故障间隔期（MTBF）、平均修理时间（MTTR）、单位产品维修费用、单位产品备件消耗、备件库存周转率等。

2. 指标确定后按以下步骤实施评价。

（1）TPM 推进办公室组建 TPM 评价小组，负责开展对 TPM 活动的自我评价工作。

（2）在 TPM 每一阶段末，TPM 评价小组根据评价指标，参考相关文件资料和记录对本阶段的工作进行评价并编写评价表。以对现场作业规范化的评价为例，其评价表如下所示。

（续）

现场作业规范化评价表

被评价班组/设备		评价时间		评价人		
评价记录和评语						
作业部位编号	作业部位	作业状况	作业评价				参考标准文件
			优	良	合格	差	

3. 评价的结果主要用来衡量工厂的发展潜力和工厂目前的实际情况，以掌握工厂 TPM 活动的成效，并判断工厂是否可以向外部专业机构提出 TPM 认证请求。

编制人员		审核人员		审批人员	
编制时间		审核时间		审批时间	

第三节　TPM 实施

一、6S 活动实施方案

文书名称	6S 活动实施方案	编　　号	
		受控状态	

一、6S 活动实施目的

1. 提高员工素质，确保生产安全，保证产品质量。

2. 深化现场管理，改善工作环境，提高工作效率。

3. 保持设备外观清洁，预防、降低和消除设备"6 源"（"6 源"包括污染源、清扫困难源、故障源、浪费源、缺陷源和危险源）。

二、6S 活动的内容

6S 活动主要包括整理、整顿、清洁、素养、规范、安全。

1. 全员参与对设备进行的清洁清扫。

2. 全员参与设备日常维护保养。按照标准和周期，对设备各部位进行检查维护，及早发现设备隐患并采取相应措施消除隐患。

（续）

三、6S 活动时间

____年__月__日 ~ ____年__月__日

四、6S 活动的实施措施

（一）预防和控制"6 源"

1. 预防"6 源"的措施如下。

（1）完善设备特殊工艺条件要求的环境设施，满足其对湿度、洁净度等的要求。

（2）整理和整顿好设备工作环境和设备附件，区分工作场所要和不要的物品。果断处理不需要的物品，让生产现场和工作场所透明化，增大作业空间。

（3）对现场物品进行定位、定置，合理布置摆放，做到规范化、色彩标记化和定置化。

2. 控制"6 源"的措施如下。

（1）"污染源"控制措施：控制源头、加强防护。

（2）"清扫困难源"控制措施：控制源头使其不被污染；设计开发专门的清扫工具。

（3）"控制危险源"控制措施：消除可能因设备引发的事故和事故苗头；确保设备使用的元器件符合国家有关规定；确保设备的使用维护修理规范符合安全要求；严格按照国家有关规定和技术标准，委托有资质的单位对特种设备，如输变电设备、压力容器等，进行定期检查和维修。

（4）"浪费源"控制措施：采取技术手段做好防漏、堵漏工作；通过开关提示使员工养成良好的习惯。

（5）"故障源"控制措施：通过日常统计分析，了解、掌握设备故障发生的原因和规律；制定相应的措施以延长设备正常运转时间，如因润滑不良造成故障，应采取加强改造润滑系统；因温度高，散热差引起的故障，应通过加强冷风机或冷却水来实现。

（6）"缺陷源"控制措施：围绕保障和提高产品质量，寻找影响产品质量的生产或加工环节，对现有设备进行技术改造和更新。

（二）控制和完善各项规范

1. 日常工作规范编制。由设备部门、车间、维护小组、一线生产技术骨干参与，选择典型机台、生产线、典型管理过程对其进行分析、调查和研究，摸清规律，通过"选人、选点、选项、选时、选标、选班、选路"，制定适合设备现状的操作、清扫、点检、保养和润滑规范。

2. 设备工作规范做到文件化和可操作化，最好用视板、图解方式加以宣传和提示。

（三）提高员工素质

1. 改变"操作人员只管操作，不管维修；维修人员只管维修，不管操作"的思维，操作人员在清扫的同时，要积极对设备进行检查维护以改善设备状况。设备维护修理人员认真监督、检查、指导使用人员正确使用、维护和保养设备。

2. 加强人员技术培训，使每个设备操作者真正达到"三好四会"（管好、用好、修好；会使用、会保养、会检查、会排除故障）。

（四）进行设备的量化考核和持续改进

1. 建立设备主管部门、车间、工段班组、维护组、操作人员等多个环节互相协助、交叉检查的考核体系。

（续）

2. 统计6S实施前后效益的对比，做到持续改进。统计对比的指标包括生产率、质量、成本、安全环境、劳动情绪等；对工作考核的统计指标包括规范化作业情况、能源消耗、备件消耗、事故率、故障率、维修费用和设备有关的废品率等。 3. 考核的结果同员工的奖惩、激励和晋升相结合。	

编制人员		审核人员		审批人员	
编制时间		审核时间		审批时间	

二、工厂自主维护活动方案

文书名称	工厂自主维护活动方案	编　号	
		受控状态	

一、自主维护活动目的

1. 使生产现场设备操作人员养成自觉进行设备保养、设备维护和设备维修的习惯。

2. 使生产现场设备操作人员熟悉、了解设备构造和性能，做到"会操作、会保养、会诊断、会处理"。

二、自主维护活动责任分配

（一）TPM推进办公室

1. 负责制订自主维护活动的推进计划。

2. 对自主维护活动的实施进行指导、检查和评估。

（二）部门TPM推进委员会和TPM小组

1. TPM小组组织现场操作人员落实自主维护活动计划。

2. 定期向部门TPM推进委员会汇报自主维护活动的工作成果和进展状况。

（三）现场操作人员

1. 落实自主维护活动推进计划，开展自主维护活动。

2. 及时反映在自主维护活动中遇到的困难和问题。

三、自主维护活动准备

（一）进行自主维护活动宣传

TPM推进办公室会同各部门TPM推进委员会通过全体会议、局部会议、宣传栏、工厂网站、工厂报刊等渠道让全体员工充分认识到自主维护活动的重要意义。

（二）制订自主维护活动推进计划

TPM推进办公室组织编制自主维护活动推进计划，计划的内容如下表所示。

（续）

自主维护活动推进计划的主要内容

主要内容	内容说明
安全预防和 处理措施	◆ 预测可能发生的安全事故 ◆ 警示不安全因素 ◆ 制定应对安全事故的措施
熟悉设备	◆ 组织员工绘制设备简图、学习设备构造机理 ◆ 培训员工充分认识设备出现尘污、断油、松动所造成的不良影响
技术学习	◆ 组织员工学习清扫工具和方法、加油润滑"五定"基本知识 ◆ 组织员工学习螺钉紧固工具及其方法

四、自主维护活动实施步骤

（一）开展初期清扫

组织现场操作人员开展以设备为主体的垃圾、尘土和污染的彻底清除工作。一般来说，初期清扫的推进要点如下所述。

1. 清扫时，应根据设备和清扫场所的特点选择合适的清扫工具，如现有工具不适合进行清扫，维护人员可对工具进行改造或重新制作。

2. 确定清扫顺序，应将清扫的重点放在设备的特定处（非常脏的地方）。

3. TPM活动的目的不在于清洗本身，而是在清洗设备的过程中检查设备的每一个角落，寻找并改善不合理处，维持设备的正常状态。因此，在清洗的过程中，找到多少不合理处才是最为关键的。设备的不合理处是指脱离设备基本条件、使用条件的所有现象。

（二）制定发生源、困难处对策

设备自主维护的第二步是制定针对故障发生源、设备困难处的应对办法，具体推进方法如下所述。

1. 区分和整理发生源、困难处，其中发生源是指设备发生故障、污染的根源；困难处是指设备中难清洗、难检验或难加油的位置。

2. 将确认后的对设备发生源、困难处的应对方法编制成手册，分发给全体生产人员进行学习。

3. 定期组织生产人员进行设备维护要点课程教育。

（三）制作设备清洗、检验、加油标准书

标准书是设备自主维护活动的主要参照依据，其制作方法如下所述。

1. 制订标准书计划。

2. 在设备现场调查并确认加油口、调查润滑点的位置。

3. 画出设备的立体结构图，并标注设备各加油口、润滑点的位置。

（四）实施总检验

1. 各TPM小组组长接受点检程序和要点的培训。

（续）

2. 各 TPM 小组组长经培训合格后，对 TPM 小组成员进行点检程序和要点的培训。

3. 各 TPM 小组实施总点检，并及时汇报发现的问题。

4. 技术攻关小组针对总点检中发现的问题制定技术对策。

5. 各 TPM 小组在技术专业人员的指导下，执行解决问题的各项对策。

（五）开展自主检验

1. 现场操作人员依照清扫过程中建立的检查标准，自主评价维修活动与设定的目标之间的差异，并采取措施缩小差异。

2. 设备部制订设备的年维修计划时间表，明确设备维修标准。

3. 设备部将制定的设备维修标准同 TPM 小组制定的维修标准进行对比，形成完善、可行、有效的设备维修标准，明确设备部和生产现场小组在设备点检中的分工。

（六）开展整理整顿工作

1. 各 TPM 小组开展生产现场的整理工作，即识别应该加以管理的工作场所，并制定相应的标准，目标在于减少和简化需要管理的内容。

2. 生产现场操作人员开展整顿工作，即要坚持执行已经建立起来的标准。

（七）深入开展自主维护

TPM 小组自主监督自身的工作，减少 6 大损失，深化自主维护工作的开展。

编制人员		审核人员		审批人员	
编制时间		审核时间		审批时间	

三、工厂 TPM 小组活动方案

文书名称	工厂 TPM 小组活动方案	编　号	
		受控状态	

一、组建 TPM 小组

1. 组建时间：＿＿年＿月＿日前

2. 组建主体：部门 TPM 推进委员会。

3. 组建要求如下。

（1）除示范小组可根据示范要求调配人员组建外，其他的小组以生产班组或日常工作小组为单位构建。

（2）每一个 TPM 小组设组长一名，五人以上的 TPM 小组可根据情况设一名副组长。

二、明确 TPM 小组职责

TPM 小组的职责划分如下表所示。

（续）

<table>
<tr><th colspan="3">TPM 小组职责划分</th></tr>
<tr><th colspan="2">人员</th><th>职责</th></tr>
<tr>
<td rowspan="2">维修 TPM 推进小组</td>
<td>小组组长</td>
<td>◆ 拟订本维修小组 TPM 活动计划和目标
◆ 组织开展和协调本维修小组 TPM 推进的各项活动
◆ 总结、汇报本维修小组 TPM 活动的各项进展
◆ 负责本维修小组同其他小组和上级主管领导的沟通</td>
</tr>
<tr>
<td>小组成员</td>
<td>◆ 开展设备的巡检
◆ 诊断设备运行状况
◆ 实施设备计划检修
◆ 指导操作人员开展设备日常维护工作</td>
</tr>
<tr>
<td rowspan="2">操作 TPM 推进小组</td>
<td>小组组长</td>
<td>◆ 拟订本操作小组 TPM 活动计划和目标
◆ 协调本操作小组 TPM 推进的各项活动
◆ 总结、反馈本操作小组 TPM 活动的各项进展
◆ 负责本操作小组同其他小组和上级主管领导的沟通</td>
</tr>
<tr>
<td>小组成员</td>
<td>◆ 执行本岗位标准化操作规程
◆ 进行日常点检、清理及维护保养
◆ 排除与修理小的设备故障</td>
</tr>
</table>

三、开展 TPM 小组活动培训

1. 培训主体：TPM 推进办公室负责对 TPM 小组进行培训，部门 TPM 推进委员会予以协助。

2. 培训时间：TPM 小组成立后两周内。

3. 培训内容如下。

（1）TPM 实施理念培训。

（2）TPM 推进技能培训，使各 TPM 小组成员能够掌握其完成工作的必备技能。

四、制定 TPM 小组活动目标

1. 构建完善的自主维修/操作体制。

2. 构建可行的设备故障管理体系。

3. 通过完善体制和规程，减少设备故障发生几率，延长设备使用寿命，降低设备维护维修费用。

五、TPM 小组活动实施

1. 第 1 阶段：＿＿年＿月＿日～＿＿年＿月＿日

（1）以点检为重点、计划检修为核心，由专职人员对设备实行定人、定机管理，并开展定量化、目视化和 6S 管理。

（续）

（2）维修 TPM 小组负责对所分管设备定期检查，对需检修的设备实施在线更换、离线维修；操作 TPM 小组开展自主维修活动，开展对所操作设备的日常检查、维护和点检工作，并通过技能培训掌握操作过程中微小故障的排除办法。

（3）各 TPM 小组组长及时总结本小组开展维护或操作活动的进度、所遇到的困难、所积累的经验并向部门 TPM 推进委员会进行汇报。

2. 第 2 阶段：____年__月__日 ~ ____年__月__日

（1）部门 TPM 推进委员会会同 TPM 推进办公室一起通过会议讨论、座谈等方式，依据各 TPM 小组的维修与操作记录、设备运行档案等，制定改进目标和改进措施等并形成方案，用以指导改进工作的开展。

（2）各 TPM 小组按照改进方案开展改进工作，各 TPM 小组组长及时对改进形成的经验进行总结，并提交至部门 TPM 推进委员会。

（3）部门 TPM 推进委员会定期对改进工作进行检查，收集数据和信息以便于对改进工作进行分析。

3. 第 3 阶段：____年__月__日 ~ ____年__月__日

（1）部门 TPM 推进委员会总结改进工作的经验，并建立基于改进措施的全面改善体制，报 TPM 推进办公室审核，审核通过后，报工厂 TPM 推进委员会审批，通过后在全工厂范围内推广。

（2）TPM 推进办公室对 TPM 小组的活动进行评比，并对表现突出的小组和人员进行奖励。

六、TPM 小组检查和考核

TPM 推进办公室设立 TPM 推动活动专项奖，并对各 TPM 小组的工作进行评比，通过评比选出前 3 名予以物质奖励并颁发证书。

编制人员		审核人员		审批人员	
编制时间		审核时间		审批时间	

第四节　TPM 活动方法

一、工厂 PM 分析方案

文书名称	工厂 PM 分析方案	编　　号	
		受控状态	

一、目的

为了寻找设备产生重复性故障的相关原因，实现设备故障损失为零的目标，特制定本方案。

二、名词解释

PM 分析法是分析设备所产生的重复性故障及其原因的一种分析手法。其中，"P"指 Phenomenon（现象：即设备现状与正常运转状态之间的差距），而"M"是 Mechanism（机构）、Machine（机器）、Man（人员）、Material（材料）、Method（方法）的统一代表。

（续）

PM 分析，即是从设备的机构、人员、材料与方法等维度入手，分析设备慢性非正常现象并做出物理解释。

三、适用对象与时机

PM 分析法适用于对正在发生慢性损失（指构成原因非常复杂且易改变的损失）的设备进行分析。当工厂将设备慢性损失为零作为目标时，即可采用 PM 分析法。

四、PM 分析人员

1. 设备部维修主管及专员。

2. 设备操作人员。

3. 技术部相关人员。

五、PM 分析法的特点

1. 针对设备之间和内部关联的物理性分析手法。

2. 将设备重复性故障的相关原因全部罗列，进行全面分析。

六、分析步骤

（一）现象明确化

1. 分析小组对故障设备进行观察，详细记录设备故障的发生部位、表现方式、发生频率和发生规律。

2. 与类似设备故障进行对比，找出此类故障在不同设备上的表现差异。

3. 进行现象明确化分析。该步骤的分析内容如下表所示。

现象明确化的分析内容（5W1H）

5W1H	内容说明
Who	不同的生产人员在操作设备时，现象是否有差别
What	生产的产品是否存在尺寸、形态上的差异
Where	确定现象发生的具体设备与该设备上的具体部位
When	现象是否因时间、地点产生差异
Which	是否有时间系列横向上的特征
How	现象发生的状态是否有差异

4. 进行层次分析。

5. 根据故障现象确定检测和检验方法。

6. 确定调查项目、检测范围、容差、基准、限定值等。

（二）现象的物理分析

1. 罗列引起现象的因素，运用物理、化学等科学原理来解释现象发生的原因。

2. 通过大量的数据和历史记录对故障原因进行系统性解释，避免主观判断。

3. 修正设备的操作方法、采取的制动措施以及管理方式。

（续）

4. 对于确实无法解释的现象可以做出适当的假设，并通过物理实验进行现象研究。

5. 绘制"PM 物理分析系统图"。如下所示。

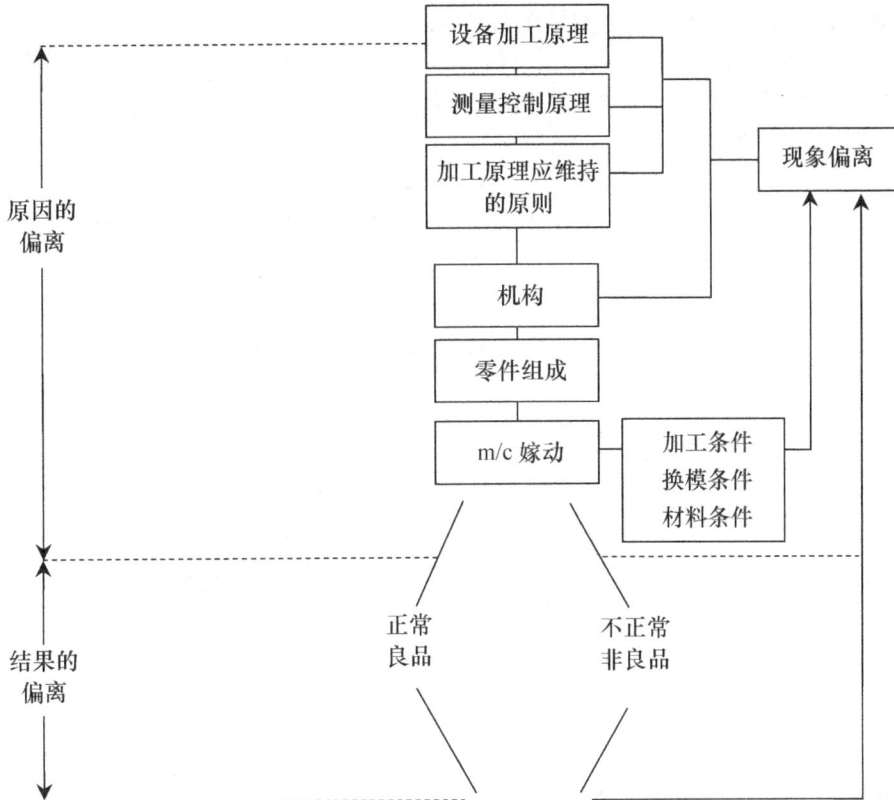

PM 物理分析系统图

（三）分析故障发生的条件

1. 具备何种条件，故障一定发生。

2. 具备何种条件，故障一定不会发生。

3. 具备何种条件，故障可能发生，发生的几率是多少。

4. 对以上问题加以整理并说明故障产生的原理、成立的条件是解决问题的关键。

5. 根据设备原理、运行法则分析促成故障的条件，尽可能多的列举促成条件，无论其出现概率大小都应加以考虑，然后再进行分析筛选。

6. 掌握促成故障发生的所有条件，针对条件采取措施。

（四）从设备、工具、材料、方法、环境和人的关联性方面探讨故障原因

罗列与故障现象有关的原因，从人、设备、材料、方法、环境等几方面筛选出最有关系的因素，并将所能考虑到的因素都提出来，画出因果关系图。

（续）

（五）确定主要原因

针对各项故障原因进行验证、检验和分析，找出产生故障的主要原因。

（六）确定改进方案并实施

1. 根据各种验证后的故障要因，提出改进的方案。

2. 确定如何解决或改善问题。

3. 针对故障问题制定对策，实施改善并详细记录。

七、PM 分析注意事项

1. 分析人员应彻底调查、熟悉对象设备、装备的功能结构。

2. 对 PM 分析得出的结果进行充分研究加工、运作，生成原理、原则（对现象的物理性解释）。

3. 挖掘各阶段因素时，应挖掘与贡献度、影响力无关的所有因素，并且考虑其中存在的复合因素。

4. 调查对策阶段中，良、不良的判定标准是无法以数值形体明确表现时，应附加其他标准，以此标准来进行判断。

5. 恢复对策的结果不合理时，应确认是否存在忽略的因素，重新掌握各阶段。

6. 解决问题后，应制作维持管理的检验标准。处理时，需联系相关的重发预防业务。

编制人员		审核人员		审批人员	
编制时间		审核时间		审批时间	

二、工厂防呆装置执行方案

文书名称	工厂防呆装置执行方案	编　号	
		受控状态	

一、设置防呆装置的目的

1. 消除设备操作的错误。

2. 减少设备维修和维护过程中的时间浪费。

3. 设备操作过程中即使有人为疏忽也不会发生错误。

4. 设备由除操作者之外的其他人员操作也不会出现差错。

二、防呆装置的设置原则

1. 设备操作的动作轻松。

2. 设备操作不需要过多的技能与直觉判断。

3. 设备操作没有危险。

三、设置防呆装置的执行步骤

（一）发现设备操作中经常出现的人为疏忽和失误

1. 收集设备数据并进行调查，确认操作中是否存在以下问题。

（续）

（1）作业标准和工具是否发生变化。

（2）操作步骤是否过多。

（3）周围环境是否影响操作。

（4）操作节拍是否和上下道工序相配合。

（5）是否漏掉某个作业步骤。

（6）设备参数是否设置合理。

（7）是否存在工件加工错误。

2. 统计操作失误的次数、表现方式、后果和发生频率等。

3. 整理数据，总结问题点。

（二）总结疏忽和失误原因（具体内容略）

（三）设置防呆装置目标（具体内容略）

（四）针对不同的过程和失误类别，分别采用不同的防呆模式

1. 有形防呆——针对设备、工具的物理属性所采用的一种硬件防呆模式。

2. 有序防呆——针对设备操作过程和操作步骤，先对易出错、易忘记的步骤作业，再对其他步骤作业的防呆模式。

3. 编组和记数式防呆——通过分组或编码方式对操作者进行提醒，防止作业失误的防呆模式。

4. 信息和加强式防呆——通过在不同的地点、不同的操作者之间传递信息以达到预防失误的目的的防呆模式。

（五）制订防呆装置计划书

1. 明确防呆装置设置人员和开始时间。

2. 确定工作进程。

3. 确定防呆工具和防呆手法。

（六）防呆计划实施

1. 详细记录防呆装置实施前后设备的各项数据。

2. 将数据对比，确认防呆装置效果。

（七）防呆装置改进与改善（具体内容略）

（八）持续控制与改善（具体内容略）

编制人员		审核人员		审批人员	
编制时间		审核时间		审批时间	

三、工厂可视化管理操作方案

文书名称	工厂可视化管理操作方案	编　号	
		受控状态	

一、目的

为提高工厂的可视化管理水平，使可视化管理工作能够顺利开展，特制定本方案。

二、可视化管理实施组织

1. 生产部负责制订可视化管理计划，并确定可视化管理的基本目标。

2. 生产部组织成立可视化管理小组，全面负责工厂现场作业可视化管理工作的实施。

三、可视化管理基本要求

1. 简约：各种信号应简单易懂，一目了然。

2. 统一：可视化管理要实行标准化，消除生产现场的各种杂乱现象。

3. 实用：尽量节约工厂资源，讲究实效。

4. 鲜明：各种信号要清晰，位置适宜，现场人员都能看得见、看得清。

5. 严格：现场工作人员必须严格遵守和执行有关规定，有错必纠，赏罚分明。

四、可视化管理的分类、管理要点及管理方法

（一）现场物品可视化管理

1. 现场物品可视化管理的对象和管理内容如下表所示。

现场物品可视化管理的对象和管理内容

可视化管理对象	可视化管理内容
原材料、配件	◆ 原材料、配件放置在哪个区域 ◆ 原材料、配件如何放置如何 ◆ 如何控制原材料、配件的投料
在制品	◆ 在制品放到哪个区域 ◆ 在制品如何放置 ◆ 在制品如何进入下一道工序
制成品	◆ 制成品放置在哪个区域 ◆ 制成品从哪里下生产线
次品、废弃物	◆ 次品、废弃物如何分类 ◆ 次品、废弃物应放置在哪个区域
工具	◆ 如何降低工具丢失的概率 ◆ 如何区分不同工具，如何摆放各种工具 ◆ 各种工具应放置在哪个区域 ◆ 如何了解各种工具的借出和回收情况

（续）

2. 现场物品可视化管理目标

"什么物品、在哪里、有多少"及"必要的时候、必要的物品、无论何时都能快速地取出放入"。

3. 现场物品可视化管理要点及方法

要点 1：明确现场物品的名称及用途。

方法：分类标识及用颜色区分。如对作业现场垃圾的分类收集，绿色垃圾箱装可回收垃圾，黄色垃圾箱装不可回收及有害垃圾。

要点 2：易于确定物品的放置位置。

方法：采用有颜色的区域线及标识加以区分。如生产现场的模具放置区域用黄色区域线标出，并在区域线上放置标有"模具区"的标识牌。

要点 3：现场物品的放置方法能够保证顺利地先入先出。

方法：如轨道方式，一头入、一头出；斜坡方式，上入下出。

要点 4：确定合理的数量，保留必要的最小数量并防止断货。

方法：标识出最大库存线和安全库存线。

（二）现场作业可视化管理

1. 现场作业可视化管理内容

现场目视作业管理内容主要包括以下两个方面。

（1）各工序的作业是否按计划进行、是否按正确的流程实施。

（2）各工序的作业是否有异常发生，如有异常发生，如何将其简单明了地表示出来。

2. 现场作业可视化管理要点及方法

要点：明确作业计划及事前需准备的内容，核查实际进度与计划是否一致。

方法：设置保养用日历、生产作业进度看板等。保养用日历的具体形式如下表所示。

保养用日历

编号	分类	生产线名	设备名	数量	点检内容	周期	责任人	结果
1								
2								
3								
…								

（三）机械设备可视化管理

1. 机械设备可视化管理项目和管理内容如下表所示。

机械设备可视化管理项目和管理内容

可视化管理项目	可视化管理内容
机械设备操作	◆ 如何让操作人员更容易掌握仪表情况 ◆ 如何让操作人员更容易掌握设备的动态

（续）

可视化管理项目	可视化管理内容
机械设备保养	◆ 如何进一步落实设备的日常保养 ◆ 如何通过颜色管理，实现设备的三级保养
机械设备维修	◆ 如何告知设备操作人员设备的运行状态，如待修、维修中 ◆ 如何避免设备故障

2. 机械设备可视化管理目标

能够正确、高效率地实施清扫、点检、加油、紧固等日常保养工作，实现设备零故障运行。

3. 机械设备可视化管理要点与方法

要点1：清楚明了地标识出机械设备应该进行维修保养的部位。

方法：用颜色区别加油标贴、阀门、管道等。

要点2：能迅速发现发热异常。

方法：在马达、泵上使用温度感应标贴或温度感应油漆。

要点3：机械设备是否正常运转。

方法：在机械设备旁设置玻璃管、小飘带、小风车或看板标识等。

要点4：各类盖板的极小化、透明化。

方法：尤其是在设备的驱动部位，使其运动状态清晰可见。

要点5：标识出计量仪器类的正常范围、异常范围、管理界限等。

方法：颜色标识，如绿色为正常、红色为异常。

要点6：机械设备是否要求的性能、速度在运转。

方法：揭示出机械设备应有的周期和速度。

要点7：机械设备异常的"显露化"。

方法：机械设备的重要部位粘贴"质量要点"标贴，明确点检线路，防止点检遗漏。

（四）品质可视化管理

1. 品质可视化管理目标

有效防止"人的失误"的产生，从而减少质量问题的发生。

2. 品质可视化管理要点及方法

要点1：防止因"人的失误"而导致的品质问题。

方法：合格与不合格品分开放置并利用颜色加以区分。

要点2：防止未校验的器具被使用。

方法：对不合格的计量器具进行隔离并用颜色标识，防止被误用。

要点3：能正确的实施点检。

方法：计量仪器按点检表逐项实施定期点检。

（五）安全可视化管理

1. 安全可视化管理目标

将危险的事、物予以"显露化"，刺激人的视觉，提高生产人员的安全意识，防止事故的发生。

（续）

2. 安全可视化管理内容
（1）标明危险区。
（2）标明设备的危险部位。
（3）消防器材放置在何处。
（4）在出现危险时应如何正确应对。
（5）哪些是危险性、污染性的物品。
3. 安全可视化管理要点与方法
要点1：设置设备紧急停止按钮。
方法：设置在容易触及的地方且有醒目的标识。
要点2：注意车间、仓库内的交叉之处。
方法：设置凸面镜或相应标识图案。
要点3：危险物的保管、使用严格按照规定的执行。
方法：在外包装、储存室等部位标识相应的危险标识。

编制人员		审核人员		审批人员	
编制时间		审核时间		审批时间	

四、失效模式（FMEA）实施方案

文书名称	失效模式（FMEA）实施方案	编　号	
		受控状态	

一、设备管理的 FMEA

1. FMEA 应用在设备的前期设计、制造、更新和改造阶段。

2. 通过估计潜在失效模式、后果及其严重程度，分析潜在失效的起因及其发生的频率。

3. 说明现行控制措施和评估的不易探测度，计算风险系数。

4. 提出纠正措施和预防措施，验证措施的有效性。

5. 本方案主要涉及 FMEA 在设备管理中的实施。

二、FMEA 实施的目的

1. 对设备的整机性能、主要部件及部位的失效（故障）模式及后果进行分析。

2. 对设备采取纠正措施和预防措施。

三、FMEA 实施时机

1. 新设备入厂进行安装试运行合格后。

2. 设备大修后。

四、FMEA 实施人员

由设备工程师、设备维修主管、技术部相关人员、设备操作人员等组成 FMEA 小组。

（续）

五、FMEA 实施方式

1. 采用填表方法，确定设备的潜在故障模式、潜在影响和潜在故障模式存在的原因，提出纠正措施，消除或减少潜在故障模式的影响。

2. 将设备分为子系统、组件和最底层的可换部件，具体分析如下表所示。

设备 FMEA 实施分析表

级别	名称	内容
第 1 级	系统级	一般机械
第 2 级	分系统	电子、机械、控制
第 3 级	组件级	工作夹具、工具、物料输送、驱动
第 4 级	部件级	——

六、FMEA 实施步骤

1. 列出对整机有影响的零部件，即确定设备 FMEA 的范围。

2. 明确部件功能，并对照部件的功能要求列出潜在的失效（故障）模式，具体有以下三种。

故障模式（FMEA）及其确定方式

故障模式	确定方式
部件缺陷导致设备故障	通过设备报修和维修记录等历史数据确定
设备潜在故障	根据停工时间、重复加工时间和安全性问题来描述潜在的故障影响
部件功能异常导致设备故障	在列出故障影响之前先列出故障原因

3. 估计失效后果，包括下表中三个方面。当失效后果危及设备及操作者安全时，必须特别重视。

失效后果分析表

危害对象	内容
对设备的影响	不能生产、性能不稳定、噪声、外观不良
对生产的影响	产品质量降低、生产速度下降
对操作者的影响	发生安全事故，操作者受到伤害

4. 评估失效后果的严重度共分 10 级，最严重为 10 分，没有影响为 1 分。详见下表。

（续）

<table>
<tr><td colspan="10" align="center">失效后果评估表</td></tr>
<tr><td>影响</td><td>标准严重度</td><td>等级</td><td>故障可能性</td><td>标准发生度</td><td>等级</td><td>可替换的标准发生度</td><td>检测度</td><td>标准检测度</td><td>等级</td></tr>
<tr><td>危险无警告</td><td>很高的严重度；影响操作者、工厂或维护人员的安全；没有遵循相关法规并且无警告</td><td>10</td><td>每小时发生故障</td><td>$R(t)<1$ 或一些 MTBF</td><td>10</td><td>1</td><td>很低</td><td>当期的设计控制不能检测到潜在原因或没有设计控制</td><td>10</td></tr>
<tr><td>危险有警告</td><td>高的严重度；影响操作者、工厂或维护人员的安全；没有遵循相关法规，但是有警告</td><td>9</td><td>每班次发生故障</td><td>$R(t)=5\%$</td><td>9</td><td>1/8</td><td>很低</td><td>团队的判断力取决于机械和故障位置</td><td>9</td></tr>
<tr><td>很严重</td><td>停机时间超过8小时或生产有缺陷的零件超过2小时</td><td>8</td><td>每天发生故障</td><td>$R(t)=20\%$</td><td>8</td><td>1/24</td><td>很低</td><td>团队的判断取决于机械和故障位置</td><td>8</td></tr>
<tr><td>严重</td><td>停机时间2小时至4小时或者生产有缺陷的零件不超过2小时</td><td>7</td><td>每周发生故障</td><td>$R(t)=37\%$</td><td>7</td><td>1/80</td><td>低</td><td>在故障发生后机械控制可将故障原因和模式隔离，但仍不能预防故障的发生</td><td>7</td></tr>
<tr><td>中等</td><td>停机时间60分钟至120分钟或者生产有缺陷的零件不超过60分钟</td><td>6</td><td>每月发生故障</td><td>$R(t)=60\%$</td><td>6</td><td>1/350</td><td>低</td><td>团队的判断力取决于机械和故障位置</td><td>6</td></tr>
<tr><td>低</td><td>没有发生有缺陷零件的停机时间30分钟至60分钟或者生产有缺陷的零件不超过30分钟</td><td>5</td><td>每3个月发生故障</td><td>$R(t)=78\%$</td><td>5</td><td>1/1 000</td><td>中等</td><td>对即将发生的故障，机械控制可以给出指示</td><td>5</td></tr>
</table>

（续）

影响	标准严重度	等级	故障可能性	标准发生度	等级	可替换的标准发生度	检测度	标准检测度	等级
很低	生产无缺陷零件的停机时间15分钟至30分钟	4	每6个月发生故障	$R(t)=85\%$	4	1/2500	中等	团队的判断力取决于机械和故障位置	4
小	生产无缺陷零件的停机时间不超过15分钟	3	每年发生故障	$R(t)=90\%$	3	1/5000	高	机械控制可以预防即将发生的故障并隔离故障原因	3
很小	过程参数变量不在规范限制内。在生产中进行调整。无停机也无生产有缺陷的零件	2	每2年发生故障	$R(t)=95\%$	2	1/10000	高	团队的判断力生成取决于机械和位置	2
无	过程参数变量在规范限制内。在正常维修时调整	1	每5年发生故障	$R(t)=98\%$	1	1/25000	很高	不要求机械控制，设计控制几乎可以随时发现潜在的故障原因及随后的故障	1

5. 分析潜在失效的原因，具体分析方法如下。

（1）对每一个潜在的失效模式尽可能多地列出每一个失效原因。

（2）原因唯一，当纠正了此原因，此种失效就不可能发生，此项工作即结束。

（3）原因有多个，使用试验、检验等方法分析明确哪些是主要原因，哪些能得到控制。

（4）失效原因分析如下。

① 设备设计、制造、安装中存在缺陷。

② 材料选用不当或有缺陷。

（续）

③ 使用过程中发生磨损、变形、疲劳、振动、腐蚀、变质、堵塞等。

④ 维护、润滑不良，调整不当，操作失误，过载使用，长期失修或修理质量不高等。

⑤ 环境因素及其他原因。

6. 评估每个失效原因发生的概率（O），并将其分成十个等级。

7. 说明当期的控制措施。

（1）能阻止失效原因或失效模式的发生，或有效减少失效的概率；

（2）虽不能阻止失效模式的发生，但在失效发生时，能有效减轻失效后果的严重度。

（3）虽不能阻止失效模式的发生，但能感知失效的征兆，及时预报，以便采取其他防范措施。

（4）只能查明失效模式。进行不易检测度（D）分析，是指现行的控制措施的有效程度，分为10 级。

8. 计算现有的风险系数（RPN），计算方法如下。

（1）现有风验系数是严重度(S)、频度(O)和检测度(D)的乘积，即 $RPN = S \times O \times D$

（2）RPN 数值越大，代表风险越大，必须采取相应的纠正措施和预防措施，努力减少 RPN 值。

9. 提出和实施纠正措施和预防措施。

（1）每个 RPN 数值应有一个建议措施列表。

（2）应对如下内容的措施进行处理。

① 故障模式的严重度等级为 9 或 10。

② 故障模式/原因具有较高的严重度发生等级。

③ 故障模式/原因/设计控制具有较高的 RPN 等级。

编制人员		审核人员		审批人员	
编制时间		审核时间		审批时间	

五、平均故障间隔期（MTBF）计算方案

文书名称	平均故障间隔期（MTBF）计算方案	编　号	
		受控状态	

一、平均故障间隔期定义

平均故障间隔期（MTBF）是指设备在一定时间内，相邻两次故障间工作时间的平均值。

二、目的

1. 判断下次设备可能发生故障的时间，改进修理方法，确定修理重点。

2. 估计零件的使用寿命，确定最适当的点检周期和修理周期。

3. 制订、修改计划工时标准和运行操作标准。

（续）

4. 在设备下次可能的故障时间前，预先点检、保养或更换零件，避免生产中故障导致的停工损失。

三、平均故障间隔期的计算公式

1. 某单一设备平均故障间隔期=某段时间内的总工作时间/某段时间内的故障次数。

2. 某系统设备平均故障间隔期=（发生故障的设备工作时间+未发生故障的设备工作时间）/发生故障的设备总台数。

3. 当故障分布服从指数规律时，计算平均故障间隔期的公式为。

$$\text{MTBF} = 1/\lambda \quad (\lambda \text{ 为常数，指故障率})$$

其中，$\lambda \approx \dfrac{C}{N \cdot \triangle t}$（$C$ 为在某段时间范围 $\triangle t$ 内发生故障的部件数量，N 为使用的部件总数量）

编制人员		审核人员		审批人员	
编制时间		审核时间		审批时间	

《工厂设备精细化管理手册（第2版）》

编读互动信息卡

亲爱的读者：

感谢您购买本书。只要您以以下三种方式之一成为普华公司的**会员**，即可免费获得普华每月新书信息快递，在线订购图书或向我们邮购图书时可获得免付图书邮寄费的优惠：①详细填写本卡并以**传真**（复印有效）**或邮寄**返回给我们；②**登录普华公司官网**注册成为普华会员；③**关注微博**：@普华文化（新浪微博）。会员单笔订购金额满300元，可免费获赠普华当月新书一本。

哪些因素促使您购买本书（可多选）

○本书摆放在书店显著位置　　　　○封面推荐　　　　　　　○书名

○作者及出版社　　　　　　　　　○封面设计及版式　　　○媒体书评

○前言　　　　　　　　　　　　　○内容　　　　　　　　　○价格

○其他（　　　　　　　　　　　　　　　　　　　　　　　　　　　　　　）

您最近三个月购买的其他经济管理类图书有

1.《　　　　　　　　　　》　　　　　　2.《　　　　　　　　　　　》

3.《　　　　　　　　　　》　　　　　　4.《　　　　　　　　　　　》

您还希望我们提供的服务有

1. 作者讲座或培训　　　　　　　　　2. 附赠光盘

3. 新书信息　　　　　　　　　　　　4. 其他（　　　　　　　　　　　）

请附阁下资料，便于我们向您提供图书信息

姓　　名　　　　　　　联系电话　　　　　　　　　职　　务

电子邮箱　　　　　　　工作单位

地　　址

地　　址：北京市丰台区成寿寺路11号邮电出版大厦1108室　北京普华文化发展有限公司（100164）

传　　真：010-81055644

读者热线：010-81055656

编辑邮箱：liujun@puhuabook.com

投稿邮箱：puhua111@126.com，或请登录普华官网"作者投稿专区"。

投稿热线：010-81055633

购书电话：010-81055656　　　　　　　淘宝店网址：http://shop60686916.taobao.com

媒体及活动联系电话：010-81055656　　邮件地址：hanjuan@puhuabook.com

普华官网：http://www.puhuabook.com.cn

博　　客：http://blog.sina.com.cn/u/1812635437

新浪微博：@普华文化（关注微博，免费订阅普华每月新书信息速递）